Individualisierung im digitalen Zeitalter

THEOLOGISCH-PHILOSOPHISCHE BEITRÄGE ZU GEGENWARTSFRAGEN

Herausgegeben von Susanne Dungs, Uwe Gerber, Lukas Ohly
Gerhard Schreiber und Andreas Wagner

BAND 21

Zu Qualitätssicherung und Peer Review der vorliegenden Publikation

Die Qualität der in dieser Reihe erscheinenden Arbeiten wird vor der Publikation durch die Herausgeber der Reihe geprüft.

Notes on the quality assurance and peer review of this publication

Prior to publication, the quality of the work published in this series is reviewed by the editors of the series.

Uwe Gerber

Individualisierung im digitalen Zeitalter

Zur Paradoxie der Subjektwerdung

PETER LANG

Bibliografische Information der Deutschen Nationalbibliothek
Die Deutsche Nationalbibliothek verzeichnet diese Publikation
in der Deutschen Nationalbibliografie; detaillierte bibliografische
Daten sind im Internet über http://dnb.d-nb.de abrufbar.

ISSN 2194-1548
ISBN 978-3-631-78164-7 (Print)
E-ISBN 978-3-631-78434-1 (E-PDF)
E-ISBN 978-3-631-78435-8 (EPUB)
E-ISBN 978-3-631-78436-5 (MOBI)
DOI 10.3726/b15389

© Peter Lang GmbH
Internationaler Verlag der Wissenschaften
Berlin 2019
Alle Rechte vorbehalten.

Peter Lang – Berlin Main · Bern · Bruxelles ·
New York · Oxford · Warszawa · Wien

Diese Publikation wurde begutachtet.

www.peterlang.com

Inhaltsverzeichnis

Vorwort 9

Zur Einführung 11

(I)   **Die Fragestellung: Individualisieren wir uns zu Tode?** 21

(II)   **Der ‚Selfie‘ als Produkt und Gestalter neoliberaler (Un-)‚Kultur‘** 37

     (2.1.)   Der neue Mensch ohne Eigenschaften: der ‚Selfie‘-Mensch 37

     (2.2.)   Beispiel Bildung: statt Bildung Selbstoptimierung des (Selfie-)Subjektes als selbstgesteuertes Lernen von Kompetenzen inklusiv ‚Selbstlernkompetenz‘? 46

     (2.3.)   Beispiel Mode: Die Selbst(ver)kleidung des Ichs als textile Metaphorik 55

     (2.4.)   Beispiel Medien: Selbstdigitalisierung des (Selfie-)Subjektes ... 61

     (2.5.)   ‚Ich heirate mich‘, ‚Ich glaube an mich‘, ‚Ich vergebe mir‘: Gott und Mitmensch implodieren in das spätmoderne Ich 68

     (2.6.)   Neoliberal, absolut frei: der, die, das (Selfie-)Subjekt ‚ohne Gott‘, ‚ohne Mitmensch‘, ‚ohne Welt‘ 69

(III) **Religiöse Ambitionen und Entsagungen** 77

     (3.1.)   Von der Erleichterungsreligion über die Selbstperfektionierungsreligion zur Selbst(er)findungs- und zur Selbstdarstellungsreligion – und zur religiösen Gleichgültigkeit 77

     (3.2.)   Religiöse Individualisierungsschübe und Anfragen 80

     (3.3.)   Selbstfindung und Selbstdarstellung als Dynamik von Religion(en) und auch in der Großen Politik? 83

(3.4.) Ein Seitenblick: Das ‚Selfie'-Ich in Literatur und Kunst –
Beispiele 86

(IV) Weitere Spurensuche nach dem ‚Selfie'-Subjekt 91

(4.1.) Der Mensch als individueller Körper und zugleich
verbunden in dem Geist/Seele/Logos: der meta-physische
Mensch 91

(4.2.) Der in Glauben und Buße entsicherte und durch
das Christus-Ereignis neu konstituierte Einzelne
als Gegenmodell zu dem im Denken gesicherten
Einheitsmenschen 94

(4.3.) Der Aufstieg des Individuums in Renaissance,
Reformation und Humanismus 99

(4.4.) Ein Subjektivierungsschub in der Theologie Martin
Luthers 102

(4.5.) Der Mensch des Humanismus: Ebenbild des Schöpfer-
Gottes (als Gattungswesen) und zugleich eigenständiger
Welt- und Selbstschöpfer (als Individuum) 107

(4.6.) Der Mensch als ‚Selbstbewusstsein': in der Tradition von
René Descartes (1596–1650) 112

(4.7.) Das Subjekt in seiner reflexiven Selbst-Erfahrung 117

(4.8.) Das Ich-Subjekt im Übergang von der metaphysisch
verbürgten Ordnung zur Selbstkonstruktion 122

(4.9.) Wird der Trans/Post-Humanismus das Subjekt in
den Cyborg transsubstantiieren in einer hybriden
Vergemeinschaftungsinitiative? 124

(4.10.) Vereinzelung in entsichernder Glaubensentscheidung
contra vereindeutigenden Fundamentalismus 132

(4.11.) Der, die, das ‚Selfie'-Subjekt in seinen spätmodernen
Konturen 136

(V)   Manifestationen neoliberaler Selbst(er)findungsreligion(en) und deren Kritik 141

(5.1.)   Religion als Kitt auseinanderdriftender Selfies? 141

(5.2.)   Religion als passgenau individualisierende Sinngebungsagentur? 147

(5.3.)   Das Subjekt in der neueren Theologie an den Beispielen der Existenztheologie Rudolf Bultmanns, der Offenbarungstheologie Karl Barths und der Diskussion um „Verinnerlichungstendenzen" in der protestantischen Ethik 148

    (5.3.a.)   Rudolf Bultmann wollte den modernen Menschen theologisch in seinem Selbstverständnis treffen 149

    (5.3.b.)   Karl Barth feierte ‚offenbarungspositivistisch' den „Triumph der Gnade" und vergaß ein wenig uns Menschen 151

    (5.3.c.)   Rationale, desengagierte Verobjektivierung contra geistgeleitete Verinnerlichung in der protestantischen Ethik? 156

(5.4.)   Gegen die Illusion von Authentizität und Identität im Glauben 158

(5.5.)   ‚In, mit und unter tapferem Sündigen' wird das Subjekt ‚extra se' in seiner Selbst-Differenz konstituiert. 163

(5.6.)   Subjektwerdung dank „gnadenhaft verliehener göttlicher Autonomie" oder doch mittels postheroischer Selbstermächtigung? 165

(VI)   Die unmögliche Möglichkeit oder das Paradox der Subjekt-Werdung 173

Literatur 179

Vorwort

Mit diesem manchmal assoziativ verfahrenden Essay lege ich einen Versuch vor, an dem Thema ‚Subjektwerdung durch Individualisierung?' das Ineinander von christlich-kirchlicher, christlich-entkirchlichter, konfessionsloser Religiosität als Widerfahrnis von Subjektwerdung und säkularer/profaner, selbstbezüglicher, sich selbst ermächtigender und selbst-durchsichtiger Lebensgestaltung zu rekonstruieren. (In ähnlicher Weise hat z.B. Giorgio Agamben in „Herrschaft und Herrlichkeit" (it. 2007, dt. 2010, 54 u. ö.) die Reziprozität von theologischem und politischem Denken rekonstruiert.) Dies geschieht im Blick auf einige markante Personen, z.B. Jesus von Nazareth, Augustinus und Luther bzw. Descartes und Nietzsche, auf solche Entwürfe, in denen es um die Subjekt-Werdung von uns Menschen im Horizont von Individualisierung geht, und auf solche Entwicklungen, die das komplexe Phänomen der ‚Individualisierung' der Gesellschaft und im Besonderen der christlichen Religion und des Einzelnen durch die Gesellschaft und durch christliche Religiosität hervortreten lassen. Dies zu eruieren und wie ein Mosaik zu präsentieren erfordert methodisch eine eher induktive als deduktive, eine eher dekonstruierende als logifizierende, eine eher diskursanalytische als monokausale Vorgehensweise. Es ist ein Versuch.

Vier Eingangstore, die vier Etappen der Selbstfindung des menschlichen ‚Ich/Selbst/Subjektes' widerspiegeln:

(1) „Weder als einen Himmlischen noch als einen Irdischen habe ich dich geschaffen und weder sterblich noch unsterblich dich gemacht, damit du wie ein Former und Bildner deiner selbst nach eigenem Belieben und aus eigener Macht zu der Gestalt dich ausbilden kannst, die du bevorzugst. Du kannst nach unten ins Tierische entarten, du kannst aus eigenem Willen wiedergeboren werden nach oben in das Göttliche" (Pico della Mirandola: Rede über die Würde des Menschen, 9).

(2) „Der Armenadvokat und freie Schriftsteller Firmian Stanislaus Siebenkäs kämpft den entbehrungsreichen Kampf des bürgerlichen Intellektuellen, um in der deutschen Kleinstadt des späten 18. Jahrhunderts physisch und geistig zu überleben. Obwohl er als Advokat zu den Honoratioren zählt, ist er gesellschaftlich isoliert; als freier Schriftsteller gehört er keinem der Stände an, weder den Handwerkern noch den bürgerlichen Amtsinhabern oder dem Patriziat. Er ist einsam und muß das Bild, das er von sich selbst hat und gibt, und damit sein Weltbild und Wertesystem, selbst entwerfen – ganz im Gegensatz zu den anderen Kuhschnapplern, die es mit

ihrer Standeszugehörigkeit selbstverständlich übernehmen. Aus den festen feudalen und feudal-bürgerlichen Abhängigkeiten entlassen, leidet er an dem Widerspruch zwischen ihrem Fortbestehen in Kuhschnappel und anderswo und seiner freigesetzten bürgerlichen Subjektivität, die sich und ihre Welt selbst erschaffen will und muß" (Nachwort zu Jean Paul: Siebenkäs, 1795/96).

(3) „Liebt euch selber aus Gnade, – dann habt ihr euren Gott gar nicht mehr nötig, und das ganze Drama von Sündenfall und Erlösung spielt sich in euch selber zu Ende!" (Nietzsche: Morgenröte, Nr. 79, 1066).

(4) „Eigentlich gehörte sie zu einer Generation, deren turnschuhtragenden und Sushi-essenden Vertretern schon der Besitz einer Hauskatze als unerträgliche Verantwortung erschien. ‚Haus bauen, Baum pflanzen, Kind zeugen' war kein Glücksrezept mehr, sondern eine Horrorvision. Die Ewigpubertierenden wollten sich alles offenhalten und wunderten sich dann über Orientierungslosigkeit ... in dem Zeitalter bedingungsloser Egozentrik. Wenn der Glaube an das Gute versagte, musste er durch den Glauben an das Eigene ersetzt werden. Sich dagegen wehren zu wollen, wäre gleichbedeutend mit dem Aufstand gegen ein Naturgesetz, ... dass jeder Mensch ein eigenes Universum bewohnt, in dem er von morgens bis abends recht hat" (Juli Zeh: Unter Leuten, 2016, 460, 614).

Basel/Schopfheim, im Herbst 2018
Uwe Gerber

Zur Einführung

In welcher Gesellschaft möchten wir in Zukunft leben?, so fragen viele Bürgerinnen und Bürger in westlichen Gesellschaften. Und sie setzen meistens hinzu: Wir fallen als Gesellschaft unaufhaltsam und immer schneller und ohne großen Protest auseinander in vereinzelnde Individuen, letztlich in sozialautistische Monaden mit höchst individuellen Bedürfnissen und egoistischen Durchsetzungsstrategien. Der Kabarettist Sebastian Pufpaff seziert diese Welt: „Das Wir ist zum Ich verkümmert und fristet sein Dasein in den digitalen Legebatterien von Facebook, Twitter und Spiegel Online". Heike Leitschuh beginnt ihre Analyse der „Gesellschaft auf dem Ego-Trip" mit der Bemerkung: „Heute gibt es noch weit mehr Anzeichen dafür, dass sich der Umgang der Menschen untereinander erheblich verschlechtert hat, und es gibt auch einen neuen Befund (sc. gegenüber den Analysen von Jörg Schindler „Die Rüpel-Republik" von 2012): Es ist nicht nur das Benehmen, das zu wünschen übrig lässt. Es geht viel tiefer. Empathie und Solidarität, zwei ganz wesentliche Grundpfeiler einer humanen Gesellschaft, erodieren zunehmend" (Leitschuh, 2018, 8). Individualisierung wird als befreiende und als destruktive Dynamik allerorten angetroffen. Der einst für einen humanen Individualismus berufene Liberalismus „hat sich zu Tode gesiegt, übrig geblieben ist kein befreites, rundum ermächtigtes Individuum, übrig geblieben sind vielmehr lauter Einzelne, die ohnmächtig vor den Wirkungen des globalisierten und digitalisierten Liberalismus stehen und sich nach einer autoritären Alternative sehnen" (Bernd Ulrich, in: DIE ZEIT vom 09.05.2014, 1). Beide öffentlich-kollektiv wie individuell-subjektiv wirksame ‚Ideologien': der Liberalismus und seine autoritäre Alternative, zerstören das Individuum vollends und verhindern Subjekt-Werdung samt deren kommunikativen Bedingungen.

Im westlichen Christentum hat die protestantische Reformation vor 500 Jahren in Deutschland und in der Schweiz die mit der Renaissance aufgekommene Abhebung auf den einzelnen selbstständigen Menschen forciert. Und heute hebt die Wiedereinführung z.B. vorchristlicher nordischer Götter- und Glaubenswelten exklusiv auf den Einzelnen ab: „Hier kann ich in direkten Kontakt zu den Göttern treten und ich selber sein, ohne mich verbiegen zu müssen" (FR vom 07.05.2018,19). Aber hier werden Religion und Glauben im Gegensatz zur reformatorischen Bestimmung als Gnadengeschenk Gottes ohne Zutun des sündigen Menschen (z.B. bei Luther) gerade umgekehrt subjektivistisch und konsumistisch angepriesen und gelebt als (Selbst-)Bestätigungen irgendwie religiöser

Selbstbedürfnisse eines ‚religiösen Selfies' mittels einer sogenannten heidni-
schen Götterwelt ohne kritische Reflexion, ohne Verantwortung für Andere und
anderes, also als Selbstverwirklichungsakt ohne Verpflichtung. Unter dem Oberbegriff ‚Bildung' wird in Schulen, Hochschulen und in Kindergärten, in Fort-
und Weiterbildungen mittels digitalen Lernens und neuerdings ‚Gamification'
die Individualisierung des Lernens vorangetrieben: ‚Du selbst bestimmst Dein
Bilden' – als Balanceakt, wenn es gut läuft, als Kompetenzvermittlung und also
als Anpassungsstrategie, wenn es schlecht läuft (DIE ZEIT vom 26.04.2018, 68;
Lembke, Leipner 2016). In den Produktionsabläufen wird das ‚unternehmerische Selbst' geformt (Bröckling, 2007) – eine Subjektivierungsform, die faktisch
nicht rückholbar ist. Im neoliberalen Konsumismus wird die ‚Individualität' mit
dem Produkt eingekauft und die Verantwortung auf den einzelnen Käufer und
Käuferin abgewälzt: „Jede Küche, die das Haus verlässt, ist ein charakterstar-
kes Unikat" (Dolce Vita, 1/2018, 5), aber natürlich auf individuellen Wunsch
und Verantwortung hin. Im neoliberalen Sozialsystem mit seinem Fordern
und Fördern kann nur der Selbst-Manager als sogenannte Ich-AG überleben.
In der digitalen Kommunikationsgesellschaft gilt das persönliche ‚Profil' des
‚Selfies' als erforderlicher Personalausweis, weil man sonst verloren geht (Bernard, 2017) – aber zugleich ist diese Subjektivierungsform standardisiert und
löscht dadurch das Individuum ohnehin aus. Die ‚personalisierte Medizin' verspricht individuellste Behandlung, eine individuell zugeschnittene Therapie und
Medikamentierung, verbunden mit einer Aufklärungsarbeit, dass der einzelne
Patient mit seiner Krankheit weitgehend eigenverantwortlich umgehen kann
(wobei alle wissen, dass dies nur für diejenigen bezahlbar ist, die es bezahlen
können, und dass in dem Paradigmenwechsel hin zur Telemedizin die Gefahr
der Isolierung des einzelnen Patienten steckt). Dem Einzelnen wird in allen seinen fragmentierten Lebensorten suggeriert, dass er und sie „kein unterworfe-
nes *Subjekt,* sondern ein freies, sich immer neu entwerfendes, neu erfindendes
Projekt sind" (Han, 2014, 9). Und dann erschrecken Entdeckungen wie die des
verborgenen Zusammenhangs von Selfies und Essstörungen, vom Wunsch der
Einzelnen nach Nähe in einer digitalzentrierten berührungslosen Individualisie-
rungsgesellschaft (Illouz, 2006, 164), nach vereinfachenden Orientierungen und
Antworten in einer vereinzelnden und fortschreitend sinnentleerten ‚Uns geht es
doch so gut wie nie'-Gesellschaft. Wurde und wird solche Individualisierung als
Chance verspielt durch einen atomisierenden digitalistischen Neoliberalismus
(Rauterberg, 2018, 138)? Jede und jeder bezieht alles auf sich und verliert darin
sich selbst?
    In der europäischen (abendländischen) Geschichte hat der Protestantismus
in der Neuzeit mit seiner Christus- und Bibelunmittelbarkeit in Weiterführung

von Martin Luthers (1483–1546) Reformation die individuelle, persönliche Glaubenserfahrung und Glaubenseinsicht zur entscheidenden Instanz erhoben: „An die Stelle der institutionellen (sc. kirchlichen) Außenlenkung tritt eine allein an Gottes unverfügbarem Wort orientierte Innenleitung" (Graf, 2017, 73). Die gläubige, innere Selbstgewissheit des frommen Subjektes geschieht als Gratwanderung zwischen einem zivilreligiösen Gebrauchsprotestantismus mit teilweise übertriebenem Freiheitspathos und einem evangelikalen, selbstgerechten Fundamentalismus (Gerber, 2015, 59ff.). Zugleich hatte Kant den „Prozess der Emanzipation der Anthropologie von Theologie und Gnadenlehre in der Philosophie zu einem ersten Abschluss" gebracht (Oorschot, 2018, 134). Rousseaus Postulat unendlicher Freiheit, Lockes Prinzip der Selbsterhaltung, Hobbes' Menschenbild des gegenseitigen Wolf-Seins definieren ein Menschsein im Urzustand unabhängig von christlicher Schöpfungs- und Versöhnungstheologie und von der Vorstellung einer göttlichen Heilsgeschichte. Mag auch Descartes'Fokussierung auf das Ich-Selbst als zureichendem Erkenntnisgrund eine Entsprechung in der jesuitischen Selbsterforschungsmethodik und in der protestantischen Frömmigkeit des 17. und 18. Jahrhunderts gehabt haben, so versteht und verhält sich der Mensch dieser Zeit als Herrscher der Welt und Interpret von deren Gesetzen und deswegen letztlich als von Natur aus ‚autonome' Figur, die sich ihres eigenen Verstandes in Mündigkeit bedient. Und weil sich diese Selbstermächtigung im Grunde kommunikativ vollzieht, tritt der Mensch als Sprach-Wesen, etwa bei Johann Gottfried Herder (1744–1803) und Johann Georg Hamann (1730–1788) in kritischer Wendung gegen den Vernunft-Idealismus, ins Rampenlicht. Als „erster Freigelassener der Schöpfung" erschafft der Mensch in seiner Freiheit und Weltoffenheit seine eigene ‚Natur' (Herder). Dieser ‚Naturalismus' kommt im Zeitalter von Gentechnologie und Digitalisierung gut an, verzichtet aber auf die Einbettung sowohl in die Gewissheit des Glaubens als auch in ein organisches Wachstum zur Humanität, wie es Herder in seinen „Ideen zur Philosophie der Geschichte der Menschheit" als ‚Bewusstseinsbildung' formuliert hatte. Ähnlich wie schon bei Pico della Mirandola wird der Mensch in seiner Bestimmung zur Selbstbestimmung gesehen, indem die ursprünglich schöpfungstheologisch gemeinte Vorstellung der Imago Dei jetzt zu einer Zielbestimmung und dem Anlass einer Fortschrittsgeschichte wird. Der Einzelne ist gleichsam ein Dual aus gottgegebener Startausrüstung *des* Menschen allgemein (als Gattungswesen) und seiner individuell zu besorgenden Selbstverwirklichung. Er lebt, wie z.B. Helmuth Plessner 1969 den ‚Homo absconditus' charakterisiert hat, paradox: „Menschliches Leben muss es mit der Kränkung aushalten, dass es über kein abschließendes Wissen über sich selbst verfügt, und doch menschlich geführt werden soll und will" (Moxter, 2018, 142). Dieses Paradox der

Einzelexistenz hat sich nochmals radikalisiert mit dem Ende des Theismus und der Vernunftherrschaft z.B. durch Friedrich Nietzsche und durch die moderne Auflösung der Gesellschaft durch einen radikalen Neoliberalismus etwa durch Margaret Thatcher gegen Ende des 20. Jahrhunderts. Muss und kann sich das moderne Subjekt/Ich selbst entwerfen, gleichsam als ‚Selfie' sich und seine Welt autonom gestalten, oder wird es in der Welt auf sich geworfen ohne Chance zum Überleben, oder wird eine emanzipatorische Kommunikationswelle neue Formen von organisierten, institutionalisierten und freien Verbindlichkeiten und Selbstvergewisserungen bringen?

Der Soziologe Zygmunt Bauman hat in seinem letzten Buch „Retrotopia" (2017) analysiert, wie die vor 500 Jahren von dem Humanisten Thomas Morus (1478–1535) verfasste ‚Utopia' einer idealen Gemeinschaft ihren konkreten Zukunftsort (topos) verloren hat und „damit negiert worden ist, damit sie individualisiert, privatisiert und personalisiert (und nach dem Prinzip der ‚Subsidiarität' auf den Einzelnen in seinem Schneckenhaus übertragen) werden konnte" (Bauman, 2017, 12f.). Mit dieser Negation der Utopie als Zukunftsvision verlieren die heutigen Visionen ihre Konstituierung durch die Zukunft und speisen sich „aus der verlorenen/geraubten/verwaisten, jedenfalls untoten Vergangenheit" (Bauman, 2017, 13). Die implizierte Idee des (aus der Heilsgeschichte profanisierten) Fortschritts wird mit ihrer Umtaufung auf die ‚gute' Vergangenheit – "Make America great again" – von den politisch, ökonomisch, religiös, ideologisch Machthabenden als Befreiungsdynamik für den Einzelnen verkauft und damit privatisiert und individualisiert. Die Gestaltung der Gesellschaft, die bislang durch Politik, Verbände, Kirchen, Bewegungen betrieben wurde, vermag nicht mehr die Menschen zu beglücken, sondern verschiebt diese sozial-politische Aufgabe ins Individuelle. Bauman verweist hier auf Ulrich Beck, „dass es von nun an dem Einzelnen überlassen war, ‚seine persönlichen' Lösungen für die von der Gesellschaft hervorgebrachten Probleme zu finden oder zu konstruieren – auf der Grundlage seines Verstands und seiner individuellen Ressourcen und Fähigkeiten. Ziel war nun nicht mehr eine Verbesserung der *Gesellschaft* (die in jeder praktischen Hinsicht ausgeschlossen erschien), sondern die Verbesserung der eigenen *Stellung* innerhalb dieser wesensmäßig und endgültig unverbesserlichen Gesellschaft. Anstelle gemeinsamer Erträge aus kollektiven Bemühungen um soziale Reformen gab es nur noch den individuell angeeigneten Wettbewerbsgewinn" (Bauman, 2017, 21f.). Aber zurück wohin, fragt Bauman: etwa zu Hobbes' kontrollierendem Leviathan-Staat, oder ans Stammesfeuer als Hort imaginierter Gesamt- und Ganzheit mit Wir-Gefühl, oder in die wachsende soziale Ungleichheit oder gar narzisstisch zurück in den Mutterleib? Alle diese Versuche führen in das Entweder-Oder: „Entweder wir reichen einander die Hände – oder wir schaufeln einander Gräber" (Bauman, 2017, 203).

Jede und jeder von uns kann Beispiele von Individualisierung mit dem Gepäck der Vereinzelung, Verinnerlichung, Subjektivierung usw. nahezu unendlich vermehren. Aber wie kam es zu dieser zugespitzten Dynamik von Individualisierung und Subjektivierung mit gleichzeitiger Pluralisierung einerseits und einer neoliberal indizierten und digital methodisierten Zwangsvergemeinschaftung andererseits?

Dieser im Umbruch zur Neuzeit einsetzende und mit der Moderne verinnerlichte Individualisierungs- und Pluralisierungsschub wird heute gleichzeitig durchzogen von einer vereinheitlichenden Digitalisierungsdynamik, die alle User hinter ihrem Rücken gleichschaltet und die Nicht-Vernetzten ins Haltlos-Ungewisse stürzt. Damit stellt sich die Frage, ob die vielfältig digital Vernetzten sich kommunikativ persönlich, individuell überhaupt verbunden fühlen oder ob sie sich in diesem virtuellen Netzwerk unbewusst und freiwillig einem Entemotionalisierungs- und Entkörperungsprozess unterwerfen, der sie auf Informations-‚Profile' reduziert und der die phantasierte Individualität als schon immer digital verallgemeinerte Individualität erweist (Illouz, 2006, 164; Bernard, 2017, 7ff.). Dann muss gefragt werden, ob es dabei Verstärker dieser Tendenz gibt: etwa Religiosität, in unserem Fall in christlicher Ausprägung meist mit subjektivistischem, konsumistischem Patchwork-Charakter bis hin zu einer Vergleichgültigung (Bauer, 2018, 31–40), aber ebenso die persönliche Entscheidung zur Konfessionslosigkeit und zum Atheismus? Verstärken die vielfältigen Therapien und Körperzurichtungen, Esoterisches, Drogen, Enhancements und sonstige Heil-Mittel und Fitness-Angebote, aber auch unser Bildungssystem, Pädagogik, Politik, unser neoliberal-kapitalistisches Wirtschaftssystem mit seinen den Einzelnen ansprechenden Konsumangeboten und schließlich die Freizeitgestaltung die Individualisierung, indem sie das Bewusstsein des einzelnen Subjektes zum exklusiven Selbstbewusstsein machen wollen ohne Beziehung zu und Auseinandersetzung mit Anderen und anderem Vorgegebenem und mit sich selbst? Ein erschreckendes Beispiel ist die Erfahrung, dass mit dem Wegfall der Wächterfunktion der klassischen Medien über den Nachrichtenstrom sich heute jeder Einzelne selbst zum Sender machen kann, sich aber auch schützen muss und selbst/allein verantwortlich ist für seinen Umgang mit Informationen und was er davon für ‚wahr' hält – digitaler Solipsismus?

So wird im Übergang von der klassischen Industriegesellschaft der Moderne in die postindustrielle spätmoderne Gesellschaft – von Rauterberg als ‚Digitalmoderne' apostrophiert – ein Ich oder Selbst generiert, das sich selbst verwirklichen zu können vorgibt und in dem Sinne zum sogenannten ‚Selfie' wird, als es permanent aufgerufen ist, die Kongruenz von ‚Profil' (als Selbst-Bild) und realem biografischem Ich-Selbst herzustellen. Dies aber kann nicht gelingen, weil dieses Vorhaben das Ende der realen Ich-mich-Spannung brächte – einer Spannung, die sich z.b. als Wahrnehmungsparadox äußert: Ich lebe mit meinem Körper, ich lebe durch ihn, mit ihm, in ihm und manchmal gegen ihn (aber nie ohne ihn, weil ich nur ein einziges Mal aus der Haut fahren kann), ohne aber mein Körper zu sein, ohne auf ihn reduziert werden zu können. Er ist so etwas wie das körperliche Gefäß meines Ichs und zugleich übersteigt mein Ich seine körperlichen Grenzen. Der Körper ist die offene Schnittstelle zur Welt und mit der Welt (was theologisch mit dem Mythos der göttlichen Inkarnation ins Menschliche intendiert ist). Ein identisches Ich-Selbst wäre das Ende humanen Menschseins. Oder als Glaubensparadox formuliert mit einem Bibel-Vers: „Ich glaube; hilf meinem Unglauben", sagt der Vater eines epileptischen Jungen, den er zu Jesus gebracht hat, damit dieser ihn heile (Markus 9, 24). Beider Weiterleben liegt in diesem Augenblick in der Hand des Anderen, des fremden Gegenübers, dieses Jesus von Nazareth, und zugleich muss mindestens der Vater bekenntnishaft Rede und Antwort stehen. Oder: Erziehende, Eltern, Lehrerinnen werden immer wieder auf sich selbst zurückgeworfen in ihren verantwortungsbewusst unterstellenden (pädagogischen) Konzepten und sie können zugleich in keiner Weise für den Erziehungs- und Bildungserfolg und -misserfolg verantwortlich gemacht werden (Wimmer, 2006; Zilleßen, Gerber, 1997). Bildung, Erziehung sind nur aufgrund ihrer eigenen Unmöglichkeit möglich. An solchen Paradoxien des Unmöglichen und zu verantwortenden Möglichen kann der folgende Essay mit theologischen, soziologischen und philosophischen Reflexionen ansetzen, um Orte von Individualisierung kritisch zu sichten.

Wer vom sogenannten ‚Selfie' und dessen ‚Ich' spricht, hat dabei bestimmte Alltagserfahrungen und Beobachtungen im Blick, die es zu rekonstruieren gilt, und er bzw. sie visiert eine mehr oder weniger ausgearbeitete Theorie des (postmodernen) Subjekts und seiner Individualisierung an. (Definitorisch verwende ich weitgehend Manfred Franks Bestimmungsversuch und setze zum Subjekt/Ich als etwas Allgemeinem, zur Person als etwas Besonderem und zum Individuum als etwas Einzelnem das/den/die Selfie als postmoderne Figur des Menschen hinzu (Frank, 1986, 25).) Dieses ausgreifende und ungemein komplexe Vorhaben kann man aus theologischer Perspektive mit Schwerpunkten angehen wie im vorliegenden Fall, und man es anreichern mit soziologischen, philosophischen, literaturwissenschaftlichen Perspektiven und Diskussionen. Dabei stehen Forschungsarbeiten wie Charles Taylors „Quellen des Selbst" und Markus

Schroers „Das Individuum der Gesellschaft" und theologische Arbeiten zur Anthropologie (Jürgen van Oorschot, Trutz Rendtorff, Friedrich W. Graf u.a.m.) beispielhaft im Hintergrund.

Zur Strukturierung des Individualisierungskomplexes kann ein Koordinatensystem hilfreich sein, um die vertrackte Situation des Selbst in unserer Gesellschaft holzschnittartig mittels dreier Problemlagen beschreiben zu können:

(1) Das *monologisch* gewordene Ich des ‚Selfies' begründet sich selbst aus sich selbst heraus in phantasierter Autonomie und arbeitet seine Selbstermächtigung in einer unverwechselbaren Selbstperformance aus. Es verkörpert den Drang zum Singulären und löst die Gleichheitsbestrebungen ab und bringt neue Eliten und Abgehängte, neue Machtstreber und Prekäre (Reckwitz, 2017), letztlich aber etwas über 82 Millionen ‚Monaden' hervor. Der ‚Ver-Einzelte' verfolgt seinen nahezu solipsistischen Selbstverwirklichungsweg mit einem entsprechenden Herrschaftsanspruch auf sich selbst, auf Mitmenschen, Welt und Gott – und er scheitert mit diesem Selbst-Projekt, weil der Mensch nicht perfektibel ist im Sinne von Vollendung, die er ohnehin nicht definieren kann (und weil er der Vorstellung eines postmortalen Weiterlebens gemäß erst im Jenseits zum vollendeten, sündlosen Menschen (wieder zurück-) verwandelt werden kann im Spiegel seines ehemals sündlosen paradiesischen Lebenskonzeptes). Er fokussiert sein Bewusstsein auf Selbstbewusstsein und er bringt dieses durch sanfte Selbstunterwerfungshandlungen in Hochform (Han, 2014), im Zweifelsfall mittels Therapie und Enhancements. Auch dies führt nicht zum Ziel der ersehnten Identität, weil es diese phantasmatische Autonomie-Identität nicht geben kann (Meyer-Drawe, 1990, 7ff.), weil sich der Wunsch nach totaler Identität – selbst im Suizid – nicht erfüllen kann. Ist also, wie Thomas E. Schmidt fragend analysiert, der pluralisierende Individualismus „die Krankheit zum Tode geworden" (Schmidt, 2017, 54)? Theologisch gesprochen wäre dieses Ich der Erbe und die Erbin des ‚toten' Gottes, dessen Aufstieg und Fall Horst-Eberhard Richter als Gotteskomplex des neuzeitlichen Menschen thematisiert hat: „Die Geburt und die Krise des Glaubens an die Allmacht des Menschen" (Richter, 2005). Und Peter Sloterdijk hat vom Verdämmern und Verblassen der Götter, von der Abenddämmerung Gottes und der ab dem 17. Jahrhundert gleichzeitigen „Morgendämmerung der menschlichen Kreativität" gesprochen (Sloterdijk, 2017, 28). Oder in einem Bild gesprochen: Ist das Ich des Selfies derzeit im Begriff, seinen (narzisstischen) Spiegel zu zerbrechen – und sich in Individualismus und Pluralismus zu verlieren?

Auch medienwissenschaftlich lässt sich dieser Trend zeigen, wenn Bernhard Pörksen die radikale Personalisierung der Öffentlichkeit als Gefahr brandmarkt: „Jeder kann sich in eine Wirklichkeitsblase und in sein persönliches Selbstbestätigungsmilieu hinein googeln – um dann einer Mehrheitsillusion zu erliegen und zu glauben: ‚Meine Ansichten sind gar nicht abseitig! Wir sind viele.' Das ist der Echokammereffekt, der die Polarisierung innerhalb der Gesellschaft verstärkt und auch die Vertreter abseitiger Ansichten mit enormem Selbstbewusstsein ausstattet" (FR vom 11./12.11.2017, 38). Das wäre die Halbierung des Ichs in ein zum Verschwinden gebrachtes abhängiges, durch Andere konstituiertes Ich und ein positiviertes, schein-autonomes, weil radikal veröffentlichtes und damit eben auch ausgelöschtes Ich. Was bleibt vom modernen Subjekt übrig?

(2) Oder individuiert sich das menschliche Subjekt durch Vergesellschaftung in symmetrischen Beziehungen *reziproker Anerkennung*, im Sinne eines Tauschverfahrens? Dann werden in der Tradition bewusstseinsphilosophischer Anthropologie autonome Ich-Subjekte mit einem natürlichen, unversehrten Kern vorausgesetzt, die ihren Handlungsspielraum gegenseitig ausloten und absichern, indem sie sich ihrer jeweiligen Identität vergewissern. Diese symmetrische Kommunikation verdeckt aber andere Erfahrungen: „Die asymmetrische Erfahrung der Verletzlichkeit und Abhängigkeit, durch die der Andere seine Erfahrungen der Unterdrückung und des Ausschlusses erst artikulieren könnte, kommt darin nicht vor" (Dungs, 2006, 92, kritisch zu Honneth, 2004). Bezüge dieses ‚defizitären' Subjektes zur eigenen Leiblichkeit und Sinnlichkeit fehlen, weil dieses Konzept des Subjektes dem klassischen rationalen, desengagierten Ich in seinem „ungebrochenen Selbstverhältnis" verhaftet bleibt und letztlich das ‚Selfie'-Projekt bestärkt. Durch diese bewusstseinsphilosophisch begründete Reziprozität wird das Subjekt einerseits weiter individualisiert unter Absehung seiner Anerkennung seitens des Anderen und andererseits wird es bewusstseinsphilosophisch eingereiht in die identischen Menschen, in die Idee *des* Menschen. Dieses Subjekt bleibt beim reziproken Tausch des Anerkennens fest ‚in sich', identitätslogisch geschlossen, mit „einem ebenso abgeschlossenen symmetrischen Anerkennungsbegriff" (Dungs, 2006, 93). Dieses Subjekt kann nicht durch das „Antlitz des Anderen" (im Sinne von Emmanuel Levinas) durchkreuzt und neu konstituiert werden (Ohly, 2018, 239ff.). Wird das Ich dann konstituiert durch eine Art idealer Restituierung eines Ichs, das selbst bei liberalen Philosophen wie John Rawls bei seinem Einsatz für Gerechtigkeit einem Ur-Zustand oder einem natürlichen Kern oder jüdisch-christlich einem vorsündlichen (Ur-)Menschsein verpflichtet bleibt (Rawls, 1975, 34ff., 140ff.)?

(3) Eine andere, sogenannte dekonstruktive Sicht arbeitet mit der These: „Ich ist ein Anderer". Das Ich, das das Ich des Anderen aufnimmt und gastlich bei sich wohnen lässt, wird ein anderes Ich (Levinas, 1999, 209ff.). Indem der Andere Ich ist, wird mein Ich ein anderes. In dieser (dekonstruktivistischen) Subjekt-Theorie geht der einzelne Andere jedem Ich und auch dem Sein Heideggers voraus. Die Ethik kommt vor der Ontologie; der Glaube kommt vor der Dogmatik. Ontologie ist tautologisch und egologisch und belässt das Ich bei sich. Denkt man von einem metaphysischen Sein oder von einem theistischen Gott her, dann bleibt man in der Selbstbegründung (wie in Luthers ‚incurvatio in se ipsum') und Selbsterhaltung hängen, deren Aufbrechen und Aufheben der Andere, der Fremde, der ‚Nächste' bringt und auferlegt. Nicht eine symmetrisch-reziproke Anerkennung zweier Subjekte hebt deren identitätslogische Ichhaftigkeit (als Selfies) auf, sondern das befreiende und zugleich verpflichtende Widerfahrnis des Anderen (Liebsch, 2010, 61–70). Dieses Widerfahrnis radikaler Individualität ereignet sich als Beziehungsgeschehen und geht nicht in der sozial-kommunikativen Konstituierung des Subjektes auf (dargestellt unter (2)), deren religiöser Hintergrund zwar präsent sei, „aber nur noch als Metapher für eine aller Transzendenz beraubten innerweltlichen Szene" (Habermas, 1988, 205), in der die profanen Äquivalente den Sinn der christlichen Rechtfertigungsbotschaft in den Wunsch verkehren, „vor dem Forum aller Mitmenschen als der anerkannt zu werden, der man selbst ist und sein will" (Habermas, 1988, 205, im Blick auf Rousseau). (Jürgen Habermas nimmt seinerseits in der von Gegensätzen geprägten Gesellschaft eine inklusive säkulare Sprache und Vernunft an, um Normen begründen zu können. Andere wie Charles Taylor und Micha Brumlik halten dies für eine rationalistische Illusion.)

Statt einer bewusstseins-religiösen, metaphysisch begründeten christlichen und einer sozial-kommunikativen symmetrischen Rettung des Subjektes ist theologisch die Konstituierung des Einzelnen in seiner Subjektivität im Widerfahrnis des Anspruchs des Anderen als ‚Beziehungsgeschehen' relevant (Huber, 2005, 81–85). In diesem Widerfahrnis, das theologisch mit dem Namen ‚Gott' symbolisiert werden kann (Ohly, 2013, 27f.), fällt das Eigene, das Ich, von außen, theologisch gesprochen: ‚extra me' durch das verkündigte Evangelium, herein in seinem Anspruchs- und Antwortcharakter. Gott und Mensch sind in ihrer Differenz in der Gestalt des Gott-Menschen nicht mehr von der Welt her, aus dem Bewusstsein des Subjektes heraus denkbar, sondern – wie bei der Inkarnation Gottes – vom hereinbrechenden Anderen her. Diese Exzentrik kann als

Nachfolge-Figur für Transzendenz und Metaphysik gelesen werden (Sloterdijk, 2017, 36).

Das geschilderte dreifache Analyseinstrument kann im Folgenden dazu dienen, solche Prozesse zu beschreiben, die man mit Begriffen wie Individualisierung, Subjektivierung, Singularisierung, Autonomisierung, Vereinzelung und dem fiktiven Subjekt des ‚Selfies‘ auflisten kann. Individualisierung ist für die Sozialisation von Menschen insofern ein notwendiger Prozess, als das Subjekt nur in eigener Betroffenheit durch Andere und anderes und mit eigenem Antworten Subjekt werden kann. Dabei besteht immer das Risiko, dass sich der einzelne Mensch sozial-autistisch verhält, subjektivistisch seine Interessen begründet und diese egoistisch durchsetzt und nicht zum Subjekt durch Andere werden kann, weil er zum Subjekt werden will. Zum Subjekt wird der Einzelne durch das Widerfahrnis des Anderen und der damit verbundenen symbolischen Ordnung außerhalb seiner selbst (wie z.B. Judith Butler annimmt, 2001). Dabei besteht das andere Risiko, dass sich der Einzelne an die symbolische Ordnung (meistens unbewusst) anpasst, indem er diese zu einem rettenden ‚Wir‘ phantasiert und sich durch dieses ‚Wir‘ gewissermaßen kolonialisieren lässt. Individualisierung geschieht in dieser Perspektive entweder egokratisch als Selbstermächtigung oder umgekehrt als Auslieferung an Herrschaftsansprüche einer Theokratie, einer Technokratie, einer Ideologie wie dem Kapitalismus, eines Nationalismus. Beiden Wegen steht die Vorstellung gegenüber, dass sich das menschliche Subjekt nur insofern selbst setzt und setzen muss, als es zuvor schon immer gesetzt ist durch den Geist Gottes, durch das Widerfahrnis grundloser Verpflichtung dem Anderen, Anderen und anderem gegenüber (Moxter, 2018, 155–167). „Das Subjekt verwirklicht sich als antwortendes Ich" (Meyer-Drawe, 1990, 154), als von Gottes verkündigtem Evangeliumswort zum Antworten auf den Anderen ermächtigtes und verpflichtetes Ich (Luther, 1992, 78f.).

(I) Die Fragestellung: Individualisieren wir uns zu Tode?

Zur Diskussion steht die Individualisierung (in) der Gesellschaft und deren Vollzugsformen, die markant und folgenreich nach vereinzelten Vorläufern mit Beginn der Neuzeit im 14. bis 16. Jahrhundert im europäischen Raum aufkam und in der Moderne im (Neo-)Liberalismus mit der Ich-AG beschleunigt wurde und in der Spät- oder Postmoderne mit dem autonomen ‚Selfie‘ einen Höhepunkt erreicht hat. Was früher unter Stichworten wie Egozentrik, Individualismus, Egoismus, Narzissmus verhandelt wurde (Schrey, TRE IX, 1982; Thies, 2004, 128–130), diese anthropologische Fragestellung läuft heute unter Selbstverwirklichung und Selbstaktualisierung (Gerhardt, 1995, 556), Authentizität, Autonomie, Identität, Egokratie, Autismus, ‚Selfie‘ (d'Arcais, 2009, 97f.; Lempp, 1996; Meyer-Drawe, 1990). Nach dem kosmisch-metaphysisch eingebundenen, durch seinen ‚Geist‘ bestimmten ‚Ich‘ griechischer Philosophen und des Christentums in seiner hellenisierten römisch-katholischen Ausprägung und der neuzeitlichen Fokussierung auf das zweifelnd-denkende ‚Ich‘ eines Descartes gilt das ‚Ich‘ in seiner heutigen narzisstischen ‚Selfie‘-Selbstdarstellung als „Ausdruck einer zwanghaften Selbstliebe, deren Bestätigung mühelos durch digitale Aktivitäten zu erzielen ist" (FR 11.08.2017, 26). Postmoderne Digitalisierung hebt die Milieugebundenheit der Moderne weitgehend auf. Dies macht sich neoliberale Ökonomie zu Nutzen durch sogenannte EgoTech-Angebote vor allem für die zwischen 1980 und 2000 geborenen, deutlich narzisstisch geprägten ‚Millennials‘, die sich für die Besten halten und als Helden stilisieren, sich als Beherrscher der Welt wähnen und sich ihrerseits ohne Empathie ausbeuterisch verhalten. Diese digitale Selfie-(Un-)Kultur produziert und stützt den modernen ‚Selfie‘ in seiner „Beziehungsunfähigkeit" (Nast, 2016, 232ff.). Die Vorstellung von einem digitalen ‚Ich‘, auch ‚Profil‘ genannt, geht wie einst Descartes' denkendes ‚ego‘ und Rousseaus ‚von Natur aus guter Menschen-Kern‘ von einem Kern-Subjekt oder Ich-Kern aus, den es möglichst unverstellt auszuleben gilt. Auch Religionen wie das Christentum und die Psychotherapie mit ihren Heilsangeboten halten ihren Adressaten für einen aus seinem integren Urzustand Herausgefallenen mit einem Rest an ‚gutem Kern‘, der jedem Menschen von Gott schöpfungsmäßig oder eben von Natur aus gegeben ist und der im individuellen Glauben und der individuellen Therapie zur Urform, die dann eher gattungsgeschichtlich als individuell ist, gereinigt werden muss. Dieser individuelle Kern, selbst wenn er als universelles Urstands-Implikat des Menschseins gilt, muss perfektioniert werden im Modus individueller Selbstverwirklichung. Dem steht die postmodern-dekonstruktivistische Vorstellung gegenüber, dass es keinen solchen Personen- oder Ich-Kern als Identität gebe, sondern dass das fiktive Subjekt eine Vielfalt von Rollen spiele (Illouz, 2006, 123f.). Das Subjekt als identitäres, essentielles Ich ist ‚tot'.

(Eine kurze Begriffsklärung ist hier notwendig: Zu dem hier verwendeten umgangssprachlichen Begriff des ‚Selfie' ist zu sagen: Er meint das ‚digitale Ich', indem eine Person eine andere Person/Personen/Dinge mit sich selbst zusammen mittels Handy, Smartphone als Information ‚photographiert'. Dieser Begriff wird hier weiter gefasst im Sinne eines Symbols für den postmodernen Menschen. Manche bezeichnen ihn auch als homo smartphonensis oder digitalis, der körperlos bleibt, nur als Profil existiert, sodass manche vom ‚Tod des Menschen' in Fortführung des nietzscheanischen ‚Todes Gottes' gesprochen haben. Meistens fällt der Begriff eines mediatisierten, digitalen Narzissten, der sich mit anderen als Kulisse ‚abbildet' und in Szene setzt.)

Als Scharnierpunkte der Radikalisierung des oft ins Psycho-Pathologische umschlagenden und deswegen vornehmlich therapeutisch gepflegten Selbstinteresses werden exemplarisch zu behandeln sein Reformer wie der Jude Jesus von Nazareth, Philosophen und Theologen wie Sokrates, Augustinus, Pico della Mirandola aus der italienischen Renaissance, der ‚individualisierende' Reformator Martin Luther, dann Descartes, Kant, Hegel, Stirner mit seiner Proklamation des ‚Einzigen', Nietzsche, aber auch die auf persönliche Bekehrung und Religionsfreiheit setzenden ‚Frommen', Pietisten und Freikirchler, Existentialisten, ebenso befreiungstheologische Kritikerinnen subjekt- und bewusstseinsbestimmter Entwürfe (Gerber, 2013, 105ff.; Flasch, 2005, 219–224, 234–236). Zu berücksichtigen sind Dekonstruktivisten und deren Diskussionsumfeld mit Lacan, Derrida, Levinas, Judith Butler, Außenseiter wie Slavoj Zizek, Diskursorientierte wie Jürgen Habermas und Verfechter einer Neuen Metaphysik mit Ansätzen zu Gottes-Beweisen. Zu befragen sind diejenigen, die auf Perfektionierung des Menschen setzen mittels Enhancements aller Art, mittels Gentechnik (neuerdings mit der ‚Gen-Schere'), mittels ‚individualisierender' Medizin und Psychotherapie und schließlich radikale Skeptiker gegenüber dem Menschen-Individuum, das nicht auf die Erde und ins All passt. Wirtschaftspolitische Akzente wie die Aufbauphase nach dem Zweiten Weltkrieg, die Versuche einer stärkeren Demokratisierung z.B. durch Kanzler Willy Brandt, die Konsumismus-Phase bis zum Neoliberalismus, der durch sein Programm des Förderns durch Fordern den Individualismus in einer neuen Weise radikalisierte und im Thatcherismus die Gesellschaft nahezu preisgab. „Die Neuzeit radikalisiert das durch die Renaissance wieder belebte Erbe; sie ist der epochal gewordene Extremismus" (Gerhardt, 2000, 11). Man wird diese These dahin gehend ergänzen können, dass die ,Subjektivität' mit „der Intimität der Augustinischen Gottes-beziehung", dem neuen Lebensstil der Renaissance und mit der Betonung der individuell-persönlichen Betroffenheit durch Gottes Wort im Sinne Luthers und dann durch Descartes' Zweifeln und Konzentrierung auf das ,denkende Ich' (cogito, ergo sum) ins Leben gerufen und in der sogenannten Postmoderne auf das ,Selfie' radikalisiert worden sei.

Der Fokus der folgenden schwerpunktmäßig vorgehenden und ansonsten notwendigerweise lückenhaft bleibenden und auf entsprechende Literatur ver-weisenden Rekonstruktion dieses komplexen und ambivalenten Prozesses liegt auf der Frage nach der Selbstpräsentation und Organisation der bei uns maß-gebenden Varianten und Konfessionen der christlichen Religion: Ist auch sie zu einer christlich plakatierten ,Selfie'-Religiosität geworden? Woran könnte dies liegen und wie könnte sich dies theologisch und christentumspraktisch äußern? Richtet sie sich in unserer gereizten Erregungs- und Eventgesellschaft eher unterschwellig als bewusst zielorientiert und in der Wirkung abnehmend ein, indem sie sich im Horizont von Wohlfühl- und Heilungsangeboten und allge-meinen Kulturevents in individuell zusammengebastelte Patchwork-Religiosi-täten mit entsprechend synkretistischen Symbolen und Ritualen transformiert? Wird die christliche Religiosität vor allem der protestantischen Kirchen immer noch weitergegeben durch eine traditionell bürgerliche und ökonomisch vor allem durch den neoliberalen (Turbo-)Kapitalismus und den ebenso freiwillig akzeptierten Digitalismus erzwungene Individualisierung, kompensatorische Emotionalisierung und Verinnerlichung im moralisierenden Gewand? Oder hat jeder Mensch ohnehin so etwas wie eine „religiöse Anlage", die es individuell zu gestalten gelte, wie der Renaissancephilosoph Pico della Mirandola und später Friedrich D.E. Schleiermacher in seinen im Horizont der Romantik konzipier-ten „Reden" von 1799 formuliert haben? Gehört zum Menschsein Religion als gesellschaftlich verpflichtendes und entlastendes Ritual- und Sinnkonglomerat im Sinn eines Bezuges zur Transzendenz, also letztlich ,von Natur aus' als ein sogenanntes „religiöses Apriori", als einen angeborenen Sinn für das Religiöse wie bei Schleiermacher?

Eine solche ,natürliche', jedem Einzelnen eingeschriebene und sich zivilgesell-schaftlich äußernde Religiosität haben vor allem protestantische Theologen wie Dietrich Bonhoeffer als geschichtsloses Konstrukt verworfen (Bonhoeffer, 1959, 178 u.ö.). Der katholische ,politische' Theologe Johann Baptist Metz hat dazu die kritische Frage gestellt: „Hat das Christentum jenes messianische Heil, das Jesus verkündet hat, nicht zu strikt verinnerlicht und individualisiert?" (Metz, 1980, 39). Hat das Christentum damit die äußere Schöpfungswelt und die sozialen Fra-gen von einem eigentlichen, wahren, inneren Kern des glaubenden Individuums abgetrennt und sich selbst überlassen und seine eigene Wirksamkeit in der Moderne in eine Dienstleistungsorganisation für persönliche „Erleichterungs- bedürfnisse" und in Seelen-Pflege verwandelt (Metz, 1980, 70ff., 94ff.; Gerber, 2008, 117ff.)? Nähert es sich damit seinen „säkularisierten Ablegern ..., nämlich der Existenzphilosophie und den Psychotherapeuten" bis zur Verwechselbar- keit an (Bonhoeffer, 1959, 217)? Existenzphilosophie und Therapie treiben „den Menschen erst einmal in innere Verzweiflung ... und dann haben sie gewonne- nes Spiel. Das ist säkularisierter Methodismus", als Zuspitzung der Individua- lisierung. Existenzphilosophie und Therapie setzen beide das Individuum sich selbst zur Selbstverwirklichung aus, nach Meinung von Eva Illouz oft im Rück- griff auf „kulturelle Vorlagen religiöser Narrative", wenn auch unter Abkoppe- lung der Gottes-, Glaubens- und Schuldfrage.

Auch das Christentum steckt heute in der Krise, ob es das Subjekt in einem liberalistischen Missverständnis für das autonome, sich in einem angenehmen Gefühlsglauben selbst managende ,Selfie' hält und sich in seinen „Illusionen von Autonomie" egokratisch bestärkt (Meyer-Drawe, 1990, 17–24), oder ob es im Namen seines „Funktionsgottes" als Moralagentur in einem modernitätsspezifi- schen Selbstmissverständnis das Subjekt der digitalisiert-ökonomisierten „Tages- ordnung" unterwirft mit Moralisierung und mittels Sozialarbeit (Graf, 2009, 57f.; Cordemann, Holfert, 2017), durch Reduktion der Kontingenzen und der Kom- plexität modernen Lebens und mittels Integrationsangeboten in die sich auf- splitternde Gesellschaft? Im ersten Fall präsaliert die Individualisierungs- und Selbstgestaltungsintention. Im zweiten Fall wird die Gesellschaft oder mindestens das Kirchenchristentum dem einzelnen Glaubenden vor- und übergeordnet, um der Individualisierung ein ,Wir' entgegen zu setzen. Oder schlägt das Christen- tum einen anderen Weg ein, indem es über Emotionalisierung und Moralisierung und Einheitsgläubigkeit hinaus Religion nochmals reformatorisch als Widerfahr- nis verpflichtender Freiheit bezeugt und lebt, sodass das Subjekt als angesproche- nes und antwortendes Ich ,von außen' konstituiert wird (Meyer-Drawe, 1990, 154; Liebsch, 2010, 73–78)? Dann sind die klassischen subjektorientierten, substantiel- len Theologumena wie das folgende zu hinterfragen: „Unter Glauben verstehe ich die Gewissheit, die mein Leben trägt", so der Theologe Wolfgang Huber: „Diese Gewissheit bezieht sich auf Gott und die Welt zugleich" (Huber, 2008, 10). Sie bezieht sich vom Subjekt her nicht nur auf Gott und Welt, sondern sie wird zual- lererst konstituiert durch die Herausforderung des Subjektes durch den Anderen, der das Subjekt in ein responsiv-glaubendes Leben verpflichtet. Diese schwache, verletzliche Sicht von Gott, Mensch und Welt entzieht sich dem logischen Beweis- verfahren, dem ,cogito', weil sie auf den zuvorkommenden Anderen setzt – und das ,Selfie' als Halbierung des Menschen entlarvt.

Eine andere, freilich defiziente Möglichkeit, mit der sogenannten Modernisierung (als Sammelbegriff für Individualisierung, Pluralisierung und Globalisierung, für Fragmentierung, Beschleunigung und Entmündigung, für Ökonomisierung, Digitalisierung und Zwanghaftigkeit, für die Auflösung von Bindungen und Werten und dem grandiosen neoliberalen Freiheitsversprechen) der westlichen globalisierenden Welt umzugehen, geschieht als Fundamentalismus oder Vereindeutigen der Lebens- und Kommunikationsstile (Gerber, 2015; Bauer, 2018). Hierher gehört das fundamentalistische Positivieren und Verabsolutieren von Bibel, Glauben, Riten und Lehre, auch zu politischen Zwecken wie z.b. für die Ablehnung von Sterbehilfe, Abtreibung, gleichgeschlechtlichen Ehen. Christliche Erfahrung(en), Wahrheit(en) und Lebensführung werden vereindeutigt und absolut gesetzt (Gerber, 2008, 153ff.). Dieses Positivieren oder verabsolutierende Verobjektivieren, auch in der schwachen Form eines „Offenbarungspositivismus" etwa bei Karl Barth, hatte Dietrich Bonhoeffer zurückgewiesen, weil hier nicht das „Für-andere-da-sein" in der Begegnung mit Jesus Christus leitend sei (Bonhoeffer, 1959, 179, 184, 219, 259). In dem theologischen Modell des Fundamentalismus treten objektiv gültiges, invariables (unfehlbares) Dogma und das dieses in Gehorsam aneignende Glaubenssubjekt einerseits auseinander, indem der Glaubende ständig seine Identität mit der göttlichen Wahrheit gegen Zweifel sichern muss, und andererseits sind beide gleichermaßen in den Raum zeitlos-göttlicher Wahrheit versetzt, die der Glaubende in diesem Fall ohne Zweifel gleichsam besitzt. Mit dieser Stilllegung religiösen Suchens und theologischer Neugier betreibt das Individuum zwar seine auf Erden schon ewige Identität, nimmt aber damit letztlich seine Selbstauslöschung als eines verantwortlich wahrnehmenden und antwortenden Subjektes in Kauf. Um sich abzusichern, verlegt dieses Ich seine Lebensmöglichkeiten in eine religiöse Vorgabe, in ein fundamentum. Von Individualismus kann bei einem solchen fundamentalistischen Verständnis von (gläubigem) Menschsein nur im Blick auf die Aneignung als ‚Bekehrung‘ gesprochen werden. Die Dialektik „von individueller Selbstverwirklichung und Allgemeinheit", das Paradox von Befreiung und Verpflichtung, von Widerfahrnis und Antwort geht verloren (Luther, 1987, 126).

Die Verschiebung auf das Individuum und seine Befindlichkeit(en), sei es im Sinne religiöser Selbstverwirklichung mit einer individuellen Patchwork-Religiosität oder sei es als geistbewirkte persönliche Bekehrung zu einem Glauben mit absoluten Wahrheiten, lässt sich an den christlichen Religionsangeboten ablesen. Wurde einst auf ein streng konfessionelles Glaubensleben geachtet, so ebnen sich die konfessionellen Differenzen in demokratischen Gesellschaften mit relativer Trennung von öffentlich bestimmendem säkularem Staat und persönlicher Religionszugehörigkeit immer mehr ein durch Globalisierung und den deutlichen Bedeutungsverlust der christlichen Religion. Privatisierungsschübe und die Fokussierung auf eher allgemeinmenschliche Bedürfnisse der Mitglieder und das Schritthalten mit einem Utilitarismus befördern letztlich egoistische Neigungen des Individuums und seine Selbstbeschäftigung in Sachen ‚Erlösung' (Diner, 2017). Damit wandert die Differenz bis auf wenige Alleinstellungsmerkmale, z.b. auf katholischer Seite das Papsttum mit seiner Unfehlbarkeitszuschreibung, die zölibatären Priester, die Mariologie und dennoch Ausschluss der Frauen aus den ‚höheren Weihen', und auf protestantischer Seite die Bedeutung der Bibel, das Postulat Luthers eines Priestertums aller Glaubenden und eine gewisse Glaubensfreiheit, immer mehr in die subjektiven Aneignungs-, Expressions- und Praxisverfahren der individuell Glaubenden und geraten immer mehr zu Gleichgültigkeiten (Bauer, 2018, 39f.). Das Paradoxe und Quere des Bußrufes des jüdischen Reformers Jesus von Nazareth wird in einer vereinheitlichenden Synkretisierung in Lehre und kirchlicher Praxis gleichsam stillgelegt im aneignenden Glaubenssubjekt. Was individuell ‚gut' tut, ist zum Kriterium der Gottes-Erfahrung und christlich-kirchlichen Angebotsgestaltung geworden und verdünnt die Glaubensorthodoxie zunehmend zugunsten des auswählenden ‚Glaubensindividuums', was Peter L. Berger einst gleichsam als Weckruf unter dem „Zwang zur Häresie" thematisiert hat (Berger, 1980). „Jeder Mensch verhält sich jederzeit wie ein unfehlbarer Papst seiner vitalen Instinkte, und niemand wird ihn dafür tadeln" – bis zur „Heilung durch die Selbstsetzung" (Sloterdijk, 2017, 354, 350). Und Sloterdijk formuliert wie oft etwas salopp: „Ob Religionen oder Vitamine: beide bedienen dieselbe Meta-Überzeugung, daß jedes Individuum die Überzeugungen und Spurenelemente, die bei ihm am besten wirken, herausfinden und regelmäßig zu sich nehmen solle" (Sloterdijk, 2017, 353).

Auch für das Christentum gilt heute: „Es gibt nicht mehr die eine Formel, die alles aufschließt" (Beck, 1991, 98). Auch Christen glauben nicht mehr alle an den einen gleichen Gott; sie haben ihren „eigenen Gott", wie es Ulrich Beck mit dem Tagebuch der Etty Hillesum formuliert hat (Beck, 2008, 13ff.). Diese moderne Individualisierung der Gottesbetroffenheit muss nicht automatisch heißen, dass sich christliche Gottes-, Menschen- und Weltinterpretation(en) entweder in individuelle Beliebigkeit(en) auflöst – schon allein deswegen nicht, weil kein Mensch ‚beliebig' sein kann -, oder sich in fundamentalistischer Selbstdarstellung gewissermaßen über Wasser hält – schon allein deswegen nicht, weil kein Mensch übers Wasser zu gehen vermag. Der beschleunigte individualisierende Wandel auch der christlichen wie überhaupt religiösen Gottes-, Menschen- und Weltbilder im Epochenwandel von der industriellen „Ersten Moderne" in die reflexive „Zweite Moderne", die Ulrich Beck analysiert hat, und der damit verbundene Verlust des Jenseits-Gottes machen aus der heilsgeschichtlich bis ins Endgericht ausgreifenden christlichen Erlösungsreligion bisweilen eine bescheidenere Religion der Rechtfertigung und Versöhnung hier auf Erden schon (Gross, 2007, 1–11). Das moderne fragmentierte Leben lässt sich nicht mehr als Ganzes, als ein im Glauben unter Gottes Vorsehung (und Erwählung) ablaufendes Leben beschreiben, sondern kann nur in seinen Bruchstücken erzählt werden. Religion wird selbst fragmentiert, torsohaft, fließend, und Predigen wird zum Erzählen von Widerfahrnissen (die gegen fake-news nicht gefeit sind), ohne sicheres Ziel, ohne bestimmbares Ende, ohne endgültige Lösung (weil es in Glaubens-Fragen keine Lösungen geben kann), aber auch ohne eine Unheils-, Verfalls- und Verurteilungsgeschichte, die keine Hoffnungsaktivitäten mehr zuließe. Nicht mehr Bibel, Bekenntnis, Messe, Tradition, kirchenväterliche Autoritäten, eine von Gott gegebene Vernunft, Offenbarung(en), Einhalten der Gebote und Verbote machen die Identität des Christen und der Christin aus, sondern die eigene Erfahrung von entgrenzenden Widerfahrnissen und Konfrontationen mit Anderen lassen christliches Glauben zur ‚von außen‘, vom Anderen geforderten und zugesprochenen Selbsterfindung werden, deren Identität, sofern man diesen Begriff überhaupt verwenden und nicht lieber ganz vermeiden mag, prozesshaft bleibt. In der liberalen Theologie wird das Individuum nicht als Einzigartiges in seiner Differenz zu Anderen akzeptiert, sondern als Einzelner in der Schar der sich selbst Vergewissernden. Ein solcher Individualismus ist die liberale Einladung zum Ich-Leben, die das Individuum als Differenzrepräsentanten letzten Endes verleugnet, indem sie nochmals einen ideologischen horizontalen Gesamtzusammenhang vorgibt. Einen solchen geschlossenen Rahmen pflegt heute noch der römische Katholizismus mit dem auf Platon zurückgehenden System der vertikalen Analogie von heilsperfektem ideenhaften ‚Oben‘ und dahin strebendem und von dort gezogenem teils heilen ‚Unten‘. Das Individuum bleibt Replikant eines einzigen Modells (d'Arcais, 2009, 44), was als ein Charakteristikum des ‚Selfies‘ ausgemacht werden kann.

Die in den letzten 50 Jahren verstärkte Zuspitzung auf das pseudoautonome Ich lässt sich mit Daniel Bell verständlich machen: „Auf die klassische Frage nach der Identität: ‚Wer bist Du?‘ hätte der Mensch früher geantwortet: ‚Ich bin der Sohn meines Vaters‘. Heute erklärt er: ‚Ich bin ich, ich verdanke alles mir selbst und schaffe mich durch eigene Wahl und Tat‘. Dieser Identitätswandel ist das Kennzeichen unserer Modernität" (Bell, 1976, 114). Indem ich mich digital spiegele, erschaffe ich mich als Profil (Bernard, 2017, 184). Nur: Wo das Selbst sich derart auch religiös erfinden muss, dass es zum Schöpfer seiner selbst wird und die Anderen und anderes verschwinden und dann im Publikumsstatus für das seine Augen aufschlagende Selbst wieder auftauchen, dort werden die Chancen ambivalenten, paradoxen Existierens vereinseitigt auf ein monadenhaftes, isoliertes Lebenskonzept der (vermeintlich) Autonomen und auf die Zerstörung gesellschaftlichen Zusammenlebens. Wo sich die von Michel Foucault reklamierte „Sorge um sich" von der Achtung des Anderen, also von der Nächstenliebe und von ökologischem Lebensstil abkoppelt und auf die narzisstische Liebes-Beziehung des Subjektes zu sich selbst reduziert und die einerseits individualisierende und zugleich andererseits sozialisierende Dynamik der Gesellschaft ausblendet, dort landet die Individualisierung im Verschwinden des Subjektes. Das Ich gerät in einen „Individualismus ohne Subjekt" (Baudrillard, 1987, 35) und entledigt sich seiner Ambivalenzen, wie Zygmunt Bauman in einem Interview 1996 diese postmoderne Situation charakterisiert hat: „daß eigentlich jeder Aspekt menschlichen Lebens und menschlicher Beziehungen voller Ambivalenz und Zweideutigkeit ist und daß genau das Ringen mit dieser Ambivalenz die Schönheit und Größe der menschlichen Existenz ausmacht. Darin sind meine Ansichten postmodern" (FR vom 19.10.1996, ZB 3). Teilen Theologie und Kirche(n) den Anspruch der Moderne, alles Ambivalente und Fremde, Zufall und Ungewissheit in dem Sinne theologisch einsichtig und damit unschädlich zu machen, sie derart zu ‚sakralisieren', dass solche Widerfahrnisse mit dem im Glauben unterstellten Blick aus dem Jenseits erklärbar werden und gleichsam im Glauben ihren Stachel verlieren und verschwinden? Dann ist das Ende des ‚antwortenden Ichs' eingeläutet durch das ‚autonome Ich', das sich religiös selbst begründet durch einen Umweg über einen ambivalenz- und kontingenzfreien Lebensentwurf. Hier hat Jean-Luc Nancy im Rückgriff auf Foucaults „Selbstsorge" zurückgefragt, ob nicht der vor dem Christentum und der Latinität generierte „Monoteismus" das „Auftauchen eines (angerufenen, gerufenen, berufenen, beurteilten, geliebten …) ‚Selbst'" hervorgerufen hat – und so etwas wie einen Individualisierungsprozess mit Exzentrik initiiert hat (Nancy, 2017, 38 mit Anm. 53)?

Die andere Frage ist, inwiefern sich Selbstliebe in selbstzerstörerischen Egoismus oder gar sozialen Autismus verwandeln und so etwas wie Gottesliebe und Nächstenliebe kappen kann? Einen interessanten Hinweis hat Rousseau gegeben: Er hatte verschiedentlich die beiden Formen des ‚amour de soi' und ‚amour propre' auseinandergehalten. Die Selbstliebe äußert sich vornehmlich in der Selbsterhaltung, die auch Selbststeigerung einschließt. Problematisch werde es erst gemäß Rousseau, wenn „die Selbstliebe zur *Selbstsucht* verkommt, die uns dazu anhält, uns mit anderen zu vergleichen und sie übertreffen zu wollen"(Thies, 2004, 130). Diese Selbstsucht erzeuge ein unendliches Begehren und äußere sich als Selbstdurchsetzung, die dem Verhalten des modernen ‚Selfies' nahekommt, aber bei Rousseau zurückgebunden ist an den Mythos von dem von Natur aus in jedem Menschen schlummernden wahren, reinen Selbst. Dieses

Versprechen, dass der Mensch „dauerhaft glücklich und kreativ sein" werde, hat seinen Anhängern „kein Glück und keine Kreativität gebracht, sondern das permanente Gefühl, man werde benachteiligt oder ungerecht behandelt, ja, um sein wahres Leben betrogen" (Strenger, 2017, 26f.) – bis zum Selfie heute, der immer noch meint, dass seine „Bemächtigungsmentalität" fraglos berechtigt sei und dass es für seine Probleme eine technische Lösung gebe, um der Kontingenz, Fragilität und Tragik menschlichen Lebens zu entgehen. Sofort kommt hier ein Einwand: „Selbstbehauptung, Selbstgenuß und Sorge für andere schließen sich nicht etwa aus, sondern ein, gehören zusammen, bekräftigen, bereichern sich gegenseitig" (Beck, 1997, 15). Dies kann folgende Beobachtung bekräftigen, dass die Individualisierung zwei zunächst gegenläufige Effekte impliziert, die sich dann doch komplementär verhalten (können): auf der einen Seite die Indifferenz dem Anderen gegenüber und auf der anderen Seite gleichzeitig eine Sensibilität für das Leiden und den Schmerz des Anderen (Hondrich, Koch-Arzberger, 1992, mit Beispielen). Diese sich widersprechenden Einschätzungen gehören zum hier geführten Diskurs.

Als eine Art Bollwerk gegen die Kontingenzen menschlichen Lebens und den damit implizierten Glaubenssubjektivismus wurde im Christentum an der Vorstellung einer Heilsgeschichte von der Schöpfung bis zur End(er)lösung in Gestalt einer Theodizee festgehalten. Aber seit sich die beweisführende, vereindeutigende Vernunft an die Stelle der stets ungesicherten Wahrnehmungs- und Deutungsaktivität des christlichen Glaubens und dessen schon von Luther thematisierten Zweifeln gesetzt und diese Heilsgeschichte in eine Fortschrittsimagination überführt hat, wird das Glaubenssubjekt auf seine persönlich-individuellen Gottes-Widerfahrnisse verwiesen. Karl Löwith hat diesen Prozess analysiert: „daß das Heilsgeschehen auf die unpersönliche Teleologie einer fortschreitenden Entwicklung reduziert werden konnte, in der jedes gegenwärtige Stadium die Erfüllung geschichtlicher Vorbereitungen ist. In eine weltliche Fortschrittstheorie verwandelt, konnte das Schema des Heilsgeschehens natürlich und beweisbar erscheinen" (Löwith, 2004, 199). Und damit wird der Mensch zum Erfüller instrumentalisierter Heilsbilder. Diese Zuspitzung auf das autonome, dominierende, „triumphierend-selbstbewusste" Subjekt als Schöpfer seiner eigenen kleinen und großen Welt (Illouz, 2006,88), der damit ebenso das Wohl der Anderen fördere, äußert sich in einem sozialen Autismus, der als kindliches Beharren auf egoistischen Vereinnahmungen – und das ist das eigentlich Problematische – ein Erwachsenwerden in unserer juvenal und identitär orientierten Gesellschaft zunehmend verhindert (Lempp, 1996, 30ff.). Zurück bleibt das imaginierte allmächtige Subjekt mit seiner verdrängten Todesangst (Richter, 2005, 181ff.; Schrey, 1982, 306), das sein Leben kontrollierend bis zur Sterbehilfe verfügbar machen möchte: „Sterbehilfe ist die konsequente weitergedachte Form eines auf Individualismus ausgelegten Lebenskonzepts" (Steffen Eychmüller). Die im Leben angestrebte Sicherheit des autonomen Subjektes soll wenigstens im Projekt des individuell gestalteten, ‚autonomen' Sterbens ihre Erfüllung finden – als Ausdruck einer suizidär gestimmten Gesellschaft?

Solcherlei auf Selbstverwirklichung abgestellte gesellschaftlich-kulturelle Schemata, Werte und Praktiken haben zweifellos Wurzeln auch im Christentum: der Individualismus als persönliche Gottes-Beziehung und eigenes Zum-Glauben-Kommen, die persönlichen Leidenserfahrungen als Nachfolge Jesu, das individuelle Sich-Outen im eher Intimen und in der medialen Talk-show-Öffentlichkeit als säkularisierte Beichte (Illouz, 2006, 87), Selbstveränderung als Buße, Selbstverbesserung als Wachsen im Glauben durch Übungen und Training. So empfiehlt Peter Sloterdijk seine „Anthropotechnik" insofern als sachgemäße Lebensgestaltung „nach Gott", als er Religion(en) für „mißverstandene spirituelle Übungssysteme" hält und den rechten Übungsweg in der „Einsicht in die immunitäre Verfassung des Menschenwesens" sieht (Sloterdijk, 2009, 12f.). Aber die damit scheinbar abgewendete Theodizee-Frage ist in das Übungs- und Therapie-Narrativ eingewandert: „Die quälende Frage nach der Verteilung des Leids – warum leiden die Unschuldigen, während die Bösen gedeihen? -, diese Theodizeefrage, die die Weltreligionen und die modernen Gesellschaftsutopien umgetrieben haben, ist von einem Diskurs, der das Leid als Folge schlecht verwalteter Gefühle oder einer dysfunktionalen Seele oder sogar als notwendige Phase der emotionalen Entwicklung betrachtet, auf eine noch nie dagewesene Banalität reduziert worden" (Illouz, 2009, 405) – und zugleich vom christlichen Hauptstrom trotz z.B. der Hiob-Geschichte und der auf Gewaltfreiheit zielenden Jesus-Geschichte beibehalten worden (Girard, 1983; Gerber, 2008, 245–252).

Der Protestantismus hat seit der Reformation mit Ausnahme vielleicht der hegelianisch geleiteten Theologen eine steigende Aufwertung des Einzelnen gebracht (Luther, 1987, 125f.). Manche haben von „Individualitätsreligion" gesprochen und „die Praxis der Individualität zwischen Fremd- und Selbstbestimmung" analysiert (Gräb, 2012). Andere haben „protestantische Individualitätskulturen" ausgemacht, deren Triebkräfte, Verheißungen, Versuchungen und Grenzen protestantische Wurzeln und Prägungen haben (Christophersen, 2017): „Die Kraft des Protestantismus speist sich nicht zuletzt aus dem leidenschaftlichen Bemühen, das eigene Leben in der Beziehung zu anderem Leben – im Angesicht Gottes – gelingen zu lassen, und zwar selbst dann, wenn dies in die Auseinandersetzung mit der kirchlichen Ordnung führt". (Hier ist die subjektzentrierte, auf ein Gelingen entwerfende Sicht von individuellem Glauben zu kritisieren.)

In psychosozialer Perspektive hat Horst-Eberhard Richter „die Geschichte des Egozentrismus und seiner Verkleidungen von Leibniz bis Nietzsche" nachgezeichnet unter dem Oberthema „Der Gotteskomplex: Die Geburt und die Krise des Glaubens an die Allmacht des Menschen" (Richter, 2005, 32ff.). Entsprechend tauchen Merkmale unserer postmodernen Zeit in Stichworten auf wie: Narzissmus des in sich selbst verliebten ‚Selfies' und seines Autismus, um nicht erwachsen werden zu müssen; der Solipsismus und Egoismus bis zur Egomanie des neoliberal funktionierenden Einzelnen als Manager seines Lebens und „unternehmerisches Selbst" (Bröckling, 2007) und als „Egokrat", der sich zu Gott macht und alle anderen zu Replikanten versklavt (d'Arcais, 2009, 97); dieses „neoliberale Leistungssubjekt als ‚Unternehmer seiner selbst' beutet sich freiwillig und leidenschaftlich aus" (Han, 2014, 42); das Selbst ist das Projekt und das Kunstwerk der Postmoderne schlechthin; psychotherapeutische Angebote, die mit der Wende vom Somatisch-Körperlichen zum Psychischen aufblühten, stellen die Bedürfnisse und Vorlieben ihrer Klienten über deren Verpflichtungen und lösen mit einem gefährlichen Utilitarismus des puren Eigenwohls die Beziehungen dieser atomisierten Individuen zu und von Anderen auf (Illouz, 2009, 10f.; 28ff.; Han, 2014, 39). Im protestantischen Christentum hat sich seit der Reformation die „Idee der Gotteskindschaft" immer deutlicher von ihrer vormals universalistischen Gottesgemeinschaft herausgelöst, und „der Gnadenpartikularismus verhindert die universale Bruderliebe und besiegelt die Vereinsamung des religiösen Individuums" (Luther, 1987, 125).

Als Arbeitsthese kann jetzt festgehalten werden: *Der Individualismus im Protestantismus ist als ambivalentes Implikat zu sehen, das ständig in der Gefahr steht, sich im Zuge der Trennung von kirchlichem und persönlichem Glauben seit der Aufklärung im Egozentrismus einer Patchwork-Religiosität letztlich zu verlieren oder ‚katholische' bzw. evangelikale fundamentalistische Zuflucht in sicheren Wahrheiten zu finden* (Gerber, 2015, 27ff.). *Die Individualisierung christlicher Religiosität im Zuge der modernisierenden Gesellschaft vollzieht sich zugleich als Individualisierung durch die individualisierte christliche Religiosität.*

All dies wird im Folgenden zu prüfen und kritisch zu befragen sein, inwiefern Individualisierung (in) unserer Gesellschaft (1) *negativ* als deren Auseinanderfallen und als Entsozialisierung der Bürger und Bürgerinnen zu sehen sei, wie es z.B. Max Weber gemeint hat (Schroer, 2000, 15ff.; 124ff.), wie Hegel den bürgerlichen Eigendünkel kritisierte oder Karl Marx die „Sphäre des Egoismus" geißelte (Schrey, 1982, 306), wie befreiungs- und feministisch-theologisch orientierte Theologinnen wie z.B. Dorothee Sölle und Theologen, die das Christentum als Religion von Beziehungen verstehen (Heyward, 1986; Sölle, 1994). Das Individuum ist, so das Fazit der Negativsicht, zugleich Gefangener der Zwangsgesellschaft und lässt sich deren Instrumentalisierung auch der Religion mehr oder weniger klaglos gefallen. Oder Religion wird als globale Vorgabe von absolut, exklusiv und global gültigen Fundamentalismen verwendet, um der ‚modernen‘ Individualisierung Einhalt zu gebieten, wobei die persönliche Bekehrung des ‚Ich‘ (als Modernitätsmerkmal) betont wird (Gerber, 2015, 9–16).

Andere haben Individualisierung (2) *positiv* gesehen als Prozess der Freisetzung und als Gewinn einer gewissen Autonomie des Subjektes, so z.b. ansatzweise der mittelalterliche Nominalismus mit seiner Wirkung über Biel und Staupitz auf Luther, dann der dänische Theologe Sören Kierkegaard (Schrey, 1982, 306f.), der Soziologe Emile Durkheim (Schroer, 2000, 137ff., 274ff.) und Theologen wie Rudolf Bultmann mit seinem Projekt einer existenztheologisch orientierten Entmythologisierung. „‚Der Einzelne‘; mit dieser Kategorie steht und fällt die Sache des Christentums", nach Kierkegaards Meinung. Ins Extrem eines Solipsismus hat der Philosoph Max Stirner (1806–1865) in seinem Werk „Der Einzige und sein Eigentum" von 1845 die Individualisierungstendenzen getrieben: „Ich bin nicht ein Ich neben anderen Ichen, sondern das alleinige Ich: Ich bin einzig" (Stirner, 1976, 124). Mit den Anderen geht dieses ‚einzige Ich‘ ausschließlich nach deren Brauchbarkeit für sein Ich um. Dieser „Egoismus Stirners … wird zum Nihilismus und Anarchismus (…) und würde, wenn er praktiziert würde, ‚in die Selbstvernichtung des Menschengeschlechts führen‘" (Schrey, 1982, 306). Einzigartigkeit lässt sich nur als Beziehungserfahrung gleichsam bekennen. Den Befürwortern der Individualisierung gilt diese zunächst einmal „als schlichte Begleiterscheinung des von ihnen analysierten Differenzierungsprozesses, der die traditionalen Gesellschaften in eine funktional differenzierte, moderne Gesellschaft verwandelt" (Schroer, 2000, 275), und der dem christlichen Glauben (der Kirchen) die damit gegebene Selbstreflexivität als Aufgabe stellt. Die von Ulrich Beck destillierte Differenzierung verlangt zu ihrem Vollzug Individualisierung als Art inneres „Funktionserfordernis", dem die Zuschreibung der Einzigartigkeit, Selbstbestimmung, Eigenverantwortung an den Einzelnen gleichsam als Dynamik der Individualisierung eingeschrieben ist.

Andere verstehen Individualisierung weder klar negativ, noch klar positiv, sondern (3) als einen *ambivalenten Prozess*, in dem es nach der Ansicht von Ulrich Beck in der „reflexiven Moderne" um „riskante Freiheiten" geht. Man bedauert den Verlust der Individualität durch gesellschaftliche Zwänge der rationalisierten (Max Weber) und durchkapitalisierten Welt (Kritische Theorie; Heitmeyer, 1994; Dorothee Sölle und Befreiungstheologien), in einer durch Spaß und Zerstreuung einerseits und durch medial aufgeheizte Gereiztheit andererseits bis zur Verdummung und durch Therapieren und patchwork-religiöse, synkretistische

Events am Laufen gehaltenen Moderne. Die Vertreter und Vertreterinnen des zweiten Theorieansatzes betonen die positiven Seiten der Individualisierung als Zuwachs an Freiheit, Entscheidungskompetenzen in einer Multioptionsgesellschaft (Gross, 1994), an Eigenverantwortung und an Glaubensfreiheit und religiösem Pluralismus. Einen anderen Weg hatte Ulrich Beck beschritten, indem er das Risiko-Individuum mit den Chancen und mit den Gefahren seiner Individualisierung analysierte (Schroer, 2000, 381ff.). Mit zunehmender Verselbstständigung der einzelnen Menschen gegenüber den traditional formenden Organisationen und Normen ergeben sich zugleich neue soziale Spielräume, Beziehungen, Netze, Vorlieben, die gegenüber früheren Stetigkeiten jetzt stark situativ und assoziativ geprägt sind und bei Vereinseitigungen zum Endprodukt ‚Selfie‘ führen können (Rauterberg, 2018, 138). Ein Paradebeispiel für die riskante Freiheit des modernen Menschen ist seine (konfessionslose) „irdische Religion der Liebe“ zu zweit als Gegenideologie zur Individualisierung (Beck; Beck-Gernsheim, 1990, 222ff.). Diese „nachreligiöse“ Liebe versucht, die Zweisamkeit und die Einsamkeit der Einzigartigkeit zusammen zu spannen und macht Menschen-Leben riskant, offen, zum Experiment und Projekt. Von hier aus hat Ulrich Beck andere Positionen kritisiert, wenn diese z.B. vom Subjekt wie von einem Fixpunkt ausgehen und „in sich selbst den Halt gegen die Welt“ finden, so in „Werken wie denen von Niklas Luhmann und Jürgen Habermas. Aber er (sc. dieser Gedanke) beruht auch auf der grandiosen Verwechslung von Bewußtsein und Welt, von System und Weltgesellschaft, Weltpolitik. Die schönschlimme Konsequenz ist: Man muss nur sich selbst erforschen, um die Welt zu verstehen. Man muss nicht nach außen gehen, man kann zu Hause bleiben und sich in sich kehren, … man muss nicht die Welt durch die Augen der anderen sehen lernen, um sich selbst und die Welt zu verstehen“ (Beck, 2017, 246).

Man kann wie Beck das Subjekt von vornherein mit anderen Subjekten in ‚riskanten‘ Beziehungen sehen, die entweder in einem reziprok-symmetrischen Beziehungsverhältnis stehen (sollen), so z.B. bei Hegel, Axel Honneth und bei Theologinnen und Theologen, die auf gegenseitige, also symmetrische Anerkennung von Gott und Mensch setzen (Dungs, 2006, 17ff.). Man kann aber auch die Theorie vertreten, dass das Subjekt asymmetrisch konstituiert wird vom Anderen her, so ganz konsequent z.B. bei Emmanuel Levinas (Dungs, 2006, 143ff.; Meyer-Drawe, 1990; Brumlik, 1994, 103–109) und theologisch bei Martin Luther, wenn dieser den Menschen durch Gottes Wort ins Leben gerufen und im beziehungsreichen Leben gehalten sieht (Huber, 2005, 84f.). Symmetrisch wird die Beziehung, wenn sie den Dritten einbezieht. Diese Differenzierung kann weiter geklärt werden: Die asymmetrische Ebene geht in ihrer Macht über jeden Einzelnen schon immer hinaus. „Gerade weil dies so ist, komme ich andererseits nicht umhin, diesen offenen Bruch auf der Ebene der Hilfe (sc. in der Erziehung, im Unterricht, in der Sozialen Arbeit) phantasmatisch zu überbrücken. Das substantielle Gewicht des Kontextes, in den wir beide, der Andere und ich, unvordenklich geworfen sind, kann nicht verschwinden gemacht werden, wir sind *außer uns*. Gerade deshalb dient die symmetrische Ebene dazu, aus der absoluten Exteriorität unserer selbst gleichsam fiktiv herauszutreten. Oder anders herum: Als bewusstes ‚Ich‘ sind wir immer schon aus der asymmetrischen Ebene herausgetreten, weil wir gegenüber diesem lebendigen Werden immer zu spät kommen. Wir können die Ebene der Asymmetrie nicht erreichen, wissen und denken“ (Dungs, 2006, 231). Daraus folgt für die Diskussion um den ‚Selfie‘: Das identische ‚Ich‘ ist eine Fiktion, die gesetzt wird, um einen Realitätssinn entwickeln zu können. Ähnlich hat Charles Taylor gegenüber einer dekonstruktivistischen Verabschiedung jeglicher Normativität in Vorstellungen von Selbstbewusstsein argumentiert, dass Elemente der normativen Idee des Selbst notwendig seien, um den Prozess des Sich-Entscheidens und des konkreten Handelns überhaupt thematisieren und verstehen zu können. Wird diese „auf Verdacht hin“ notwendig gesetzte Fiktionalität des ‚Ich‘ überspielt etwa durch Selbstermächtigungsakte oder vereindeutigende Vorgaben und Dogmen, dann landet das ‚Ich‘ beim ‚Selfie‘, das jegliche Asymmetrie usurpiert und den (zirkelhaften) Konstruktcharakter der Symmetrie für real konstituierend und für absolut gültig hält. Und insofern das individualisierende und pluralistisch gewordene Christentum selbst durch diese Spannung einer individualisierten Krise geprägt ist, erweist es sich – meist gegen seine Selbsteinschätzung – selbst als Teil dieser Krise und nicht als deren Lösung. Das glaubende Ich kann sein(en) Glauben an den ihm widerfahren(d)en Gott nur durch individuell-persönliche Aneignung und Anerkennung zum Ausdruck bringen und zur Diskussion stellen. Mit einem solipsistischen Ich, das zum (unmöglichen) Glauben an Gott aufgerufen ist, und einem fundamentalisierenden Ich steht das Christentum insgesamt in der gezeigten Krise und damit zur Disposition.

Was lässt sich darüber eher assoziativ als lösungsgerecht sagen, manchmal vermuten, bisweilen bangen, selten hoffen? Methodisch geht es um den schwierigen Versuch, in der Frage nach der Genese und der Selbstdarstellung des (post-)modernen ‚Selfies‘ Alltagsbeobachtungen, philosophische, soziologische, theologische Reflexionen zu verbinden. Dies soll nach der Maxime geschehen, den cartesianischen Dualismus mit einem seiner Produkte in Gestalt des Selfies zu durchschauen und dann diese Einsicht als ‚neuen Realismus‘ (Dreyfus; Taylor, 2016) in Verbindung mit Levinas’ asymmetrischer Du-Ich-Anerkennungsethik (Dungs, 2006, 143ff.; Brumlik, 109–111) gegen radikales Dekonstruieren und gegen eine symmetrische Anerkennungsphilosophie auszuprobieren.

Theologisch schlägt sich dies nieder z.B. in der Kritik des cartesianischen „ego-zentrischen Ich" als Zerstörung von (protestantischer) Gottesgewissheit und der Herausarbeitung der „Selbstgewißheit des Glaubens als Entsicherung" gegen-über „Selbstbegründung durch Sicherstellung" (Jüngel, 1978, 146ff., 227–248; 2008,74–76; Gerber, 2008, 243–256). Und hierzu nochmals die These: Im Vor-rang des Du Gottes im Widerfahrnis des fordernden und befreienden Anderen mit seiner ‚Welt' wird das Subjekt als Individuum konstituiert. Dieses Indivi-duum-Subjekt ist nicht das Produkt der digitalen Welt und nicht die für die kapitalistischen Konsumimperative notwendige Kleinsteinheit, sondern das in seiner Genese durch ein menschliches Gegenüber erschaffene, zum bewussten ethischen Leben erweckte Subjekt (Flores d'Arcais, 2009, 100).

(II) Der ‚Selfie' als Produkt und Gestalter neoliberaler (Un-)‚Kultur'

(2.1.) Der neue Mensch ohne Eigenschaften: der ‚Selfie'-Mensch

Um was es heute und entsprechend in diesem ausführlichen Essay geht: um die Selbstgenerierung des postfaktischen Menschen in der typisch ‚westlichen' neoliberalen Gesellschaft, die sich nach außen in Gestalt eines kapitalistisch-digitalen Systems zwanghaft und undemokratisch globalisiert und sich zugleich nach innen mit dem Versprechen der Teilhabe der Bürgerinnen und Bürger hinter deren Rücken individualisiert. In dieser Gesellschaft sind die Selbstermächtigung und Selbstinszenierung des nach-modernen, manche sagen: des post-faktischen Subjektes unüberschaubar plural und letztlich polyegozentrisch geworden. Die „Multioptionsgesellschaft" mit ihrem „Welt-, Menschen- und Selbstverbesserungszwang" implodiert zusehends auf den vereinzelten ‚Optierer', um ihm die Zwangsdynamik des Mehr als (s)einen innersten Willen einzuimpfen (Gross 1994, 11). Der und die Einzelne ist heute der und die Wirkliche. In früherer, griechisch-metaphysisch geprägter Zeit war der und die sinnenfällige Einzelne nicht das Wirkliche, sondern das Erscheinende des wirklichen Idealen. Die (platonische) Idee von *dem Menschen* war das Wirkliche. Dieses Selbst- und Weltbewusstsein hat sich gedreht, indem das Ich die Idee von sich bestimmt und realisiert, indem das Ich seine einst vertikale Verwurzelung und Begründung nur noch in der Horizontalen erlebt und individuell auslebt. Die Geburtswehen zum Erscheinen des spätmodernen Menschen gehen ihrem Ende zu, der Selfie ist erschienen.

Die damit ausgelöste Selbstaktivierung des Subjektes und seine vornehmlich emotionsgeleiteten Expressionen lassen sich mit einem Sammelsurium einfacher, aber desto aufschlussreicherer Charakterisierungen zum Thema ‚Ich –Selfie' umschreiben: „Ich glaube an mich", „Ich kann alles alleine", „Ich sende, also bin ich", „Ich liebe mich" und deswegen: „Ich heirate mich", und daraus folgt: „Ich grüße mich" (per Netz und neuerdings sogar wieder per wahrscheinlich vorgedruckter Postkarte), also: „Ich bin Ich". „Ich dope mich, um mein Leben authentisch auszuleben" und „optimal zu sein", „Ich überwache mich" (z.B. mittels Messarmbändern oder Chips), sonst spüre ich mich nicht. „Ich fühle mein Ich, wenn ich mich ritze", „Ich erlebe mich im Zuschlagen, egal wofür", „Ich töte, dann bin ich ich" (so ein IS-Terrorist). Die SWR2-Wissen-Radiosendung

„Maßloses Ego: Wenn Selbstliebe zur Krankheit wird" vom 13. Juli 2011 wurde eingeführt: „Ich bin so perfekt, ich habe alles Gute in mir, alles, was ich beneide, bewundere und haben möchte, das habe ich, so dass ich nichts anderes brauche. Solange ich mich habe, weiß ich, dass ich sicher bin. Das Ich wird sein eigenes Liebesobjekt und man braucht kein anderes und deshalb ist man vollkommen, scheinbar, in Sicherheit". In der ‚Straßen Gazette' war zu lesen: „Du bist der Mittelpunkt in Deinem Leben, Du trägst alle (ganzheitlichen) Antworten in Dir, doch nur wenn Du offen bist, Deine innere Stimme zu hören, kannst Du vertrauensvoll ein sinnvolles Leben führen. Glaub an Dich, das Leben ist kein Geheimnis, es ist voller Wunder und Möglichkeiten. Doch Angst, Neid, Hass und Wut, schließen unser Herz und unsere Augen. Öffne die Tür im Zaun, und erfahre mit allen Sinnen, wie Deine wahren und natürlichen Kräfte zu Dir zurückkehren und Gelassenheit, Dankbarkeit und Fülle Dich durchströmen" (strassen Gazette 173, Jan./Febr. 2017, 10). Wir haben ein typisches Beispiel dafür, wie in unserer Gesellschaft Selbstermächtigung auf der einen Seite und zugleich auf der anderen Seite die Berufung auf ganzheitliche Naturkräfte als Ausdruck des „Eingebettetseins in die Natur" (Taylor, 2016, 539ff.) mehr oder weniger stark ideologisierend im Individuum zusammen gebunden werden. Das postmoderne Ich scheint sich in alle Eigenschaften mutieren zu können, mindestens gefühlsmäßig.

Der Kommentar des Psychoanalytikers Hans-Jürgen Wirth zu diesen Äußerungen stellt die Merkmale solcher narzisstischer Störung heraus: das Vermeiden von Abhängigkeits- und Verantwortungsbeziehungen, das Fehlen von Mitgefühl und Empathie, eine Bandbreite von innerer Isolierung bis hin zu Sozialautismus. Dieser Narziss ist nahezu unfähig zu Selbstkritik, zu Selbstironie und verspürt wenig Leidensdruck. Reaktionen solcher Narzissten sind Machtmissbrauch (was an Beispielen von Politikern wie Berlusconi, Trump oder Erdogan sichtbar wird). Sie zelebrieren sich selbst ‚I am the greatest' – etwa der Fußball-Ronaldo -, und gleichzeitig können sie bisweilen gute Unterhalter mit gewissen schauspielerischen Fähigkeiten sein. Sie sind geprägt durch Bindungsangst anderer Menschen gegenüber aus Scheu vor Nähe und vor Intimität, und sie binden sich stattdessen an Substitute wie materielle Güter, Status, Machtposition, Luxus, Aussehen (mit der Folge permanenter Optimierung). Gefährlich können z.B. in der Politik die (z.B. atomaren) Folgen narzisstischer Grandiositäts- und Allmachtsvorstellungen werden, indem sie laterale Beziehungen verunsichern durch die Fokussierung auf ihre Gefühlslage. Es handelt sich um Großartigkeitsphantasien, um das ständige Pochen auf eigene Regeln aufgrund eines schwachen Selbstwertgefühls bis hin zu Rachegefühlen, um den Anderen zum Opfer zu machen, das man selbst nie sein will (z.B. im sogenannten Zölle-Krieg, der von Trump ausgelöst wurde, oder Bushs evangelikal motivierter Krieg gegen die Achse des Bösen im Irak). Einer der Faktoren für solche narzisstischen Persönlichkeitsstörungen liegt darin, „dass es in unserer Gesellschaft doch sehr auf Selbstverwirklichung, Individualismus ankommt und dass der dann natürlich auch in der Erziehung und von den Medien … gefördert wird und das bringt es mit sich, dass er auch schon von Kindheit an in einer übersteigerten Form nachgelebt wird". Die Aufgabe wird im Folgenden sein, Erscheinungen und Tendenzen eines bis ins Pathologische gehenden ‚postfaktischen Selfie-Individualismus' und eines mit unserer Existenz gegebenen Egozentrismus ohne Egoismus in vielfältigen Beziehungen aufzuspüren und auseinander zu halten.

In allen Altersstufen, Geschlechtern, Berufen, Religionen, Ethnien und sogenannten Schichten, Milieus und Klassen und selbst in Protestbewegungen handeln und verstehen sich in unserer westlichen Kultur die meisten Menschen ego-zentriert. Der Soziologe Tilman Allert führt als Beispiel das Graffiti von Studentinnen und Studenten im Frankfurter Universitätsturm an: „Scheiß Uni, scheiß Mensa, scheiß Staat, nur ich bin cool" (zit. Allert, 2015, 19), was ein wenig nach Pegida, AfD, Identitären, Reichsbürgern und ähnlichen Populisten klingt und ein verspätetes Pubertätsphänomen oder gar ein Infantilitätsrest sein könnte. Das jüngere ‚Selfie-Ich' hat es ohne vernünftige Begleitung und kritische Aufklärung auch schwer, in seiner Helikopter-Betreuung erwachsen zu werden in einer in vielen Belangen infantilisierenden Gesellschaft, zumal es keine Erholung oder gar Auszeit von der Existenz geben kann, was manche in Depression oder Allmachtsphantasien treibt (Lempp, 1996, 30ff.). Die in Sozialautismus abdriftenden Bürgerinnen und Bürger können immer weniger von der Menschlichkeit ihrer wechselseitigen Abhängigkeit und Offenheit, von sozialen Bindungskräften und Nächstenliebe, von empathischer Kritik und Beratung leben. Sie müssen diese einschneidenden Dissonanzerfahrungen in einem wissenschaftlich-technischen, medial und verstärkt digital generierten und kommunizierten Fortschrittsrausch eines „illusionären Stärkekultes" verdrängen. Sie erfahren politische und soziale Entmündigung, Abstieg und Verarmung, Einsamkeitssyndrome und Versagensängste, Depressivität und fundamentalistische Gegengewalt und greifen in ihrer Verzweiflung nach radikalen Haltangeboten und Enhancements. Ihre Resonanzbezüge verblassen (Rosa, 2012, 7–16).

Der Soziologe Allert sieht in diesen Ego-Zentrierungsprozessen die „Idee eines pathetischen Heldentums der Person" wirksam bis hin zu einem „Partisanentum einer radikalen Selbstbezogenheit und trotziger Vereinzelung" (Allert, 2015, 44). Um den Hintergrund dieser komplexen Prozesse verstehen zu können, haben sich Journalisten und Wissenschaftler bereits „die steile Karriere des Wörtchens ‚selbst'" vorgenommen, mit oder ohne Diskussion um Ulrich Becks

Individualisierungstheorem. Sie machen für die allseits spürbare Ego-Zentrierung verantwortlich: einen narzisstischen Hintergrund mit Ohnmachts- und Allmachtsphantasien (Richter, 2005, 228ff.; Richter, 2006, 17ff.), Angstgefühle und Einsamkeitserfahrungen (Bude, 2014), das Verschwinden religiöser, sozialer, kultureller, ethischer Orientierungsmuster, den Bedeutungsverlust von bislang orientierenden und stabilisierenden Ritualen und Vergewisserungsagenturen wie einstmals Kirchen, jahreszeitliche Erinnerungs- und Festtage der Gesellschaft. Hinzu kommen die postfaktische Unverbindlichkeit und die Dominanz neoliberaler Ökonomie mit ihrem zwanghaft kapitalistisch bestimmten Lebensstil. Das ‚Ich' hat es heutzutage schwer, leidet, stilisiert sich als Opfer und kann dies gleichzeitig nicht zugeben und spaltet sein Leiden notgedrungen ab (Richter, 2005, 163ff.). Dieses ‚Ich' geht unter und akzeptiert sein Scheitern als sein persönliches Schicksal. Es sucht Ersatzbefriedigung(en), hängt sich an ‚Wut'-Parteien und bleibt dennoch leer. Und wenn es Aufbegehren gibt, dann zeigt sich sofort die Egozentrik-Falle als Egoismus: ‚Wenn jede und jeder an sich denkt, ist an alle gedacht'. Und die Wut-Falle produziert bei dem Selfie eben nicht Gemeinschaft und Verständnis, denn Hass und Rachsucht vereinzeln, produzieren weitere Feinde und zerstören den Anderen.

Alle kennen dieses ‚Selbst', dieses Nadelöhr ‚Ich', weil jede und jeder dieses Nadelöhr selbst ist. Dieser ‚Selfie-Mensch', dieses nahezu schicksalhafte Projekt des neoliberalen ‚self-made-man', das sich exemplarisch verdichtet hat in dem US-amerikanischen Aufstiegstraum des sehnsuchtsgetriebenen Tellerwäschers in spätkapitalistischer Optimierungsgesellschaft, ist eine neuzeitliche und in der geschilderten Radikalität moderne Selbsterfindung der westlichen Welt. Diese Konzentration auf den Einzelnen wurde und wird wie eine Religion zelebriert. Zwar wurde Gott in der Neuzeit in einem antimetaphysisch und wissenschaftlich revolutionären Handstreich von seinem Thron gestoßen (Harari, 2018, 155), aber um die Besetzung dieses Thrones konkurrieren bis heute alle als Einzelkämpfer, wie Zygmunt Bauman, Horst-Eberhard Richter, Peter Gross und andere Wissenschaftler und Expertinnen den Kampf um die Allmacht beschrieben haben (Gross, 1994, 409). Das Projekt ‚Selfie' geistert wie eine zeitlose Offenbarung, die ohne ein Woher und Wozu Menschen überkommt und sie zum persönlichen Stellungnehmen und Entscheiden zwingt, durch die inneren Vorstellungswelten und Aufsteigermentalitäten. Was bislang der reale oder imaginierte Andere als das konkurrierende Double für den Aufstrebenden war, geschieht heute als Verdopplung des Selbst in reale Existenz und Ideal-Selbst. In diese Richtung hat der Theologe Lukas Ohly bei seiner Beschäftigung mit dem Cyberspace eruiert, dass „der Cyberspace Muster mit religiöser Qualität (generiert): Menschen erschaffen sich ihr virtuelles Double", ihr ‚Profil' (Ohly; Wellhöfer, 2017, 78–80).

Die gezeigte Zuspitzung auf den Einzelnen, der sich manchmal sogar für den Einzigen hält – so der Philosoph Max Stirner 1844 in „Der Einzige und sein Eigentum" mit einem nahezu anarchischen Individualismus –, wird immer wieder kritisch hinterfragt. Im Alltagsleben wird sie kaum einmal bewusst wahrgenommen und dient heute vielfach als der übliche und garantierte Weg der Inszenierung des Einzelnen. Diese soziologisch sogenannte Individualisierung verdankt sich neuzeitlicher und zum nicht geringen Teil älterer Wurzeln, die vor allem aus der Umbruchzeit des 15. und 16. Jahrhunderts mit Renaissance, Reformation und Humanismus, dann aus der Aufklärungsepoche des 18. und 19. Jahrhunderts, aus dem romantischen Expressionismus mit seinen Naturalisierungstendenzen und danach aus verschiedenen Industrialisierungsschüben und Umbrüchen in die „reflexive Gesellschaft" stammen und bis heute wirksam sind.

Der heutige Selfie-Mensch geht einen Schritt über den und die ‚Single' hinaus, der sich immer noch im Medium einer Zivilgesellschaft verhält und definiert. Der Selfie ist das ‚eingebildete', phantasmatische Selbst, gleichsam das nackte Selbst ohne Eigenschaften und ohne Dreingaben an Beziehungen, ohne Abhängigkeiten und Verpflichtungen, selbst ohne Wünsche, Erinnerungen und Hoffnungen. Philosophisch läuft dieses ‚Selbst' unter dem Begriff des autonomen Subjektes, das es aber weder als autonomes noch als integres Subjekt gibt (Meyer-Drawe, 1990, 7–24). Das postmoderne Ich konstruiert sich ständig selbst als eigenes Ersatz-Ich. Es gibt sich z.B. als Internet-User ein im wahrsten Sinne des Wortes anziehendes ‚image' oder ‚Profil' (Bernard, 2017, 7ff.), eine formatierende und zugleich inhaltsleere Draufsicht, die als Blick-Fläche gepflegt, vermarktet und deswegen ständig optimiert werden muss. Er tritt resolut und oft rücksichtslos auf für seine ureigensten Interessen und für deren Durchsetzung, was manche als charakteristischen Grundzug des sogenannten Neoliberalismus mit der ‚Ellenbogen'- und Heroen-Mentalität ausgemacht haben (Bröckling, 2018, 21ff.). Der Neoliberale sichert sich mit allen zur Verfügung stehenden Mitteln den Startplatz für die Verwirklichung der eigenen Wünsche, obwohl er diese gar nicht so genau bestimmen kann und will. Aus strategischen Gründen ziert er sich manchmal sogar, um unauffällig die persönlichen Optionen einlösen zu können, in postheroischer Manier (Bröckling, 2018, 32). Manchmal ist er überfordert und hilflos, wenn er das politische Fordern des sozialen Förderns nicht erfüllen kann, und er bekommt Angst vor Abstieg und prekärem Verschwinden aus der Gesellschaftsmitte. Mittels seines Smartphones und Tablets hält er wie durch ein Fernrohr Kontakt mit der Außenwelt. Er macht ein Selfie von sich, um sich selbst nicht zu verlieren und um sich aufzubewahren für sich selbst und um für virtuell Befreundete die eigene Wichtigkeit, die phantasmatische

Einzigartigkeit vorzuführen. Das ‚Ich' geht zur eigenen Aufbesserung in die Selbstfindungsgruppe und zum autogenen Training, um seine Mitte und seinen Lebenskern zu finden, zu Body-Building, zur Schönheitsperfektionierung und zur Anwendung der vielfältigen Enhancements, um sein Selbstbewusstsein zu stärken und seinen Marktwert zu erhöhen. Es ‚individualisiert' sich durch hartes Yoga-Training und arbeitet in unserer typisch westlichen Selfie-Gesellschaft rastlos an seiner Selbstinszenierung, Selbstverwirklichung und Selbstvermarktung, selbst wenn es kein ausweisbares ‚Selbst', wohl aber ein modellierbares ‚Mich' gibt, das sein ihm entzogenes ‚Ich' permanent zu finden sucht. Das ‚Ich' bleibt dabei als so etwas wie die Lebendigkeit oder als die Einzigartigkeit und Würde eines jeden Menschen unverfügbar, dem eigenen Modellieren entzogen, was von den meisten Menschen als Mangel, als Verlust statt paradox als Lebenskraft gedeutet und als Ohnmacht statt als Offenheit erfahren wird. Deswegen wird dieser vermeintliche Verlust des ‚Ich' mit Selbststeigerung und mit virtueller Selbstfindung kompensiert, etwa durch Einklinken in Facebook oder sonst ein Soziales Netz. Der postmoderne ‚Ich'-Mensch stellt sein ‚image' als Angebot in das Netz und bastelt Autobiografisches in Form einer Wunschliste. Immer geht es um das narzisstische ‚Ich', das als Single der Wohlstandsgesellschaft mit der neoliberalen Wirtschaftsgestaltung seit etwa 1990 zur ‚Ich-AG' geworden ist. Stets geht es um das ‚mich', dem die Anderen auf welcher Bühne auch immer als akklamierende Kulisse dienen. So werden Beziehungen zur Ware.

Der Autor des etwas flapsigen, das Gefühl seiner Generation treffsicher spiegelnden Buches „Generation Beziehungsunfähig", Michael Nast (2016,14), bietet ein sicher übertriebenes Beispiel einer Liebes-Beziehung: „Seine (sc. Christians) ‚Liebe' war ein Ego Trip. Er pflegte eine ‚Liebe', in der es nie um Jasmin ging, sondern ausschließlich um ihn selbst. Er war auf ihre Gefühle angewiesen, um sich selbst zu bestätigen. Es hatte nie etwas mit ihr zu tun". Und Ulrich Beck hatte unter dem Titel „Die irdische Religion der Liebe" die heutige enttraditionalisierte Liebes-Beziehung als nach-religiöse Liebe in Ich-Form charakterisiert: „Diese moderne Liebe hat – ihrer Schematik nach – ihren Grund in sich selbst, *also* in den Individuen, die sie leben". Und er verweist gleich auf die Turbulenz solcher Selbstverwirklichungsansprüche, die bei allen Erlösungsversprechen zugleich paradox jegliche Zurechnung, Verantwortung und Aufrichtigkeit um der eigenen Erlösungshoffnung willen abweisen (Beck, Beck-Gernsheim, 1990, 225). Hier verschwimmt bisweilen die in Transformationsprozesse verwickelte christliche Religiosität des von Gott zu rechtfertigenden und sich persönlich bekennenden Individuums. Wenn die bisherigen traditionalen Vergewisserungen wie protestantische Orthodoxie, lutherisch-reformierte Pflichtethik und landeskirchliche Glaubensgemeinschaft schwinden, dann wird der religiös Suchende auf die „irdische Religion der Liebe" als innermodernes Sinn-Widerfahrnis in der „Multioptionsgesellschaft" vorwärtsgetrieben (Gross, 1994, 166–174; Beck, Beck-Gernsheim, 1990, 222–266). Seit Becks Analysen von 1990 ist die Praxis auch religiöser Selbstvergewisserung zu digitaler Dauerkommunikation fortgeschritten und baut gleichzeitig auf ökonomisch verrechenbare Garantien.

Gefahren und Verluste stecken in dieser zwanghaften und gesellschaftlich erzwungenen Ich-Pflege, auch für die religiöse Selbstfindung: Schwierig wird es, wenn der Narziss seine kindliche Einheitswelt mit dem Vater-Gott an der Spitze und dem kirchlichen Versorgungsapparat verlassen soll und zugleich – vatermörderisch im Sinne von Freuds Mythos vom Urmord der Söhne an ihrem Vater/Gott – verlassen will und sich als ‚Kuschel-Ich' kontrafaktisch in der ‚realen' Welt bewegen und ‚erwachsen' werden soll. Lebensbedrohlich und zerstörerisch wird es für den Einzelnen und für dessen Umwelt, wenn die Ich-Bezogenheit einerseits in nahezu manische Selbstdisziplinierung ausartet und manchmal in lebensbedrohliche Essstörungen und in autoaggressive Vernichtungshandlungen umschlägt. Und wenn andererseits diese Egozentrik – die nicht immer auch zugleich Egoismus sein muss – sich in kämpferischem Fundamentalismus und in Gewaltakten nach außen gegen Andere entlädt. Ähnlich dem Übermenschen im Sinne Nietzsches, der Gott tötet und sich auf die Suche nach sich selbst schickt, lebt der neoliberale Mensch im Gefühl ungebundener Freiheit. „Der Übermensch ist der Sinn der Erde. Euer Wille sage: der Übermensch *sei* der Sinn der Erde!" (Nietzsche, Also sprach Zarathustra, Abs. 3). Und was passiert: „Das Ich als Projekt, das sich von äußeren Zwängen und Fremdzwängen befreit zu haben glaubt, unterwirft sich nun inneren Zwängen und Selbstzwängen in Form von Leistungs- und Optimierungszwang" (Han, 2014, 9). Das Jenseits, das Voraus und das Widerfahrnis des exekutierten Christengottes verschwindet also nicht, sondern bleibt einerseits in kirchlichen Vermittlungen in traditioneller Weise erhalten und wandert andererseits in den Einzelnen ein als dessen statt metaphysische nun intra-psychische, implodierende Verwurzelung – und damit ist Gott nicht ‚tot', sondern er mutiert in eine Art Selbstdynamik des ‚Übermenschen'. Der von Han beschriebene Optimierungszwang ist als Erbe des getöteten Gottes das nach-religiöse Erlösungs- und Vollendungsprojekt des neoliberalen Menschen.

Aber, so kann man einwenden, sollte man bei solchen Selbstermächtigungen zur Selbsterlösung nicht bedenken, dass nach dem Tod Gottes der heutige Mensch nur gerettet werden kann, wenn er sein Bemächtigungsverlangen nach sich selbst tötet, wenn seine konsumistische Ersetzung und Selbstauslöschung weggenommen werden? Diese Frage klingt harmlos, sie macht aber das Geschehen einer Religion aus, die nicht mehr auf metaphysische, theistische Vorgaben wie etwa die Existenz eines unmittelbar erfahrbaren, theologisierbaren Gottes baut (Sölle, 1994, 55ff.), und die in das Geschehen eines Christentums hineinzieht, das im Blick auf die Mensch gewordene Gott-Person Jesus von Nazareth in der Körperlichkeit, Sinnlichkeit und Beziehungshaftigkeit das Geschehen ihrer Religiosität findet (Gerber, 2013, 134ff., 143ff.). Lässt sich eine Religion nach Nietzsche und dem Holocaust ausmachen, in der die klassische Theodizee und die Anthropodizee des heimatlos gewordenen modernen Menschen ineinander fallen und die tendenziell in der Weise individualisierend gelebt und interpretiert wird, dass sich das Angesicht Gottes schon immer im Angesicht des Nächsten segnend und fordernd erhoben hat?

Dass christliche und überhaupt religiöse Zugehörigkeit zu einer Konfession oder Religion auf einer persönlichen Entscheidung beruht, dieses Bekehrungs- und Teilnahmemuster ist mit der Reformation im 16. Jahrhundert grundgelegt und bis heute beibehalten worden, mindestens im protestantischen Christentum: Dieses Anliegen hat „die Entscheidung und damit das ‚Entweder/Oder' geradezu zur Signatur der christlichen, jüdischen und islamischen Religion erklärt. Während man in andere Religionen durch Abstammung hineingeboren wird, basieren die monotheistischen Religionen und besonders das Christentum, das die europäische Religionsgeschichte bestimmt hat, auf einer Entscheidung, die immer wieder innerlich nachvollzogen werden will, auch von denen, die natürlich auch hier in ihre Religion hinein geboren wurden. Fiunt, non nascuntur Christiani (Tertullian)" (Zander, 2016, 19 mit Anm. 15).

Eine der mit dem individualisierenden Entscheidungsmodell aufgeworfenen Fragen ist die nach Exklusivität und Identität. Wird die Glaubensentscheidung eher als Aneignungsprozess vernünftigen Religionswissens um einen höchsten, wahrhaftigen, vielleicht sogar beweisbaren und damit universalen Gott vollzogen und verstanden, dann folgt daraus ein exklusiver Wahrheitsanspruch ‚nach innen' für das Individuum und ‚nach außen' gegen andere Positionen, der (sc. Gott) die religiöse Identität oder Leitkultur gleichsam per Vernunftdekret oder per Gebotsvorgaben verbürgen soll (Schieder, 2014, 15ff.). Der Ägyptologe und Diskutant im Monotheismus-Diskurs Jan Assmann hat diesen „Monotheismus der Wahrheit" als universalen, ontologischen Monotheismus charakterisiert und in biblischen Schriften gefunden, allerdings eingebettet in einen „Monotheismus der Treue" (Assmann, 2014, 252–259). Im Sinne dieses „Monotheismus der Treue" in Form des Bundes zwischen Jahwe und seinem Volk Israel wird die Glaubensentscheidung als fragiles, ständig von Gottes Seite aus zu erneuerndes und von dem Menschen-Partner zu beantwortendes Treueverhältnis erfahren und gestaltet. Ist im ersten Fall die Gott-Mensch-Beziehung eher kognitiv-universalistisch und gleichzeitig tendenziell exklusivistisch orientiert (Bernhardt,

2005, 275ff.), so ist sie beim Treue-Verhältnis eher individualisierend und auf die persönliche Entscheidung und Bewährung gerichtet (Gerber, 2015, 99ff.). Assmanns Fazit lautet: „Der partikulare Monotheismus der Treue und der universale Monotheismus der Wahrheit existieren in dem komplexen, vielstimmigen Kanon der biblischen Schriften nebeneinander, wobei der Monotheismus der Treue den cantus firmus bildet" (Assmann, 2014, 254). Damit ist auch die noch weiter zu behandelnde Frage aufgeworfen, inwieweit Religion, in unserem Fall die christliche Religion, integrierend und inwieweit sie differenzierend-distanzierend, inwieweit sie friedenfördernd und ebenso gewaltsam wirksam gewesen ist und sein kann (Beck, 2008, 68ff.). Die leitende Frage bleibt dabei, inwiefern die christliche Religion Individualisierungsprozesse fördert, wie es z.B. bei Karl Barth ungewollt der Fall war, was weiter unten gezeigt werden wird, und ob und wie sie sich ihrerseits als eine Art ‚Selfie'-Religiosität in die spätmoderne Kultur einspielt oder dort mindestens so etwas wie Analogien hat oder ob sie sich konfrontativ situiert?

Also: Der ‚Selfie' hat keine festen Eigenschaften mehr, auch keine abgrenzbare Innen- und Außenseite mehr, kein bestimmbares Jenseits und Diesseits und keinen beide inkarnatorisch verbindenden Gott mehr. In posttraditionalen Gesellschaften muss er seine Eigenschaften als Inbegriff seiner selbst ständig erfinden unter dem sanften Zwang der neoliberalen Gesellschaft. Dazu kommt, dass die beiden (von Kant ins Feld geführten) Konstanten des Wahrnehmens: Raum und Zeit, sich auflösen in Mehrdimensionalität, Cyberspace, digital-virtuelle Konstruktwelten und in eine Beschleunigung, die zugleich als Stillstand der Zeit, in eine Jetzt-Zeit-Verengung, die als Chance perfekter Selbstinszenierung oder Langeweile erfahren wird. „In individueller wie kollektiver Hinsicht, so der Befund, ist es der Übergang von einer als *gerichtet* erfahrenen Bewegung in eine *richtungslose* Dynamisierung, der den Eindruck des *Stillstandes* trotz und gerade aufgrund einer hohen Ereignisdynamik hervorruft" (Rosa, 2005, 437). Je intensiver sich der ‚Selfie' anschickt, sich in Aktionen reiner Selbstermächtigung sogenannte authentische Eigenschaften und nicht nur situative, sondern zeitstabile Identität zuzulegen (Rosa, 2005, 352ff.), desto mehr entgleitet ihm die komplexe Welt, verschwinden die von Hartmut Rosa angepeilten Resonanzen und desto mehr werden auf der gesellschaftlichen Seite – scheinbar paradox zur individuellen autonomen Freiheit – detailliertere Juridifizierung und Sicherheitsmaßnahmen eingefordert. Wenn aber die Sinn-, Legitimierungs- und Gestaltungsressourcen der Gesellschaft abnehmen, wie es im Übergang zum Neoliberalismus durch Carter, Thatcher und andere um die 1990er Jahre der Fall war, dann werden die Individuen zu Klienten und Konsumenten, die ihre Lebenslagen als alternativloses Schicksal erleben und interpretieren müssen.

Steht die schmerzlose Selbstexekutierung des Ichs durch sein Verschwinden im ‚Selfie' bevor?

(2.2.) Beispiel Bildung: statt Bildung Selbstoptimierung des (Selfie-)Subjektes als selbstgesteuertes Lernen von Kompetenzen inklusiv ‚Selbstlernkompetenz'?

Es gibt in unserer Gesellschaft vielfältige Gestaltungsprozesse, in denen die Konzentration auf das Individuum und sein Inneres durchschlägt und sich das Bewusstsein zum Selbstbewusstsein verkürzt (Flasch, 2005, 235). Beispielhaft kann die Verwurzelung des klassischen Bildungsbegriffs im Inneren des Menschen angeführt werden (Beck, 2017, 246). Und neuerdings können das neue Bildungskonzept und die ‚Neue Lernkultur' des „selbstgesteuerten Lernens" des „Autodidakten" angeführt werden (Burchardt, 2016). In diesem Konzept wird Bildung, die man in guter Tradition als „eine bestimmte Art und Weise in der Welt zu sein" (Peter Bieri) und als „Persönlichkeitsbildung" (Nida-Rümelin, Weidenfeld, 2018, 150ff.) verstehen kann, in unserer neoliberalen Welt ersetzt durch marktgerechten Wissenserwerb und Sich-Informieren aus dem Medienspeicher, der als Handy, Smartphone, Tablet u.a. möglichst Tag und Nacht bereit gehalten werden muss. Man weiß heute mittels Medien zu wissen, um nicht mehr wissen zu müssen. Kommt Bildung heute von Bild-Schirm (Lembke, Leipner, 2016, 107ff.)?

Das Kapital ‚Wissen' kann und muss man downloaden. Damit wird genuine Bildung zum mündigen Bürger und Bürgerin als Wahrnehmungsfähigkeit mit allen fünf Sinnen, mit kritischer Selbsterkenntnis und mit Urteilskraft, mit Handlungsphantasie und Verbindlichkeit, mit Achtung vor den Anderen und anderem zurückgedrängt oder sogar vergessen gemacht. Denn diese ‚neue' Art von Bildung ist Ausbildung als Erwerb von meistens von der Wirtschaft gewünschten Kompetenzen und diese wird auf der Seite der Anforderungen zunehmend auf die Belange der neoliberalen Leistungsgesellschaft getrimmt, also durchökonomisiert in der doppelten Hinsicht von ökonomischer Effizienz und ökonomischer Kompetenz. Sie wird neuerdings digitalisiert und in Kompetenzen gepresst, wie eine cloud, die ihren User dank der Algorithmen selbstreferentiell mit dem individualisierten Informationsstoff füttert (Gelhard, 2011). Und diese ‚Bildungs'-Cloud wird auf der Seite des einzelnen Aus-zu-Bildenden für diesen mund- und gebrauchsgerecht gemacht in Kita, Schule, Universität und für lebenslanges fortbildendes Wissen-Lernen, bis der durch Lernhilfen beinahe erschlagene User seine Wissens-Kompetenz internalisiert hat. Der heutige Mensch, dieser Eindruck drängt sich bisweilen auf, soll, wenn er das durch

‚Kapital und Arbeit' vorgeschriebene Wissen und dessen Aneignungs- und Ausübungstechniken ohne vom Ich ablenkende Seitenblicke internalisiert hat, seinerseits zur Kompetenz-Maschinerie einschließlich der Fehler-Kompetenz werden und geht dadurch der Chance eines mündigen Bürgerlebens verlustig. In einem Google-Magazin von 2017 wird ‚Zur Bildung' geschrieben: „Das Internet ist heute ein Platz, an dem sich Menschen weiterentwickeln. Sie recherchieren Informationen ...". Worin geschieht die versprochene Weiterentwicklung? Und was wird aus (den vorgegebenen) Informationen aufgenommen, wie und nach welchen Kriterien lassen sie sich auswählen, wie und im Blick auf welche Ziele lassen sie sich strukturieren und nach welchen Kriterien werten? Wo liegt der lebensweltliche Entstehungszusammenhang und was ist der Rahmen der Umsetzung? Alles Fragen, die weitgehend in den Hintergrund verdrängt werden: Wenn der Einzelne nur informiert ist, wenn er schlussendlich zum Nerd optimiert ist.

Um die ‚Bildung im digitalen Zeitalter' ranken sich mit dem Entstehen sofort auch Mythen. So lautet ein verkaufstüchtiger antiindividualistischer Slogan: ‚Das Netz demokratisiert'. Bei genauem Hinsehen ist dieses Versprechen nicht zu halten: Das Netz privilegiert, schließt viele aus, individualisiert und sozialisiert lediglich in Form der Selbstverdopplung der Eigeninteressen und ist nur darin universalisierend, dass Konzerne daran verdienen. „Durch die exzessive Medien-Nutzung wird das Soziale zunehmend verdrängt. Die konkreten Auswirkungen machen sich heute bereits bemerkbar. Man trifft zum einen immer häufiger auf einen eklatanten Mangel an Empathie und Konfliktfähigkeit, zum anderen nehmen narzisstische und egoistische Verhaltensweisen deutlich zu. Zudem ist kritisch zu bewerten, dass Jugendliche und junge Menschen immer weniger das Bedürfnis verspüren, sich mit dem realen Leben auseinanderzusetzen. Sie flüchten sich lieber in virtuelle Welten und empfinden diese nicht selten als attraktivere Alternative". Ein weiterer Punkt kommt hinzu: Da das Eintreffen neuer Nachrichten im Gehirn eine Ausschüttung des Glückshormons Dopamin bewirkt, liegt der User auf der Lauer nach solchen ‚Belohnungen', oftmals völlig unabhängig vom Inhalt der Nachricht, allein fokussiert auf innere Glückserfahrung (Kammerer, 2017). Digitale Inszenierung des Selbst als Therapie? Die Soziologin Eva Illouz weist kritisch in diese Richtung: „Das Internet ist eine extrem psychologische Technik, weil es ein psychologisches Verständnis des Selbst voraussetzt und einen psychologischen Modus der Sozialität unterstützt" (Illouz, 2006, 159). Daraus ziehen manche den (Fehl-) Schluss, dass man im Netz, z.B. in Facebook, sein authentisches, gewolltes Selbst ausagieren, sich bilden könne, was schon deswegen nicht geht, weil Gewolltes nichts mit Bildung, nur mit Wissen und Kompetenz zu tun hat. Bildung kann man bestimmen als das Widerfahrnis der Person-Werdung, indem ich mich selbst erkennen kann durch das Aner-kanntwerden durch den Anderen und das Anerkennen des Anderen (Ohly, Wellhöfer, 2017, 243–245).

Viele Bildungs- und Erziehungsexperten und -expertinnen springen auf das digitale Bildungsangebot und bieten vermehrt Vortragsveranstaltungen und Trainingsseminare zur „Selbstführung in der Schule" als der exklusiven „Basis-kompetenz für Führung und Transformation" und zum „Self-Leadership und Selbstcoaching" an (Höfer, Hübner, Madelung, 2006). Konrad P. Liessmann zieht sein Fazit: „Erstaunlich, wie gerade die Bildungsexperten den neuen Mythen des ökonomischen Alltags kritiklos verfallen", z.b. dem Mythos von digitalisierter Bildung für den Einzelnen (Liessmann, 2014, 36). Und verräterisch ist, dass unter Überschriften wie „Die Digitalisierung der Bildung" im Angebotstext dann nur noch von „Lernen", „Wissen", Abrufen von Informationen, Kompeten-zen und nicht mehr von Bildung und Erziehung als körperlich fundierter, sinnli-cher und intuitiver Wahrnehmung anderer Menschen, der Welt und seiner bzw. ihrer selbst die Rede ist. Körperlichkeit und Intuition werden vom textbasierten Internet-Wissen regelrecht überschrieben, überblendet, als Störfaktoren aussor-tiert. Wenn es nämlich nur noch um Wissen und Selbst-Kompetenz geht, also um die Ausbildung des Einzelnen für bestimmte, gesellschaftlich nachgefragte Tätigkeiten, dann ist das Ziel, sein Zu-Lernendes in das durchökonomisierte Leben integrieren zu können, weil andere Bildung eine zeitraubende, bisweilen scheiternde Fehlinvestition wäre. Beim digital gesteuerten Lernen werden Lehrer und Lehrerinnen als ‚Lehrkörper' verschwinden und werden – im Zuge des Selbstmanagements in einer „Kreativwirtschaft" – zum Lernbegleiter, dann zum Coach und „classroom manager", und sie verschwinden schließlich ganz aus dem Klassenraum (Schulz, 2016, 21). Die Schüler und Schülerinnen wer-den zum „Lernpartner", aber nicht des Lehrers, sondern des Computers, zum „Anhängsel" und ‚Nachbeter' der digitalen Apparatur, die ständig überprüft und gesteigert werden muss, sofern sie dies als ‚intelligentes System' nicht selbst bewerkstelligt. Sie werden zu Autodidakten, die sowohl das Lernen als auch die Organisation dieses Lernens selbst bewerkstelligen (können sollen) und als Bil-dung akzeptieren müssen. „Modularisierung, Atomisierung, Individualisierung, Fragmentierung, Subjektivierung – diese Begriffe stellen das Genom unserer Zeit dar und erfahren in der Digitalisierung ihre potenzierte Fortschreibung in Form der Auflösung. Dabei ist ein überdauernder Bezug nur noch schwer her-zustellen – weder zur Gesellschaft noch zu sich selbst. Auf der Strecke bleibt das Selbst" (FR 06.10.2016, 29). Das zu fördernde Selbst befördert sich selbst in die digitale Gestalt und damit in die Selbstauflösung in die ‚Gestalt' einer Profil-In-formation.

Die digital Lernenden werden zur Lern-Ich-AG (im Sinne von Bröcklings „unternehmerischem Selbst", 2007), die mittels selbstgesteuerten Lernens ihren Auf- und Abstieg selbst zu planen, zu vollziehen, zu verantworten haben. Aus einer anfänglichen Idylle selbstgesteuerten, angeblich entlastenden Lernens mit den Verheißungen von Freiheit, Gleichheit, Spaß und Mündigkeit im Sich-Bilden, mahnt der österreichische Philosoph Konrad Liessmann, wird eine trügerische Idylle, die dem neoliberalen Zeitgeist der radikalen Individualisierung, Verinnerlichung, Selbstüberwachung, Optimierung, Entmündigung und Entsolidarisierung verfällt. Hier wird die durchaus hilfreich einsetzbare digitale Technik mit einer Totalmotivation auf ‚Selbststeuerung' verbunden und „passt auf eine zynische Weise ideal zum Abbau der sozialen Solidaritäts- und Sicherungssysteme" (Burchardt, 2016, 9). Das Problem läuft darauf hinaus, dass sich ein instrumentelles Medium in der Weise zwischen das Subjekt und das Objekt (als Lernstoff) schiebt, dass dieses leitend wird und sowohl die Didaktik bestimmt als auch den Lernstoff und das Innere des Subjektes substituiert. Mit der damit verbundenen Standardisierung, Universalisierung und Rationalisierung wird der Einzelne in seinem eigensten Wahrnehmen, Verstehen, Erzählen verfehlt, weil sein Selbst standardisiert wird. Weil diese Prozesse nicht genügend reflektiert werden, hat z.b. das „Bündnis für humane Bildung" Ende 2017 energisch protestiert gegen das pädagogische Vorhaben „Digitalpakt D" der Bundesregierung und „Digitalpakt Schule" der Kultusministerkonferenz, weil beide Pakte die „Grundlagen des demokratischen Bildungssystems" verletzten. Die Bildungsfreiheit der Schüler und Schülerinnen (und Lehrer) werde entdemokratisierend eingeschränkt, die Methodenfreiheit der Lehrer und Lehrerinnen werde infrage gestellt, die Bildungshoheit der Bundesländer werde unterlaufen und das Ganze diene eher dem Absatz großer IT-Konzerne als der Bildungsfähigkeit der Schulen. Auch Experten und Expertinnen wie Manfred Spitzer, Konrad P. Liessmann, Gerald Lembke, Ingo Leipner (Lembke, Leipner, 2016, 209ff.) lehnen den Gebrauch digitaler Medien in Kindergärten und Grundschulen ab im Rekurs auf Lerntheorien, Kognitionsentwicklung, Gehirnforschung. Jürgen Kaube, der Herausgeber der FAZ schrieb: „Digitalisierung ist keine bildungspolitische Notwendigkeit". Dies wird von Managern wie Franz Fehrenbach, Bosch, und Managerinnen wie Nicola Leibinger-Kammüller, Trumpf, bestritten mit dem Wunsch nach einem Digitalministerium und einem Pflichtfach Informatik mit der typischen Verwechslung von Bildung und Kompetenz-Aneignung: „Ohne Informatik geht nichts mehr" (DIE ZEIT vom 12.07.2018, 57). Offensichtlich soll heute jede und jeder ab dem Kindergarten alles können und dazu Informatik in Höchstform beherrschen. Gleichzeitig traut sich niemand laut zu sagen, dass mit der Aneignung der Digital-Kompetenz z.B. Schulen Abstriche machen müssen an Bildungselementen wie Musik, Kunst, Religion, Sport, Philosophie, Ethik, Arbeitsgemeinschaften, die in ihrer Vielfalt, Unabgeschlossenheit und persönlichen Betroffenheit für die Bildung nicht durch die natur- und ökonomiewissenschaftlichen Angebote ersetzt werden können und dürfen. Während Letztere auf Vereindeutigung und damit auf Entindividualisierung fußen, erschließen die erstgenannten Angebote Vielfalt, Subjektivität, Entscheidung und Verantwortung, selbstkritischen Umgang und Empathie.

Nicht bestritten wird, dass digital angeleitete und didaktisch sachgemäß eingeführte Lernprozesse als gewinnbringende Hilfsmittel in der dialogischen, nämlich durch andere Menschen (und Natur) evozierten und befreiten Verarbeitung der eigenen Wahrnehmungen als Sich-Bilden eingesetzt werden können. Sonst wird Didaktik leicht und gern mit Technik verwechselt. Das Paradox des „fruchtbaren Momentes", wie Friedrich Copei 1930 gelingende Bildung umschrieben hat (Copei, 1960), durchzieht jede Didaktik, jede Verwendung von Materialien, jeden Lernakt, jede Erziehung, jede Begegnung und verweigert sich der Reduzierung auf ‚einfache Lösungen‘ und auf eine empirisch gesicherte, auch digitale, aller Paradoxien beraubte Didaktik (Wimmer, 2006, 9ff.). Bildung wird nicht durch individualisierende Digitalisierungsakte möglich, sondern bleibt als sinnlich-leiblich betreffendes Widerfahrnis in der Wahrnehmung gerade die didaktische Unmöglichkeit. Das unterscheidet Bildung von Ausbildung zu Kompetenzen, wie es die OECD vorschlägt, die ‚Kompetenz‘ als die bei Individuen verfügbare oder erlernbare kognitive Fähigkeit und Fertigkeit zu bestimmten Problemlösungen definiert. Und dann folgt die ‚Verinnerlichung‘, indem motivationale, volitionale und soziale Bereitschaften und Fähigkeiten für verantwortlich angewandte Problemlösungen erforderlich sind – also „Kontrolle und Steuerung von inneren Beweggründen, willentlichen Intentionen und sozialem Verhalten" (Liessmann, 2014, 45–60). Die Innerlichkeit des Einzelnen wird auf Problem-Lösen getrimmt, sodass sein eigenes Anderes, das sich weder individualisieren noch kommunizieren, weder lösen noch strategisch bilden lässt, zur didaktischen Möglichkeit ‚verobjektiviert‘ wird. Dann wird der Einzelne als im Sinne des Wortes bildbar angesehen und ‚didaktisiert‘, aber eben nicht im Sinne einer ‚Persönlichkeitsbildung‘, sondern als abbildbarer Kompetenzerwerb gemäß Bildungsstandards (Klein, 2017) – statt diese beiden Anliegen didaktisch, nämlich verantwortungsbewusst unterstellend zu verbinden versuchen. „Nur langsam setzt sich die Erkenntnis durch, dass die derzeit existierenden Lernsysteme herzlich wenig mit eigenständigem Problemlösen, Transferieren von Erkenntnissen auf neue Aufgaben, Selbstbewusstsein oder Sinn-Verständnis zu tun haben", und damit gerade nicht individuelles Bilden fördern (Nicola Jentsch, FR 27.06.2018, 15).

Unbestritten können ‚Webinare' (früher: Seminare) vor allem an vielen Stellen in Unterricht und Weiterbildung hilfreich durchgeführt werden, aber nur, wenn bestimmte Kriterien vorgegeben werden: wenn das E-Learning in der Zuordnung zu Präsenzphasen eingesetzt wird, wenn das Ziel jeweils klar formuliert wird, wenn die zu erwerbenden Kompetenzen und die Zertifikate und Abschlüsse definiert sind, wenn der individuell ‚Lernende' seine eigenen Lernfähigkeiten und -wünsche z.b. im Blick auf strukturiertes und selbstgesteuertes Arbeiten analysiert und seinen entsprechenden Lern-Typ herausdestilliert und entsprechend die zu ihm und zum ‚Stoff' passende Methode wählt. (Allerdings weisen das BIBB, Universitäten mit „blended learning", einige mehr oder weniger professionelle Fort- und Weiterbildungsinstitutionen gleichzeitig darauf hin, dass reines Onlinelernen häufig hohe Abbruchquoten aufweist, „da die Lernenden vereinzelt sind und der Austausch fehlt". Deswegen setzen manche spielbasiertes Lernen in der Gruppe ein, weil es der Vereinzelung vorbeugt, Spaß bringt und nachhaltiger wirksam ist.)

Lässt sich diese Fokussierung auf den Einzelnen beim Lernen und in der Bildung weiter erklären? Wahrscheinlich habe sich hier, so vermuten Liessmann, Bartmann, Gelhard, Türcke und andere kritische Beobachter der Bildungsszene und des dazugehörenden Zeitgeistes, die protestantische und im Besonderen die pietistische Kultur der Gewissenserforschung mit ihren christlichen Selbstbeobachtungs-, Selbstkontroll- und Selbstbeherrschungsriten und -methoden gleichsam säkularisiert einkulturiert in das Modell eines Lernens von Sach- und Fachkompetenzen, die als Motive und Motoren der kapitalistischen Gesellschaft zugleich das Innere des Einzelnen ausmachen sollen (Liessmann, 2014, 46; Gelhard, 2011, 26f.). (Max Weber hat in seiner „Protestantischen Ethik" gezeigt, wie eine calvinistisch-asketische und lutherisch-arbeitsorientierte persönliche Glaubenseinstellung wirksam geworden sind in der Gesellschaft und damit die Individualisierung einerseits und zugleich die okzidentale Rationalisierung andererseits mit gefördert haben.) Aber zusammen mit diesen säkularisierenden Auswirkungen christlicher Glaubenspraxis bis zu einem Selbstwahrnehmungszwang und aus ökonomischen Spar- und Beherrschungsinteressen spart man Lehrkräfte, und man führt in kapitalistisch orientierte Digitalisierung schon (in) der Schule ein und nimmt Staat und Wirtschaft extensive Kosten ab. Der Bildungsbericht 2014 der Bundesrepublik Deutschland hat als erstes Ziel die „individuelle Regulationsfähigkeit" vorgegeben und damit auch die politische Steuerung der ‚Bildung' durch Selbststeuerung sanktioniert, Bildung und Wissens- und Kompetenzerwerb identifiziert und die Entpolitisierung der Bevölkerung mit betrieben.

Das alles erinnert an die „Wiederentdeckung der Selbststeuerung" (Bauer, 2015) und an das Kybernetische Modell von Norbert Wiener (Tiqqun, 2007), das ursprünglich zur Positionsbestimmung feindlicher Flugzeuge und deren Abschuss bestimmt war und nach 1945 zu einem allgemein anerkannten Modell für alle Steuerungen bis hin zum Bildungswesen aufstieg. Die beiden Pole dieses Steuerungsmodells sind einerseits die (unterstellte) Freiheit der beteiligten Subjekte und andererseits die absolute Kontrolle mittels Regeltechniken, im Falle der Bildung eben die didaktisch-kybernetische Selbststeuerung der Schüler und Schülerinnen (und der ‚Lehrkörper'). Alle unterliegen gleichermaßen und immer dem zeitlos gültigen Selbststeuerungs-Regelkreis, gleichgültig welchen Alters, Geschlechtes, welcher Herkunft und kulturellen Prägung die Beteiligten sind. Dieses Modell wird im neoliberalen Digitalisierungszeitalter für alternativlos erklärt und derart perfektioniert als (angebliches) Selbstorganisationsinstrument des Subjektes, dass alle Lebensbereiche von der Bildung über die Politik, Ökonomie und das Militär bis hin zur Religion das sich selbst in (angeblicher) Freiheit steuernde Selbst bzw. die Ich-AG produzieren. Entsprechend ist der Stellenwert des Internet im Bildungswesen: „Es ist Referenz und Autorität, als ob sich das gesammelte Halbwissen und selbstdarstellerische Meinen, das im Netz grassiert, am Ende doch zu einer profunden Position summieren ließe, zu einem schwarmgeborenen Überautor, dem niemand widersprechen kann, weil er alles, einfach alles, bedacht hat. Und Wikipedia ist als lexikalische Instanz ohnehin längst sakrosankt," wie Petra Kohse kritisch anmerkt (FR 03.05.2016). Und das gilt für alle Einzelnen, die mit diesem digitalen Lexikon als allwissendem Objektivum und Vademekum allein gelassen sind.

Der Philosoph und Pädagoge Christoph Türcke ruft in seiner Streitschrift „Lehrerdämmerung" Lehrerinnen, Schüler, Eltern, Bildungspolitiker dazu auf, diese „neue Lernkultur" des eigenständigen, beweglichen, kreativen Lernens von Kompetenzen zu entlarven als Anpassungsstrategie an die neoliberale Welt und sich dagegen zu wehren (Türcke, 2016). Unlösbare Probleme, so stellt Türcke fest, hätten in dieser Didaktik keinen Platz. Paradoxe Lernsituationen von Scheitern, von schrittweisem wahrnehmendem Einsehen werden ausgemerzt. Die kompetenztheoretische Reformulierung des Bildungsbegriffs wird zum Grundmuster neoliberaler Pädagogik, auch in der Religionspädagogik (Gerber, 2010, 135–137; Schlittmaier, 2018, 271f.). Die dabei leitenden Steuerungsvorstellungen und die Verschiebung auf das neoliberale ‚unternehmerische Selbst' von der Kita bis zum tertiären Bereich der Weiterbildung machen Bildung zur funktional eingeschränkten Nützlichkeitsübung und bringen ihr eigentliches, paradoxes Anliegen eines ‚Ritts auf der Rasierklinge' des eigenen Lebens in der Gesellschaft zum Verschwinden (wie den Lehrer aus dem Klassenraum). Und so wie mit der Digitalisierung der auf Wissensaneignung verengten Bildung sowohl der Lehrer und die Lehrerin als auch von diesem verantwortete Inhalte verschwinden, so benötigt – in analoger Sicht – im Umgang mit Religion der religiöse Selbstversorger beim Basteln seines Glaubens keine Pfarrerin, keinen Religionslehrer, keine Kirche und keine Glaubensbekenntnisse, keine Dialoge und Diskurse mehr für einen frei flottierenden konfessionslosen Glauben (Barth, 2013). Die ‚Programme' in Form von Informationen über die und von den Religionen genügen dem auswählend-aneignenden Einzelnen für eine Patchwork-Religiosität und entlasten ihn von eigenem Umgehen mit seinen Widerfahrnissen. Wird er sich dadurch nicht zum eigenen Echo?

Schüler und Lehrer werden zu „Marktinsassen, deren Freiheit sich in der Anpassung an alternativlose Sachzwänge im doppelten Wortsinne erschöpft. Selbststeuerung unter dem beschleunigten Ansturm von Informationen und Handlungsoptionen bei gleichzeitigem Wegfall kultureller, gemeinschaftlicher oder geschichtlicher Verwurzelung ist ein Nährboden für Burnout und Depression" (Burchardt, 2016, 9). Nebenbei sei angemerkt für die bildungspolitische Diskussion: Mit diesen technokratisch produzierten Erschöpfungen und (Lern-) Krankheiten der Vereinzelten sinkt – paradoxer Weise und wird deswegen gar nicht wahrgenommen und zugelassen – das sogenannte Bildungsniveau, weil Digitalkompetenz die Stelle der Bildung erobert. Diese Durchdigitalisierung hat verschiedene Folgeprobleme im Gepäck: Sie führt zu einer Absenkung des Lernniveaus in allen Bereichen; sie forciert die Gleichschaltung der Gesellschaft, was einst als freiheitliche Demokratisierung versprochen wurde; sie macht Inhalte allen zugänglich, ohne die radikale Individualisierung in der Anwendung aufzuheben, sie verwandelt stattdessen den Einzelnen in den Einsamen und Verlassenen; sie verstärkt die Orientierungslosigkeit im ‚wirklichen Leben und Zusammenleben'. Die sogenannten elementaren Kulturtechniken wie sinnerfassendes Lesen, gefühltes Schreiben mit der Hand, phantasiegeleitetes Rechnen, die (über-)lebensnotwendige Fremd- und Selbstwahrnehmung und die Fähigkeit der Selbsteinschätzung und Selbstkritik werden immer mehr aufgesogen von den Dynamiken der Digitalwelt (Liessmann, 2014, 128–130). Aber die Frage der Bildung im kapitalistisch-digitalen Zeitalter entscheidet sich – hoffentlich weiterhin – in der analogen Gesprächs- und Erlebniswelt, an Prozessen des „Sichfremdwerdens und der Verzögerung", während das Kompetenz-Konzept „zu sehr einer Ego-Logik" entspringt (Schlittmaier, 2018, 261f.).

Es gibt Stimmen in der Bandbreite von einer konsequenten Ablehnung der durchgreifenden Digitalisierung, z.B. durch Harald Welzer, bis zur Integration in Lernprozesse: „Die Nutzung digitaler Medien im Bildungsbereich muss deshalb begleitet werden. Nur dann kommt sie da an, wo wir sie brauchen"

(Allmendinger, 2017, 4). „Für viele ist das digitale Lernen eine extrem hilfreiche Ergänzung. Es braucht aber die Verzahnung zwischen Virtualität und Realität. Ich habe selbst Massive Open Online Courses eingesetzt – meine echten Vorlesungen waren immer besser bewertet. Die Möglichkeiten der Rückfragen sind größer, und ich sehe, wer nicht mitkommt", sodass Dialog und Individualität paradox ineinander liegen (Allmendinger, 2017, 5). Der Streit sollte also nicht um einen Alleinanspruch auf Bildung als eines digitalen Instrumentalisierens der Beteiligten und der Inhalte contra die Priorität der Face-to-face-Bildung gehen, sondern um die bildungsbezogene unterstützende Einbindung von digitalen Lernwerkzeugen (etwa im Sinne der Augmented-Reality-Anwendung). Deswegen muss um das Ziel virtuellen Lernens gestritten werden: „Mit künstlicher Intelligenz … können Menschen bald eigenständig entscheiden, was sie wann und wie lernen wollen" – und wer ist dieser eigenständige Mensch, dieser Self-Bildungs-Unternehmer? Schließt sich dann nicht wieder der Kreis des Narzissten, der zum Sozialautisten zu werden droht, wenn er sich selbst steuernd alles selbst und alleine machen können soll?

Bringt die Verheißung individuellen Bildens und Erziehens per Netz nicht eine Pseudoindividualisierung, weil es auf den Umgang des Einzelnen mit der hardware und mit dem digital aufbereiteten Stoff ankommt? Werden Bilden und Erziehen auf diese Weise nicht der totalitären Macht der Internetkonzerne, der Banken und der Megaunternehmen unterworfen, sodass sich die individualisierte Aneignung als Anpassung an gleichsam unterschwellig vorgegebene Sach-Zwänge und Kompetenzen herausstellt, die der Einzelne bereitwillig und ohne Rückfragen akzeptieren soll? Geht es dann überhaupt um Individualisierung als Hochschätzung des einzigartigen Individuums oder nicht umgekehrt um die hinter seinem Rücken herzustellende Gleichschaltung der Einzelnen durch den ‚zwanglosen Zwang'? Diese neoliberale Konzeption von Bildung ist allgegenwärtig geworden, von der Geburt an über Kindergarten, Schule und Universität bis in Betriebe und Freizeit hinein. Die Dynamik gibt der globale Kapitalismus her, der die Subjekte produziert, die er für sein Fortdauern braucht. Damit geht die der Bildung immanente Spannung von Mündigwerden des Einzelnen und Zwischenmenschlichkeit verloren, und die „Bildung 4.0" schottet als Bündel von digital-kapitalistisch erzwungenen Kompetenz- und Anpassungsprozessen gegen Subjektwiderfahrnisse ab. Das implizierte Menschen-Bild hält den Einzelnen für ein manipulierbares, instrumentalisierbares Wesen, für einen Avatar, der determiniert ist und zum Glauben an diesen fatalen Determinismus – in säkularer Fortführung des heilsgeschichtlich begründeten Vorsehungsglaubens – kompetent gemacht werden muss. Freiheit durch den Anderen und Verbindlichkeit (Probst, 2016), Aufmerksamkeit und Ungewissheit (Pörksen: Grobe

Gereiztheit, in: DIE ZEIT vom 12.04.2018, 5), Offenheit und Fragilität, Mündigkeit und Sterblichkeit müssen abgewehrt werden, weil sonst das Subjekt zu kritisch wird. Alles Ambivalente wird mit dem Wunschbild einer letzten, interdisziplinären Einheit in Form von Informationen ausgeblendet. Identität wird möglich, Selbstverwirklichung kann an ihr Ende kommen.

(2.3.) Beispiel Mode: Die Selbst(ver)kleidung des Ichs als textile Metaphorik

Für die Selbstdarstellungsaktivität des Subjekts unserer Zeit steht exemplarisch auch der Umgang mit *der Zweiten Haut* (Kleidung, Maskerade, Fetisch) und vermehrt der *Ersten Haut* (z.B. Schönheitszurichtungen, Tätowierung). Der moderne modische Lifestyle setzt auf „Jedes Teil ein Highlight", weil nicht mehr saison-, marken- und modebezogen und nicht mehr per Katalog ‚geshoppt' wird, „sondern nur noch das, was gerade gefällt", und zwar dem Individuum gefällt für sein Selbstdesign, für sein Mode-Profil, meldet das Deutsche Modeinstitut mit Sitz in Köln. Aus weiteren Modezentren ertönt die verlockende Botschaft: „Der Kunde ist König", „Im Online-Handel ist der Kunde nicht mehr nur König, sondern Gott" (DIE ZEIT vom 28.03.2018, 51), „Der größte Trend: Individualität". Mode ist das Aussehen von Kleidung (und anderen dem Aus- und Ansehen dienenden Accessoires) und die Produktion und der käufliche Umgang mit Kleidung und anderen Konsumartikeln als Selbstdarstellungs- und Wegwerfwaren, als „Fast Fashion" des Individualisten, der in seiner Verkleidungssehnsucht den permanenten Kleiderwechsel praktizieren muss. (Viele vergessen vor lauter Identifikationssehnsucht: Solche Mode ist nicht die Palette der besten Modekreationen und -präsentationen der high Society der Modeschöpfenden auf internationalen Modeschauen für die high Society, nach der Devise Coco Chanels: „Wer Jil Sander trägt, ist nicht modisch, sondern modern". Diese Mode ist exklusiv und eher so etwas wie die Selbstbewegung des Modehimmels und Sehnsuchts-Verkleidungs-Projektionsschau für die ‚Kleinen' in ein erträumtes ‚Selfie'-Leben. Hier wird Mode vom sogenannten Normalmenschen ab- und den Ersatzmenschen-Models umgehängt; individuell ist das artifizielle Kleidungsstück. Seit der Invasion der Dinge im Zuge der Industrialisierung im 19. Jahrhundert verdinglichen sich Beziehungen, und Dinge werden zu projizierten Subjekten, die den Einzelnen entfremden, indem sie ihn zum Konsumenten machen, so auch in der Mode.)

Heute geht es dem Einzelnen um individuelles Design, aber dabei nicht einmal mehr – wie z.B. in der Klassengesellschaft, bei der Schuluniform, beim Einhalten der Festkleidung – um integrativen und apotropäischen Sinn und Zweck von Mode im jeweiligen Erwartungshorizont, auch nicht um Kosten und Nachhaltigkeit. Diese Reduktion auf die Selbstpräsentation des Profil-Ichs aus seinen Launen und Bedürfnissen heraus, aber ebenso aus seiner Selbstvermarktungsverpflichtung heraus lässt sich ablesen an der (Un-)Art des Umgangs mit Modeartikeln: In der westlichen Gesellschaft sortieren 64% der Konsumentinnen und Konsumenten ihre Kleidung und Schuhe aus persönlichen Stil- und Modegründen nach kurzer Tragezeit aus – die Mode „bleibt jung, strahlend und immer neu, aber nicht wir. Sie versichert uns ihrer Versprechen, denen wir uns anvertrauen; aber sie kann sie niemals halten, weil Mode keinerlei Treue kennt und ein System jenseits von Personen ist" (Böhme, 2006, 475). Der Beleg: Jedes fünfte bei Aldi, Tchibo, Primark oder Kik gekaufte Kleidungsstück wird nie getragen, sodass über eine Milliarde Kleidungsstücke und Schuhe ungenutzt bleiben (laut einer Greenpeace-Studie). Überfluss zwingt zur Verbraucher-Individualisierung. Derzeit herrscht eine infantile, kinder- und teenagerbezogene Mode uniformierend für alle Menschen – gemeint sind in unserer patriarchal dominierten Gesellschaft Frauen: „Immer exponiert sich die Frau als Begehrte des Blicks oder als Exponat des Mannes – darin ist sie fetischisierte Frau. Doch zugleich spielt sie mit diesen Signaturen ein Spiel des Entzugs, worin sie stets anders ist als die Angeschaute und stets das Andere der Anschauung ist" (Böhme, 2006, 474). Kleidung verhüllt und präsentiert, um Körper anziehend zu machen, um in einer Performance mit Offenbarungscharakter das An-Zügliche erscheinen zu lassen – ein permanenter Dialog zwischen Erster und Zweiter Haut, zwischen Zur-Schau-Stellenden und Rezipienten. Der Körper muss schamhaft, aber durchaus ‚modisch' bedeckt werden, wie es Gott bei Adam und Eva mit Röcken aus Fellen gemacht hat, weil der Körper zugleich begehrt wird. (Insofern ist ein Burka-Verbot zweischneidig.)

Dieses von Hartmut Böhme aufgespürte Paradox scheint sich heute einseitig in einem ökonomischen Täuschungsmanöver kurz zu schließen: Angeblich lässt z.B. das Berliner Start-up Lesasra mittels PCs Trends schneller erkennen, dass und wie die individuellen Kundenwünsche per Mausklick effizienter umgesetzt und in Indien, China u.a. noch billiger hergestellt werden können, sodass das Kleidungsprodukt in fünf bis fünfzehn Tagen produziert und auf der Website angeboten werden kann. Mit diesem algorithmenbasierten Verfahren wird das neoliberale Primark-Prinzip der schnellen, billigen, modisch optimalen, gezielt für den je Einzelnen hergestellten Wegwerfmode verstärkt, optimiert, sogar mit dem Anstrich versehen, dass dieses Kleidungsstück ganz individuell für genau diese Kundin entworfen und hergestellt worden sei. Shoppingklubs wie Limango, Brands4Friends, Zalando Lounge verstärken diese Trends. Und wenn diese Verlockungen nicht hinreichen, dann wird das neuerdings auch in der Politik beliebte „Big Nudging" (begrifflich eine Kombination aus „Big Data": ‚Großer Datenspeicher', und „Nudging": anstupsen) eingesetzt, um dem Einzelnen die ‚richtigen' Produkte zu verkaufen (Bröckling, 2017, 175ff.) – frei nach dem abgewandelten Bonmot: Der Einzelne ist das Maß aller Schneider. Und es klappt deswegen erstaunlich gut, weil Mode von einem fetischistischen und entsprechend exhibitionistischen Suchtcharakter lebt. „Diejenigen, die in der Mode Erlösung suchen, erzwingen die Versicherung dort, wo es das, wogegen sie sich versichern – Angst, Enttäuschung, Altern, Verletzung, Tod -, nicht gibt. Daraus entsteht der fetischistische, illusionäre Charakter der Mode. Die Mode ist so artifiziell, dass sie mit dem organischen Leben derer, die sie tragen, nichts mehr zu tun hat. Sie ist die fetischistische Beschwörung eines gelungenen Lebens, aber gelingen tut stets nur die Mode selbst, nicht das Leben" (Böhme, 2006, 475). Mode kann ihr Markierungsparadox des Ichs auf das Geschlecht, den Status, die Bildung, den Besitz beziehen, nicht aber auf das Andere des eigenen Ich-Selbst; auf das Kleid wird projiziert, was dem Ich zur Subjektwerdung gerade nicht zukommt, sonst verbleibt das Ich in der Selbst-Fetischisierung. Allein die Nacktheit kann das Einfallstor der Subjektwerdung sein. (Deswegen kann man dem Fetisch die Bedeutung einer „heuristischen Kategorie" auch für das Aufspüren von Individualisierungstendenzen zusprechen (Antenhofer, 2011).)

An solchen Beispielen und Interpretationen lässt sich ablesen, wie Individualisierung als paradoxer Prozess von Befreitwerden zum Gebrauch der ganzen Welt und zugleich Bestimmtwerden durch sogenannte Sachzwänge heute sich in Richtung Besetztwerden bewegt. „Was veranlasst junge Konsumenten", fragt eine renommierte Zeitschrift, „sich zur Litfaßsäule zu machen?" Und der Generationenfreak Nast hat bemerkt: „Wir sind Instrumente der Wirtschaft. Heutzutage mehr denn je, weil alles miteinander verwoben ist. Das zeigt sich auch bei den vielen Mädchen, die auf Instagram täglich gefühlte zehn Fotos von sich posten, als wären sie Popstars. Sie kaufen Kleidung, mit der sie sich auf ihrem Instagram-Profil inszenieren, aus dem sie einen Großteil ihres Selbstwertgefühls ziehen. Mit anderen Worten, sie machen Werbung für Produkte. Besser hätte es sich kein Marketingexperte ausdenken können. Ein universelleres Instrument der Wirtschaft gibt es nicht. … Da sind Menschen, die nur noch eine Maske sind, nur noch Fassade. … In diesen Videos sind Menschen zu sehen, die die Fähigkeit zu allem, was eigentlich wichtig ist, verloren zu haben scheinen: die Fähigkeit zu lieben, für sich und für andere da zu sein oder differenziert zu denken. Es geht nur um Selbstinszenierung und Geld. Beunruhigend ist, dass es ihnen anscheinend nicht einmal auffällt. Maske und Identität sind verschmolzen, untrennbar miteinander verbunden. Etwas Künstliches" (Nast, 2016, 238) – eben das Selfie-Ich, das das Paradox von Antlitz und Maske, von Nacktheit und Verkleidung, von Aufklärung und Verzauberung für und in sich selbst kurzschließt. Der damit einhergehende Verlust an Entscheidungsfreiheit und an Verantwortung wird zur Gefahr für die freiheitliche Gesellschaft, für unsere Demokratie. Zwar meint der Einzelne – gegenläufig zur realen Wirklichkeit -, freie Willensentscheidungen zu treffen, aber in der Realität des Alltagslebens hat er größte Mühe, sein Manipuliertwerden durch Selbstaufklärung überhaupt wahrzunehmen und zu durchschauen und kritisch damit umzugehen (wie es z.b. der Medienexperte Bernhard Pörksen als Bildungsauftrag und Curriculumelement der Allgemeinbildung einfordert).

Zur Mode als Metaphorik im weitesten Sinn gehören neben allerlei Accessoires, Schmuck, Ornamenten heute auch die digitalen Medien als „zweite Haut", vielleicht bald als Unterst- oder so etwas wie Inhaut in Gestalt von vermessenden, steigernden und erweiternden Chips, von Mini-PC und Tablets in/unter der Haut. Dazu passt die Beobachtung von Petra Mücke von der Gesellschaft für Konsumforschung (GfK): „Heute definiert man sich mehr über ein neues Smartphone als über ein neues Outfit". Das Smartphone ist Outfitaccessoire des digitalen Ich, des Selfies; das Smartphone ist zum zweiten persönlichen Körper geworden, analog zur Bekleidungsmode. (In der Frankfurter Rundschau vom 21.05.2016 stand zu lesen: „Ich werde meinen Enkeln erzählen, dass ich älter als das Internet bin. Das wird sie um den Verstand bringen".)

Die westliche Individualisierung hat zum Teil verheerende Wirkungen. Das geschilderte ständige Anwachsen der ‚individualisierten' Bekleidungsbranche hat zerstörerische Folgen für Arbeiter, Umwelt, Klima und Konsumenten, wie man in Bangladesch, Indien, China und anderen Billiglohnländern auf katastrophale Weise erfahren hat. Die individualistische Wegwerfmentalität erhält aber auch Widerspruch, z.B. durch Bewegungen wie Fair Trade, Slow Fashion, auch einige ökologisch und sozial eingestellte Handelsunternehmen. Sind dies kleine Bekehrungen von der radikalen Individualisierung hin zum Beachten der Anderen und der Umwelt? Die in der Kleidungs-Mode deutliche neoliberale Reduktion auf die individuelle Geschmacks- und Wohlfühlpräferenz lässt sich übertragen auf Essen und Trinken, auf das individuell gewählte Auto, Bike und den entsprechenden individuellen Fahrstil, auf Fahrrad und die Routen, auf Urlaub und das ‚Baumeln der Seele', auf nahezu alle Freizeitaktivitäten und sicher auch auf die Wahl von Liebesbeziehungen als Nachreligion (Ulrich Beck) und auf die Selbst(er)findungsreligiosität. Nicht umsonst hat Michael Nast seine Mode-Analyse mit dem Stichwort „Religion Selbstoptimierung" überschrieben. Auch die Mode fordert Opfer, wenn der Einzelne seine gewünschte und die konsumistisch gesteuerte Kleidungs-Verwandlung nicht mehr kritisch sondieren und deren Relativität, Projektcharakter, den phantasmatischen Unterstellungscharakter und die Aura des damit gekoppelten persönlichen Aberglaubens nicht mehr wahr-nehmen kann.

In der Be- und Ver-Kleidung begegnen Menschen sich selbst im Medium ihrer zweiten Haut. Kleidung überdeckt die schambesetzte Nacktheit, sowohl verhüllend als auch sinnlichen Kontakt begehrend und verheißend. Individuelle Repräsentations- und Schmuckfunktion gibt erotische Projektionen vor allem der Männer wieder. Mit der Kleidung markieren und projizieren Menschen ihr Verhältnis zum Gegenüber, wie sie gesehen und behandelt werden wollen und sollen, vom Bikini bis zur entweder gleichmachenden oder gerade heraushebenden Uniform als Art Machtsymbol (Allert, 2015, 36). Und die Intention der Mode-Industrie ist es, diese Aspekte zusammen mit der Schutzfunktion und ihrem eigenen Gewinnstreben zu einem emotional als Geschenk der Befreiung erfahrenen ‚Muss‘, dem ‚to have‘ oder ‚must have‘ für den Einzelnen zu stylen. In der Mode hat Ende des 20. Jahrhunderts die Individualisierung des (ökonomisch ermöglichten) Wählens und die durch Globalisierung nochmals erweiterte Pluralisierung der Objekte eine Öffnung auf neue Lifestyle-Muster gebracht. Mode bildet nicht mehr Umgangsformen ab, sondern gibt in phantasmatischer Hintergehung des Individuums diesem die (vermeintliche) Kompetenz des Selbstkreierens der Kleidungs- wie Umgangsformen. Indem wir an die Mode glauben und uns ihr ausliefern, mögen unsere Bedürfnisse kurzzeitig gestillt werden, unsere Lebendigkeit und unser Begehren bleiben außen vor. Mit jeder Selbst-‚Modierung‘ bleibt dieser Riss. Mode verspricht, der und die sein zu können, der und die man nicht sein kann.

Auch die Erste Haut ist verstärkt zum Design geworden. So hat Andreas Bernard in seinem Buch zum Selbst (Selfie, Subjekt) in der digitalen Kultur *„Komplizen des Erkennungsdienstes"* die Einwanderung „despotischer Bemächtigungsformen" in die Darstellungspalette von Subjektivität unter anderem an der Geschichte der Tätowierung nachgezeichnet. Diente das Tätowieren bis in das frühe 19. Jahrhundert hinein zur Identifizierung und Brandmarkung bestimmter Menschengruppen wie Seeleute, Strafgefangene, Soldaten und ab dem 20. Jahrhundert als bedeutungsvolles (Wiedererkennungs-) Zeichen der Klassifikation, so ist die Tätowierung Ende des 20. Jahrhunderts „zum rein ästhetischen Element des Selbstdesigns" geworden. Jetzt sind es nicht mehr der Verbrecher und die Prostituierte, „der (die) untilgbare Schriftzüge und Muster auf der Haut trägt, sondern jedermann. ... Tätowierungen haben nur noch schmückende Bedeutung ... (und) lassen nicht mehr, wie noch vor dreißig Jahren, ‚Rückschlüsse auf Herkunft und soziale Umwelt‘ zu" (Bernard, 2017, 191). Bernard hat diesen Befund in den weiteren Kontext gestellt, dass Geräte und Verfahren, „die bis vor kurzem Verbrecher und Wahnsinnige dingfest machen sollten" an Hand bestimmter Profile, „heute als Vehikel der Selbstermächtigung gelten" – und dies freiwillig (Bernard, 2017, 192ff.). Entsprechend kündigte eine Rezension dieses Buch an: „Jeder sein eigener Polizist", und führt aus: „Die heutigen Formen der Selbstverwirklichung im Netz gehen auf die Überwachungstechniken von gestern zurück" (DIE ZEIT 20. Dezember 2017, 48). Heute helfen die immer extravaganter und individueller werdenden Tattoos gerade durch ihre jeweilige Einzigartigkeit der Rechtsmedizin zur Identifizierung toter Menschen und überhaupt Ermittlern bei ihrer Spuren-Suche. Unter Einschaltung der zuständigen Staatsanwaltschaft wird ein Foto des Tattoos in die Medien gestellt, sodass die Öffentlichkeit eingebunden werden kann.

An dem 5000 Jahre alten Ötzi (im Museum in Bozen) sind Tätowierungsspuren gefunden worden, die in eine andere Richtung weisen: Sie sind zu therapeutischen Zwecken zur Linderung von Schmerzen aufgetragen worden und lassen einen eher schamanischen Hintergrund vermuten. Oder sie hatten apotropäische, magisch-religiöse Gründe. Beides kommt auch heute (noch und wieder) vor, allerdings in Regie des Individuums, das sich immer öffentlicher macht und zugleich mit dem magischen Tattoo unangreifbarer macht und sich elementar bedroht fühlt und Schutz sucht über seine ‚Panzerung' hinaus. Aufgelöst sind die ehemals normativen sozialen Schranken der Tätowierung. „Unter dem schier unerschöpflichen Angebot von Botschaften und Ornamenten für die Wahl von Körperteil, Farbe, Form und Inhalt" wird diese schmerzhafte Prozedur zum Heilmittel gegen die persönlich empfundene Gesichtslosigkeit und den individuell empfundenen Anerkennungsverlust auf sich genommen (Allert, 2018, 3). Das Tattoo soll Sicherheit in und gegen Kontingenzen geben, das andauernde Bewundertwerden z.B. des Fußballstars garantieren, ein Blickfang für ein Geheimnis sein, das die Individualität des Einzelnen magisch anzeigt und zugleich als Lockvogel für Andere fungiert. So outet sich der Fußballstar Lionel Messi als Gottesfürchtiger und Marienverehrer durch ein Christus-Tattoo und einen Rosenkranz auf seinem Oberarm, „damit ihm in den Stadien der Welt der Allerhöchste und seine Mutter Maria beistehen. Dafür bekreuzigt er sich nach jedem Tor und blickt in den Himmel, wo der Argentinier seine Großmutter sieht" (FR vom 08.06.2018, 33). Der Soziologe Tilman Allert weist dem Tattoo nach dem Schrumpfen des historischen Denkens, nach dem Erzählen und dem Bedeutungsverlust der Religion den Bedeutungsraum zu, Träger eines persönlichen Schicksalsglaubens an kosmisch, magisch wirkende Kausalitäten zu sein, die das Tattoo bildhaft zu vereindeutigen versucht: „Komplexer als ein Talisman, ähnelt es eher einem Schrein, den man mit sich trägt, eine ständige Mahnung, ein gegen das eigene Vergessen in die Haut eingebrannter Schwur auf Kontinuität" (Allert, 2018, 5).

(2.4.) Beispiel Medien: Selbstdigitalisierung des (Selfie-) Subjektes

In unserer ,reflexiven', nämlich sich auf sich selbst beziehenden Gesellschaft wird nach der Meinung (und Hoffnung) von Ulrich Beck, Zygmunt Bauman, Michael Wimmer, Eva Illouz, Carlo Strenger und anderen Wissenschaftlerinnen Eindeutigkeit verschwinden zugunsten von Ambivalenzen. Die reflexive Gesellschaft erfährt zunehmend, dass sich Unlösbares einschleicht. Aber zugleich werden Ambivalenzen, Paradoxien, Unlösbares aus dem Leben der Bürger und Bürgerinnen als störend ausgesondert. So wird die Gesellschaft von der Grundaufgabe entbunden werden, die Freiheit als Abenteuer zu erfahren und zu gestalten (Strenger, 2017). Das Selfie-Subjekt ist dem Heilsbild individueller Identität regelrecht verfallen, ohne sich seine Ahnung, dass dies Selbstauslöschung bedeutet, einzugestehen; es erzwingt, etwa im Stile von Trump, diese suizidäre Selbstidentifizierung mittels der ,Datenreligion' (Harari, 2018, 563–608, bes. 608). Dieses widersprüchliche, aber nicht bewusst gemachte Verhalten lässt sich, wie im letzten Abschnitt über Mode und Tattoo angedeutet, am Beispiel der (Selbst-) Digitalisierung aufzeigen. Die mediale Öffentlichkeit wird vom ,Selfie' als Waffe benutzt, damit er seine Selbstdarstellung beachtenspflichtig machen kann. Die Mediengeschichte und die Geschichte des ,Selfismus', des Digital-Subjektes, sind seit der Erfindung des Buchdrucks mit beweglichen Lettern im 15. Jahrhundert untrennbar miteinander verwoben. Ohne Medien, ohne Öffentlichkeit, ist das Subjekt nicht existent, ein einsamer Verlorener und ein nach Identität Sehnsüchtiger, wie Hannes Grassegger in seinem kritischen Beitrag „Das Kapital bin ich" gezeigt hat (Grassegger, 2018). Aber die individualisierenden Medien versprechen dem Einzelnen zu viel.

Die global angelegte Digitalisierung, die wahrscheinlich nicht einmal die Mehrzahl der Weltbevölkerung erreicht, bringt den Betroffenen einen Umbruch und manches Revolutionäre in allen Lebensbereichen und für die bisherigen Umgangsgewohnheiten (Mayer-Schönberger, Cukier, 2013). Die damit beschäftigten Industrienationen und Schwellenländer erleben dies als einen folgenschweren Strukturwandel in der Organisation ihrer Öffentlichkeit – und in der Wirtschaft als Programm 20.4 (und folgenden Programmen) und in der medienbasierten Turbo-Ökonomie, die beide eine radikale globalisierende Außenöffnung erzwingen. Gleichzeitig produzieren sie nach innen eine radikale Atomisierung, die völlig neue dezentral organisierte Öffentlichkeiten als „Not- und Kleinbündnisse" mit „partikularisierenden Binnengrenzen" hervorrufen (Rauterberg, 2018, 138), die mit den bisherigen Organisationsmustern und deren Angebotscharakter und Kontrollen nicht mehr kommunizierbar sind. Die

Digitalisierung wird ermöglicht durch die im Militärbereich entwickelte Computertechnologie und durch die kapitalistische Verwertungslogik, die ihrerseits auf PC und neoliberale radikale Individualisierung baut. Die sich selbst ständig beschleunigende Digitalisierung geht mit ihrem Anspruch auf Allgegenwart, Omnipotenz und Alternativlosigkeit dem Einzelnen in Augen und Ohren, unter die Haut und weiter in Kopf und Herz, in die Gefühle und in das Denken, in alle Beziehungen und in die Religiosität, bis wir alle ein universales, vermessenes (Fisch-)Netz bilden und das Soziale totalitär quantifiziert ist (Mau, 2017). Dieses Projekt wird für Produktion, Handel und Dienstleistung mit dem polit-ökonomischen Versprechen schmackhaft gemacht, dass Energie, Material-Ressourcen und Arbeitskräfte eingespart würden, und mit dem Versprechen an die Individuen, dass sie in Zukunft alles in völliger Freiheit und Selbstbestimmung entscheiden können in digitaler Perfektionierung des ‚do it yourself‘ und ‚anything goes‘. Und wie sieht diese Freiheit des Selfies in seinem neuen Digitalkosmos aus, der Privates (aus der Quantified-Self-Bewegung (Bernard, 2017, 97–154)) und Öffentliches gleichermaßen veröffentlicht, indem dieser – paradox – dem Selfie persönliche Identität verspricht eben per Digitalnutzung? Dabei ist der einzelne User dem ‚System‘ schutzlos ausgeliefert, wie sich am Skandal um Facebook 2018 gezeigt hat, indem die Aufzeichnung und die Auswertung unseres Verhaltens dessen Manipulation einschließt (Zuboff, 2018). Wir leben in digitaler Leibeigenschaft als reine Datenquellen. Unser Ich ist eine Ware des digitalen Marktes (Grassegger, 2018, 37ff., 84, 77ff.), wobei die Anonymisierung die Individualisierung der Daten-Konsumenten befördert.

Zunächst ist auch die Digital-Technologie wie z.B. die Atom-, Gen- und Verkehrstechnologien ambivalent im Gebrauch, offen für Interpretations- und Verwendungsmöglichkeiten in der Wirtschaft, in Industrie, Dienstleistung und Gewerbe, in der Medizin und im Militär, in Bildung, in Wissenschaft und Forschung ebenso wie für den einzelnen User, z.B. zur digitalen Überwachung seines Pulsschlages, seines Ernährungsplanes und seiner persönlichsten Vereinbarungen und zum Mitmachen im ‚Internet der Dinge‘. Jede Technik entwickelt in sich selbst produktive wie zerstörerische Dynamiken, Öffnungen und unüberwindbare Zäune, die sich in gesellschaftlichen Veränderungen und in individuellen Verhaltensweisen der Bürger und Bürgerinnen niederschlagen. Schaut man z.B. auf unser Straßenbild, dann verändert sich die Bewegungs- und Kommunikationskultur durch die Generation ‚Kopf unten‘: Sie wird zusehends individualisiert, entkörpert und entsozialisiert, irgendwie abstrakt und monadologisch bis hin zu Einsamkeitssymptomen und Anflügen von Orientierungslosigkeit in allen Altersstufen. In Bürgersteige werden Ampeln eingelassen und Warntafeln mit Geräuschen aufgestellt als erste Hilfen zum Überleben unentwegter, sinnenlos werdender User. Steht man an einer Haltestelle, oder steigt man in eine Bahn oder in einen Bus ein, oder betritt man einen Warteraum, eine Praxis, oder geht man in ein Café oder in einen Park, immer stehen und sitzen Menschen mit ihren (möglichst neuesten, modischen) digitalen ,Waffenarsenalen' und hüten ihr Alleinsein beim Abrufen des nächsten Massenauflaufs gegen Einsamkeit und des nächsten public viewing als Vergemeinschaftungsevents oder beim Einklinken in einen shit storm, was dem Selfie als politisches Engagement gilt. Jede und jeder bleibt bei sich selbst in phantasierter Freiheit und hält sich in der „smarten Diktatur" paradoxerweise und ohne es bewusst wahrzunehmen an die teils rigiden Netzvorgaben von virtuellen Pseudogemeinschaften namens Netz-,Gemeinde', sodass das im 16. Jahrhundert von dem Reformator Martin Luther angesagte allgemeine Priestertum aller Gläubigen erstmals radikal, aber eben in säkularer Weise der User als ,Netz-Priester' verwirklicht wird. Skeptiker sehen hier Anflüge von Infantilität, den Verlust an Selbstständigkeit und Entscheidungsfähigkeit, Mangel an Phantasie, Kreativität und Verantwortung, an sinnlichem Wahrnehmen, z.B. riecht die digitale Welt nicht, man berührt nur das Tablet. Oder könnte solches Inter-Net die säkulare Erfüllung der pfingstlich-christlichen Erfahrung (erzählt in Apostelgeschichte 2) bringen, dass jede und jeder mit jedem und jeder im Glauben kommunizieren und sie verstehen kann? Könnte man diesen durch Gottes Geist vermittelten Glauben als einen allgemeinverständlichen Code verstehen und dessen säkulare Variante in den Netz-Vorgaben sehen? Nur: Je allgemeiner das Gemeinsame wird, desto weniger Individuelles gibt es bis hin zum Auslöschen der geschöpflichen Einzigartigkeit? Erweist sich die Dynamik dieses Paradoxes, das die Digitalisierung aufzulösen im Begriff ist, als die Offenheit menschlichen Lebens oder nicht als Offenheit des Mediums mit der Folge der Abschließung des Subjekts? „Wir sind Fleisch, das zu Daten geworden ist" (Grassegger, 2018, 18f.). Unsere Personalisierung, unsere Subjektwerdung ist zur Profilierung geworden, und: Statt der z.B. christlich mit dem mythischen Bild von der Menschwerdung Gottes angezeigten Inkarnation geschieht durch Digitalisierung die Exkarnation in Form einer Indatation z.B. in Clouds, dem Himmel des Digitalen. So funktioniert der neue, nämlich digitale Mensch (Grassegger, 2018, 25ff.; Demuth, 2018, 27ff.).

User aller Altersstufen arbeiten dienstlich tagsüber mit Computern aller Art und halten abends im Kämmerlein intime Zwiesprache mit ihrem Privatgerät. Nicht wenige werden bereits internetsüchtig. Für ,analoge' Generationen waren die Kommunikationsmittel vom Telefon bis zum Fernseher wichtig als Instrumente zum Austauschen von Informationen und zum Vereinbaren von Absprachen. Sie dienten als Sozialfaktoren und bisweilen auch als Spaßfaktoren (Dungs, 2006, 367ff.). Bis McLuhan das Medium selbst zur Botschaft erklärte

und George Orwell darin die Möglichkeit der Totalkontrolle in seinem Best-
seller ‚1984' prophezeite. Heute kommunizieren sogar Gegenstände im ‚Internet
der Dinge' in selbst gesteuerten Systemen wie Subjekte miteinander, gleichsam hinter dem Rücken der menschlich-individuellen Subjekte, auch als autonom fahrendes Auto (ist doch das Auto-mobil das sich selbst Bewegende und
Bewegte). Und zugleich ist heute der User verkörpert und symbolisch ‚inkar-
niert' in seinem Medien-Instrument zwecks Selbstdarstellung und Selbst-Erleb-
nis-Gewinn. Das birgt Gefahren. Diese – religiös gesprochen in Anlehnung an
den Abendmahlsritus der Verwandlung von Brot und Wein in Leib und Blut
Christi – Verwandlung oder Metamorphose oder Transsubstantiation des Users
in eine Netzwelt verwandelt dessen Freiheit in seine Selbstdigitalisierung, sodass
er den Medienzwang sogar entlastend findet (Gerber, 2003, 26–28). Verblüf-
fend ist der Rückblick, „wie sich Informationstechnologie innerhalb von dreißig
Jahren von einer bedrohlichen, subjekthemmenden Kraft zu einer Sphäre der
sozialen Utopie und individuellen Befreiung entwickeln konnte" (Bernard, 2017,
45). Die Freiheitsversprechen der Digitalisierungsinitiatoren ertönen weiterhin,
deutlich ist aber, dass „die Verfahren der Individualisierung …, wie die Karriere
des ‚Profil'-Begriffs zeigt, nicht mehr darauf abzielen, das Subjekt zu zerstreuen,
sondern dingfest zu machen" (Bernard, 2017, 46). Dies bedeutet, „daß die Inter-
nettechnologie das persönliche und emotionale Leben verarmen läßt, … daß
sie ungekannte Möglichkeiten der Kontaktaufnahme und Beziehungsbildung
schafft, denen gleichwohl die emotionalen und körperlichen Ressourcen fehlen,
die bislang zur Aufrechterhaltung solcher Kontakte und Beziehungen gedient
haben" (Illouz, 2006, 164). Die Nutzer finden nur im Horizont von allgemeinen
Codes zueinander und verlieren ihre Einzigartigkeit in Wahrnehmung, Sprache,
Habitus, Religiosität. Beziehungen verwandeln sich in digitale Konsumgüter, mit
denen man sich schmücken, die man aber im Bedarfsfall aufgeben kann.

Gefahren liegen in Tendenzen zur persönlichen Selbstentblößung in Sozialen
Medien bis hin zur Selbstaufgabe in einer Art Verschmelzung von ‚gelebter Welt'
und ‚gedachter Welt' (Halft, Krah, 2013). Computer werden immer schneller,
sie überholen uns gewissermaßen, und sie erhalten immer mehr Fähigkeiten,
um uns zu beobachten, zu beschreiben, zu vermessen und zu katalogisieren, um
dann unsere Wünsche und unser Handeln vorherzusagen, zu beeinflussen, zu
kanalisieren und als selbst gewünschte Wünsche zu offenbaren (Zuboff, 2018).
Alle Äußerungen werden im Netz wie ein Daten-Puzzle gesammelt und zu einer
virtuellen Person, einem virtuellen Double oder Avatar, zusammengebastelt,
der als realer gilt als die lebende Person. Möglich ist dies, weil wir uns im Netz
exponieren, regelrecht offenbaren, entblößen, wie Monika Taddicken in einer
wissenschaftlichen Untersuchung dargestellt hat (Taddicken, 2011). Gewollt ist

dies z.B. von Daten-Sammlern und -verkäufern, von Post-Privacy-Agenten, von Anbietern aller Waren, Dienstleistungen und Self-made-Aktionen. Die meisten Nutzer tappen in das ‚privacy paradox': Sie halten den Schutz ihrer Privatsphäre für wichtig, sorgen aber für diesen Schutz nicht um der Konnektivität und digitalen Anerkennung willen. Manche werden zum Burnout getrieben aufgrund der ständigen Verfügbarkeit, der rasanten Beschleunigung der Kommunikation und sie verlieren sich in virtuellen Welten, sie kommen sich gleichsam selbst abhanden. Auf der Außenseite bestehen neben positiven Effekten wie z.B. Enthüllungen durch Whistleblower, schnellere Datenübermittlung und Datenspeicherung auch schleichende Gefahren: So kann die anlasslose Vorratsdatenspeicherung zur Totalüberwachung und zu einer lückenlosen Kontrolle eingesetzt werden, im Extremfall z.B. wie bei der NSA als Globalabhören und Globalüberwachen. Daten können durch Versicherungen auf eine individuelle Person zugespitzt werden und im Extremfall zum Ausschluss nicht genehmer Klienten, Patienten, Mandanten missbraucht werden, z.B. Gesundheits-/Krankheitsdaten bei Kranken- und Rentenkassen. Das Individuum wird vermessen, registriert, als Person ausgelöscht. Individuelle Kunden-Profile können ohne Zustimmung der Betroffenen erstellt und sogar verkauft werden. Hier müssen Politik, Justiz, Bürger und Bürgerinnen wachsam bleiben, schlimmstenfalls überhaupt erst aufwachen. Und dann treffen sie auf Influencer, auf Menschen als Werbe-‚Plakate', die sich verkaufen, ohne sich selbst zu verraten (DIE ZEIT 22.03.2018, 15f.). Hier wird die vielfältige Menschenwelt zur öden Fläche.

Der umgekehrte Blick des Users auf sich selbst gilt ebenso: „Ich gehöre zu denen, die einsam sind, die eine innere Leere verspüren. Diese versuche ich ständig zu füllen", nämlich durch das Schalten auf Online (FR 09.06.2016, 18). Und diese beiden Digitaldynamiken, nämlich die Sehnsucht des Users ‚in seinem Inneren' und die datengestützte Bedienung durch Internetangebote ‚von außen', schneiden sich im User, indem das Netz auch solche Wünsche lesbar macht, „denen wir uns nicht eigens bewußt sind" (Han, 2014, 87). Dieses Digital-Unbewusste bannt die ‚Kunden' in eine Welt, die ihrem Bewusstsein entzogen ist, auf die sie in der digitalen, durch Personen dargestellten Verpackung aber anspringen. In dieser Welt entscheiden individualisierte Gefühle über Inhalte, die individuellen Bedürfnisse und Interessen über öffentliches Wohl, das Bedienen von Sehnsüchten über Aufklärung, indem der Einzelne seine Interessen und deren Erfüllung an das „digitale Nirwana" des Internets abtritt (Guggenberger, 1999; Halft, Krah, 2013). Strukturell erinnert dieses Verhalten, wie gesagt, an den christlichen (und stärker noch muslimischen) Glauben an die Vorhersehung Gottes für jeden einzelnen Menschen und an die Zuteilung des individuellen Schicksals an jeden einzelnen Menschen einst durch die griechischen

Schicksalsgöttinnen, die Moiren (die Zeus ihrer Aufgabe entledigte und die Regie selbst in die Hand nahm).

Nur kurz muss auch auf die Verheißungen der neuen Großen Erzählung ‚Digitalisierung'eingegangen werden. So ist z.B. der Kapitalismus entgegen der Meinung von Jeremy Rifkin nicht abgeschafft worden. Die angebliche Demokratisierung haben nahezu allmächtige Medienmogule und allwissende Machtzentren wie Google, Amazon, Facebook, Apple an sich gerissen. Der Preisträger des Friedenspreises des Deutschen Buchhandels von 2014, Jaron Lanier, sieht die Staaten in ihrem Kampf gegen diese Datenmonopolisten bereits auf verlorenem Posten (FAZ vom 24.04.2014). Entsprechend findet statt versprochener politischer Dialoge eine globale Entpolitisierung statt, wenn z.B. über TTIP hinter verschlossenen Türen verhandelt wurde, oder wenn Wahlen durch Netz-Manipulationen als Politikersatz beeinflusst werden. Durch Roboter und Digitalisierung ist bis dato nur wenig an Produkten und Dienstleistungen billiger, energiesparsamer, für alle Menschen gleichermaßen zugänglich geworden. Im Gegenteil, der Einzelne wird durch die angeblichen neuen Kommunikationsmöglichkeiten zwar individuell angesprochen, aber insofern zugleich entmündigt und gerade nicht befreit, als der damit gegebene Medienzwang im Machtgefälle ‚von oben' beabsichtigt ist und zugleich als solcher Zwang mit seinen Risiken in der reflexiven Gesellschaft sorgsam verschleiert wird (Beck, 1986, 12–21). Was früher Gläubige als Vorhersehung Gottes und persönliches Schicksal im Glauben hinnahmen, das hat der Determinismus des Netzes übernommen, wie Frank Schirrmacher analysiert hat (Schirrmacher, 2016). Es ist erstaunlich unmodern, wie sich der moderne Mensch mit ‚Haut und Haar' und seiner ‚Seele' dem Digitalraum hingibt und diesem magische Kräfte zuschreibt wie vordem einem über uns Menschen thronenden Gott. Aber diese moderne (Pseudo-)Sicherheit wird dem postmodernen ‚Selfie' ständig genommen, weiß er doch oder könnte er wissen, dass er ohne jegliche Garantie leben muss, dass er auf sich selbst gestellt ist und ihn das Digitalium nicht durch das Leben tragen kann. Diese mehr oder weniger eingestandene oder mindestens geahnte Angst lähmt, sie treibt aber auch an und eröffnet Chancen, was es jeweils kompetent abzuwägen gilt (Bauman, 1992, 404). Die meisten Nutzer greifen sorglos zu und fragen nach immer weiterer Vernetzung und Informiertheit, weil sie meinen, per Technik ihr individuelles Leben und die anderen Menschen und die Natur in egozentrischer Einstellung in den Griff zu bekommen, ihre Begrenztheit und ihr (Unter-)Bewusstsein der Sterblichkeit überspringen und ihr Leiden abspalten und sogar ausschalten zu können (Richter, 2005, 98ff., 155ff.; Solomon, Greenberg, Pyszczynski, 2016). Es bleibt in uns eine offene, unbesetzte Stelle, ein Riss oder ein Überschuss, vielleicht eine Urkränkung ähnlich dem Sündenfall (1. Mose 3), wovor wir Angst haben und den wir nicht einholen können und ihn in unserer Kränkung oft in ‚projektiven Hass' verwandeln (Richter, 2005, 181ff.). Eine solche narzisstische Kränkung fügt die unendliche Netz-Maschine dem modernen Selfie zu: Nach der unerreichbaren Sonne als Zentrum des Kosmos, nach dem Affen als dem ungewollten Urmenschen in der Evolution zum homo sapiens sapiens und nach dem Freudschen ‚Es' als dem eigentlichen Hausherrn im Menschen schlägt jetzt das nicht mehr einfangbare Inter-Net in einer vierten Kränkung zu. Diese narzisstische Kränkung durch das nicht mehr zentral steuerbare, abstrakte Netz ohne Zentrum treibt den postmodernen Selfie ständig zu neuen, im Erreichen enttäuschenden Ufern mit der Gefahr des Ertrinkens (Grimm, Zöllner, 2012).

Mit fortgeschrittener (atomisierender) Individualisierung nimmt die Machtdynamik der ökonomisch und politisch bestimmenden monopolistischen Institutionen und der gesellschaftlich einflussreichsten Personen zu. Das Individuum wird in seiner erzwungen-freiwilligen Selbst-Digitalisierung immer mehr eingebettet in die global vorangetriebene Digitalisierung mit ihrem Sprach-, Bild- und Gefühlskorsett und in das voranschreitende ‚Internet der Dinge' als Integration des Menschen in seine Alltagsgegenstände. Der Einzelne verliert dadurch zunehmend Möglichkeiten der politischen, gesellschaftlichen Teilhabe, des eigenen Wahrnehmens, der Möglichkeiten sinnlich-realer Begegnungen und selbst geknüpfter Beziehungen. Der User wird zum Opfer des Medienzwangs, der ihn aber zugleich durch die erzwungene Medienteilnahme zum Sieger erklärt. Das Ernstspielzeug ‚digitales perpetuum mobile' funktioniert, entmachtet den zum königlichen User Erhobenen und kontrolliert ihn. (Ob die 2018 in Kraft getretene EU-Datenschutzreform den Weg in eine humane, demokratische, kommunikative, faire Gesellschaft und den Einzelnen zu seinem Recht auf ‚freie Entfaltung' bringen wird und kann, bleibt zu hoffen.)

Die Grunddynamik dieses global vorangetriebenen Digitalisierungsprozesses läuft ebenso ‚neoliberal' ab wie die Fortschrittsdynamiken in allen anderen Lebensbereichen: Die individuelle Freiheit im Sinne absoluter Autonomie des Selfie-Subjektes, die heute eine exzessive, nicht mehr darstellbare Form annimmt, ist der Exzess des Digitalen selbst (im Gleichschritt mit dem neoliberalen Kapital) (Han, 2014, 13). Verantwortete Selbstbestimmung wird auch hier schleichend in eine Selbstaufgabe transformiert, die sich im unentdeckten, unbewussten Paradox der Suche nach sich selbst verliert. Schade, denn die ‚analoge Welt' mit ihren Ambivalenzen kann umgekehrt an vielen Stellen die ‚digitale Welt' integrieren, ohne dass die Ambivalenzen dabei (auf)gelöst werden. Zu diesen Ambivalenzen gehört z.B. bei aller öffentlichen digitalen Offenheit der Sozialität der Schutz der Privatsphäre des Einzelnen (Grassegger, 2018, 87f.), bei aller Positionierung zugleich der Entzug.

(2.5.) ‚Ich heirate mich‘, ‚Ich glaube an mich‘, ‚Ich vergebe mir‘: Gott und Mitmensch implodieren in das spätmoderne Ich

Im Frühjahr 2015 beschloss die Fotografin Grace Gelder, den Song „I am married to myself" umzusetzen und löste mit ihrer Selbst-Hochzeit eine kleine Lawine aus. Anleitungen für Self-Dating und Selbsthochzeits-Arrangements für Selbstverliebte, klassisch (pathologisch) Narzissten genannt, kamen auf den Markt. Das Ziel wurde formuliert: ‚mich selbst in aller Tiefe kennen zu lernen‘. Wer bin ich und was (wer) will ich sein? So lerne ich, mich selbst zu akzeptieren, innere Harmonie und Ausgeglichenheit zu gewinnen und ein zufriedenes Leben zu finden. Diese Personen erfahren sich gespalten; sie haben einen Zwilling in sich; sie fühlen sich unmittelbar uneins mit sich und wollen diese Art Schizophrenie überwinden. Aber wie verhält sich diese Selbst-Identifizierung in der symbolischen Ordnung des Heiratens mit der unmittelbaren Selbsterfahrung? Wen treffe ich da an als den Anderen von mir in mir? Fliehe ich nicht vor mir, weil ich keinen festen Anderen in mir finde? Wird mir dann die Vorstellung, dass ich mich selbst lieben können muss, um Andere lieben zu können, plötzlich problematisch? Und kann ich dann Andere lieben, um mir zu entrinnen? Kann ich mich von mir aus z.B. mittels des säkularen Sakramentes der Selbstheirat mit mir selbst versöhnen? Und wenn ich Andere liebe? Oder sind es die Anderen, die mich überhaupt erst zum Lieben beleben?

Dieses Beispiel hatte ein Vorgängerereignis in 2003 (Der Spiegel 11/2003, 63): „Die niederländische Studentin Jennifer Hoes, die sich auf dem Standesamt mit Billigung des Standesbeamten selber das Jawort gab und sich ewige Treue geschworen hat, ist ultimative praktische Umsetzung dieser – aus der Gnosis – rührenden Vorstellung, demzufolge der Mensch keinen Messias und keine Gnade Gottes braucht, um erlöst zu werden, sondern sich selber erlösen kann. Gott wird gleichsam in den Menschen hineingezogen, der die Verklärung der Welt und die Erlösung von sich selber nicht der Gnade Gottes überlassen will, sondern selbst hier und jetzt in der Geschichte das Werk Gottes tun will. Man wird an die Vorstellung selbstischer eschatologischer Erfüllung erinnert, die Nietzsche beflügelt hat, als er … schrieb: ‚Liebet euch selber aus Gnade – dann habt ihr euren Gott gar nicht mehr nötig, und das ganze Drama von Sündenfall und Erlösung spielt sich in euch selber zu Ende‘ " (Gross, 2004, 25). Der Kampf der beiden Seelen in der menschlichen Brust wird ruhiggestellt: Die Seele der Selbsterlösung hat die Seele der Fremderlösung erlöst?

Dieses Beispiel des Selbst-Heiratens kann verdeutlichen, dass an die Stelle früherer Orientierungen z.B. an der überlieferten Offenbarung eines theistischen (christlichen) Gottes oder an griechischer Vernunft und römischer Polit- und Rechtsautorität, an Nation, sozialer Schicht, an Kapital oder Wissenschaft heute der Selbst-Bezug des Einzelnen getreten ist: „Erfahrung, Konfrontation des Selbst mit verschiedenen anderen, ist die eigentliche Quelle des Selbstbewusstseins" (Bell, 1976, 1124; Schroer, 2000, 448).

In derselben Dimension geschieht die Selbst-Vergebung. Die Schauspielerin Mila Kunis hat sich nach einer Trennung eingestanden, sich falsch verhalten zu haben und hinzugefügt, dass sie sich verziehen habe. Wie im Fall der Selbstverheiratung soll zwecks Selbsterlösung eine implodierende Selbstversöhnung, sogar eine Selbstpaarung vollzogen werden, deren Ergebnis sich als die ersehnte Identität einstellen soll. Das religiöse, pädagogisierende, moralisierende, therapeutische, drogenindizierende Dienstleistungsheer der Selbstverwirklichungsideologie preist die Selbstpaarung an ohne selbstkritisch zu bemerken, dass diese Art der Paarung zum ‚Selfie' ein Selbstverlust, in letzter Konsequenz ein Suizid ist. Wer die unaufhebbare Differenz im Zwischenmenschlichen durch Gleichmacherei bzw. Rückzug auf das Selbst zu überbrücken versucht, wird auch die Differenz im leiblichen Existieren vergessen machen wollen.

Die christliche Tradition hat in ihrer Erlösungsprogrammatik die Sehnsucht nach himmlischer Einheit der ‚Seelen' transportiert, indem diese im Sterben endgültig von ihren trennenden Fleischeshüllen befreit werden. Die griechisch-metaphysische dualistische Erlösungspragmatik der Schau der Ideen (theoria) stellt ein Harmonie- und Identifizierungsmodell dar, das vor gut 500 Jahren durch die protestierenden Reformatoren mit einem Differenzmodell konfrontiert wurde. Letzteres fußt auf der für uns Menschen unüberbrückbaren Differenz zwischen Gott und Mensch, zwischen den Mitmenschen und dem einzelnen Menschen, zwischen dem Neuen Menschen und seinem Adam-Menschsein in sich selbst. Diese Differenz ist eine asymmetrische: Gott erweckt den Menschen zum Leben; der Mitmensch verpflichtet und befreit das Subjekt; das in Gott und dem Anderen stellvertretend aufbewahrte Ich bringt Subjektivität. Diese Paradoxien machen das Widerfahrnis der Subjektwerdung aus.

(2.6.) Neoliberal, absolut frei: der, die, das (Selfie-)Subjekt ‚ohne Gott', ‚ohne Mitmensch', ‚ohne Welt'

Als junge Menschen zwischen 18 und 34 Jahren 2017 europaweit nach ihrer Lebenswelt befragt wurden, da gaben sie mehrheitlich an, ein glückliches Leben ohne Gott (80% der Befragten), ohne Kinder (52%), sogar ohne Auto (70%) und Fernsehen (79%) führen zu können, nicht aber, so 52% der Befragten, ohne das Internet mit Smartphone, Handy, PC u.a.m. Die neue Transzendenz nach dem

‚Tode Gottes' (Nietzsche) scheint als Beerbung der Ubiquität und Allmacht Gottes endgültig der dauerpräsenten Unendlichkeit des Internet gegeben zu sein, die in (gemeinter) absoluter persönlicher Freiheit auf sich selbst angewandt werden kann: ‚Ich bin unendlich frei!' Aber, so sollte zurückgefragt werden, handelt es sich hier nicht eher um eine bloß gemeinte, eine projizierte, gefühlte Freiheit, wenn der (die, das) ‚Selfie' gleich welchen Alters sein Subjekt-Sein in das Projekt-Sein der digitalen Selbstfindung und internetmodellierten Selbstgestaltung, dem ‚Profil', zwanghaft schleichend verinnerlicht? Dann wird aus der Dauerkrise der Freiheit seit Nietzsches Proklamation des Todes Gottes: „Gott ist tot! Gott bleibt tot! Wie trösten wir uns, die Mörder aller Mörder" (Die Fröhliche Wissenschaft, Nr. 125), der neoliberale Abgesang der Freiheit mit den Melodien der unbewussten, aber wirkungsvollen Selbstverknechtung des in seiner psychischen Konstitution bis zum Burnout getriebenen Leistungssubjektes.

Und ‚ohne Gott'? Eine zunehmende Mehrheit, die sogenannten Atheisten und Säkularen, hält Gott für eine Erfindung der Menschen, sodass mit deren Ende oder „Verdämmern" (Sloterdijk) die Chance besteht, auf eigenen Füßen selbstverantwortlich stehen, persönlich entscheiden, autonom leben zu können. Und deswegen müsse diese Erfindung eines Gottes, von dem Menschen abhängig sind und sich abhängig gemacht haben, rückgängig gemacht und jeder einzelne Mensch – von der Geburt bis zu seinem Tod – in die absolute Freiheit und Selbstinszenierung eingesetzt werden, also an die Stelle Gottes inthronisiert werden, wie Horst-Eberhard Richter in „Der Gotteskomplex" retrospektiv und Yuval Noah Harari mit seinem Zukunfts-Entwurf „Homo Deus" prospektiv verdeutlicht haben: „Ließ die landwirtschaftliche Revolution die theistischen Religionen entstehen, so brachte die wissenschaftliche Revolution humanistische Religionen hervor, in denen die Menschen an die Stelle der Götter traten. Während Theisten theos (griechisch für Gott) verehren, beten Humanisten den Menschen an" (Harari, 2018, 157).

Hier kann ein kurzer Rückblick zur aufklärenden Problematisierung helfen: Als sich die metaphysisch konzipierte Vertikale der Gott-Mensch-Beziehung in der Renaissance und in der Reformation der Welt-Horizontalen öffnete und sich im 17. Jahrhundert mehr oder weniger in die Welt-Horizontale neigte und 1789 in der Französischen Revolution alle Verbindungen zu einem jenseitigen Gott kappte und bei Nietzsche in das Todesurteil über Gott mündete, da nahm die Überlebensfrage die „Mörder Gottes" in Beschlag, ob und wie sich die einstige vertikale Gott-Mensch-Spannung und mit ihr die Externalität des Menschen in der Welt-Horizontalen ausdrücken ließe oder überhaupt noch ausdrücken müsse? Wenn Gott und mit ihm die Vertikalspannung verschwinden, wird der Mensch dann horizontal-eindimensional, seine Kultur monogestaltig, seine Wissenschaft positivistisch? „Wenn es keinen Gott mehr gibt, dann zum Teil deshalb, weil es keinen geheimen Ort im Inneren mehr gibt, an dem er sich einrichten könnte. Tiefe und Innerlichkeit sind Teile einer maroden Metaphysik, und wer sie auslöscht, schafft dabei Gott ab, indem er die verborgenen Orte auslöscht, an denen er sich verbergen konnte". Während die gezeigte Digitalisierung die möglichen Gottes-Orte auslöscht und das Unmögliche den Algorithmen überlässt, ist für die Psychoanalyse „das menschliche Subjekt diffus und instabil, aber nach wie vor mit innerer Tiefe ausgestattet. Beides hat sogar miteinander zu tun. Deshalb gehört die Psychoanalyse zu den letzten Erben eines tragischen Gefühls, das die Postmoderne nicht kennt" (Eagleton, 2015, 228f.). Aber versucht die Psychoanalyse nicht, dieses „tragische Gefühl" uns auszutreiben, mit religiös ererbten Methoden, wie Eva Illouz kritisch anmerken würde? „Die klinische Psychologie ist das erste kulturelle System, das sich des Problems gänzlich entledigt, indem sie Unglück zur Folge einer verletzten oder schlecht gehandhabten Seele macht. Sie bringt damit einen Zweck von Religion – leiden zu erklären, zu rationalisieren und letztlich immer auch zu rechtfertigen – zu einem definitiven Abschluß" (Illouz, 2009, 406). Wenn Leid und Glück „nachträglich durch verborgene Tugenden oder Laster zu erklären und somit zu rechtfertigen" sind, dann lässt die Psychologie „diese Form von Theodizee mit aller Macht wiederaufleben. Im therapeutischen Ethos gibt es weder Unordnung noch sinnloses Leid. Deshalb sollte uns sein Einfluß auf unsere Kultur beunruhigen" (Illouz, 2009, 406).

Aber liegt dieser Art von therapeutischer Selbstanwendung des autonomen Menschen auf sich selbst nicht der Verlust der Freiheit insofern zugrunde, als Freiheit Menschen nicht in, aus und für sich selbst generiert wird, was Martin Luther bei seiner Definition von Sünde als ‚Einkurvung in sich selbst' im Sinne einer Verabsolutierung des Selbst bezeichnet hat? Mit seinem Freiheitsverständnis hat Luther „die subjektivitätstheoretische Wende von Neuzeit und Aufklärung" vorbereitet. Er verstand die (lebenslange) Buße als von Gott geschenkte „eigentliche Form menschlicher Selbstbestimmung, indem sie den Menschen vor sich selbst bringt und ihn als Einzelnen zur Verantwortung ruft" (Gräb-Schmidt, 2018, 585), also nicht identitär zu sich selbst kommen lässt, sondern „zur Verantwortung" den Anderen und der Schöpfungswelt gegenüber. Freiheit haben wir nicht, höchstens in der Form von Wahlfreiheit den Dingen gegenüber, aber Freiheit von den Dingen widerfährt in Beziehungen als Befreiung zu eigenem Antworten in der Beschlagnahmung durch andere Menschen und die Schöpfungswelt. Freiheit und Verantwortung gehören zusammen, weil der Andere und ich schon immer angesprochen sind. Man kann dieses Paradox von der „Heimsuchung" durch den Anderen und dem dadurch geforderten und befreiten eigenen Antworten im Sinne von Emmanuel Levinas verstehen, dass Freiheit als Befreitwerden von dem Zwang, nur sich selbst durchzusetzen, und somit als das Nachordnen des eigenen Bewusstseins hinter den aktuellen Anspruch des Anderen zustößt (Levinas, 1989). Und wenn dies Christen und Christinnen widerfährt, dann deuten sie dies als gnädige Zuwendung Gottes durch andere Menschen. Mit dem Philosophen Byung-Chul Han formuliert: „Man fühlt sich wirklich frei erst in einer gelingenden Beziehung, in einem beglückenden Zusammensein mit anderen. Die totale Vereinzelung, zu der das neoliberale Regime führt, macht uns nicht wirklich frei" (Han, 2014, 11).

Freiheit widerfährt schmerzhaft und paradox: als Zuspruch und als Zumutung seitens anderer Menschen „in der Spur Gottes" und zugleich als ermöglichte Verpflichtung zum eigenständigen Antworten auf der Seite des Betroffenen. Indem der Andere gerade meine Antwort fordert, setzt er sein Vertrauen auf mich und meine ‚freie', individuelle Antwort. In diesem Sinne hat Emmanuel Levinas diese asymmetrische Beziehung als ein Verpflichtungs- und gleichzeitiges Befreiungsgeschehen beschrieben (Levinas, 1999, 209ff.; Luther, 1992, 74–80). Es ist ein zustoßendes Ereignis, das „ich in keiner ‚Erfahrung' vertraglich eingegangen bin, aber zu der das Antlitz des Anderen, aufgrund seiner Anderheit, aufgrund eben seiner Fremdheit, das Gebot spricht, *von dem man nicht weiß, woher* es gekommen ist. Man weiß nicht woher: nicht als ob das Antlitz ein Bild wäre, das auf eine unbekannte Quelle verwiese; ... und nicht als ob die Idee des Unendlichen die bloße Negation jedes ontologischen Bestimmens wäre. ... Vielmehr so, als ob das Antlitz des anderen Menschen, das von vornherein mich verlangt und mir befiehlt, der Knoten ebenjener dramatischen Verflochtenheit wäre, in der durch Gott die Idee Gottes und jede Idee überschritten wird, in der *er* noch gemeint, sichtbar und erkannt wäre, und in der das *Unendliche* durch die Thematisierung in der Gegenwart oder in der Vergegenwärtigung widerlegt würde" (Levinas, 1999, 19). Diese Paradoxie der verpflichtenden Freiheit hatte Martin Luther 1520 in seinem bereits zitierten Sendbrief an den Papst Leo X. „Von der Freiheit eines Christenmenschen" bekenntnishaft formuliert: „Ein Christenmensch ist ein freier Herr über alle Ding und niemand untertan. Ein Christenmensch ist ein dienstbarer Knecht aller Ding und jedermann untertan". Und es war ihm klar, dass sich dieses Lebensparadox als grundloses exteriores Widerfahrnis und als eigenes Antwortgeschehen ereignet und deswegen jederzeit umkippen kann in fundamentalistisches, prädestinatianisches, schicksalhaftes Sich-abhängig-Machen von einem Gott ohne Freiheit oder in die Selbstinszenierung des monadischen ‚Selfies' in einer Art Echoraum ohne Widerfahrnis von Freiheit ‚von außen'. In beiden Fällen wird Leben als entweder ‚von oben' oder ‚aus sich selbst' bestimmtes eindeutiges Geschehen erlitten, das „die grundsätzliche

Ambivalenz der Welt und die Zufälligkeit unserer Existenz, unserer Gesellschaft und Kultur" übersieht (Bauman, 2005, 364ff.). Setzte die Moderne mit zivil-religiöser Unterstützung nach Meinung von Zygmunt Bauman auf „Freiheit – Gleichheit – Brüderlichkeit" (der atheistischen Französischen Revolution von 1789), so dreht sich die Postmoderne um „Freiheit, Verschiedenheit, Toleranz", und die neoliberale Lebenswelt praktiziert die Ich-AG, den Eigennutz und die Selbstfindung und Selbstvermarktung, indem der Werber und das beworbene Produkt identisch sind: das Selfie-Subjekt als Profil. Und dabei machen nicht das Alter, nicht Geschlecht, Religion oder Herkunft den Menschen aus, sondern der neoliberale Mensch ‚ist' seine zeitlos anwendbare Selbst-Kompetenz, die als Ausdruck ewiger Jugendlichkeit und Freiheit, z.B. in der herrschenden juvenilen Mode und Körperzurichtung, als das neoliberale Juwel schlechthin den neoli-beralen Lebens-Stil bestimmt. „Der Kern des Menschlichen ist das, was an ihm verdatet und medial kommuniziert werden kann. Das Ich: ein Profil" (Bernard, 2017, 184; Bauman, Lyon, 2013). Im Profil fallen Autor und Gegenstand inein-ander, weil der Urheber seine eigene PR-Aktion *ist.*

Die Diskussion um Freiheit als totale, totalitäre Autonomie des Subjektes, das sich von sich aus inszeniert und autorisiert – und damit bei bzw. in sich selbst bleibt (Meyer-Drawe, 1990, 7ff.) –, ist noch im Gange: (a) Freiheit ist als Ermächtigung und als bedingungslose Autonomie der Selbstinszenierung unter Absehung unserer Körperlichkeit, Begrenztheit, sozialen Prägung, Sterblichkeit zu verstehen und durchzusetzen. Oder: (b) Freiheit ist als Agieren in symme-trischen Beziehungen zu verstehen. Oder: (c) Freiheit ist als asymmetrisches Widerfahrnis von Anderen her und als individuelles Antworten, als Paradox von Abhängigkeit (oder Geburtlichkeit, Natalität, so Hannah Arendt) und zu unterstellendem Projekt zu umschreiben (Strenger, 2017, 7–13; Rössler, 2017). So Rosa Luxemburg: „Freiheit ist immer die Freiheit des Andersdenkenden". Der moderne Mensch will selbstständig, leistungsfähig, autonom, mit effektiver Religiosität in passenden Situationen leben, sonst plagen ihn mangelndes Selbst-bewusstsein Minderwertigkeitsgefühle, Abstiegs- und Versagensängste, Scham. Ein Glauben an einen fürsorglichen Gott gilt als Schwächeakt. Gleichzeitig bleibt jeder Mensch abhängig. Um dies zu durchschauen und zu artikulieren, muss er diese seine eigene, gar nicht so autonome Existenz anerkennen und in solchen Begriffen, Kategorien, Bildern vermitteln, die er selbst nicht hervorgebracht hat. Und diese ‚Unterwerfung' der eigenen Impulse unter die ‚symbolische Ordnung' bewirkt die Subjektwerdung, wie Judith Butler argumentiert (Butler, 2001). Im Verinnerlichen der allgemeinen Spielregeln kann das Ich/Subjekt sich selbst steu-ern und sich als eigenständiges Ich wahrnehmen und reflektieren: „Ein gegen sich selbst (sein Begehren) gewendetes Subjekt erscheint nach diesem Modell als

Voraussetzung des Fortbestehens des Subjekts. Um als man selbst zu bestehen, muss man also die Bedingung seiner eigenen Unterordnung begehren" (Butler, 2001, 14). Unbegrenzte Autonomie kann es dieser kritischen Fassung nach nicht geben, weil wir an unseren Leib, an Ort und Zeit, an Biografie und Erziehung, an Traditionen und Sprache gebunden bleiben und diesen Riss von unserem sich in Bedürfnissen manifestierenden Begehren und der reflektierenden Vermittlung nie aufheben können (vgl. Lacan, 1978). Gerade dies aber will das Subjekt und verobjektiviert sich zum Selfie-Subjekt, so wie sich dem Mythos vom Sündenfall Adams und Evas gemäß diese beiden ersten Menschen gleichsam verewigten, indem sie ihr geschöpfliches Menschsein überwinden wollten zu Gott-gleichem Existieren. Als Jugendliche Ende 2017 nach ihrem Herzenswunsch gefragt wurden, da antworteten sie mehrheitlich, dass sie unter der Unvorhersehbarkeit ihres Lebens am meisten leiden und deswegen gerne ein in die Zukunft überschaubares Leben hätten. Trägt dieser (schon von Adam und Eva) phantasierte Verlust von Selbstbesitz, von persönlicher Vollkommenheit, individueller Identität die Dynamik der Sehnsucht nach deren Überwindung und nach totaler Gegenwärtigkeit und Kontrollierbarkeit in sich, und führt dies z.B. zu Irritationen, wenn wir behinderten Menschen begegnen (Danz, 2014, 71f.)?

Hier kann ein Blick zurück in den Umbruch vom Mittelalter in die Neuzeit, speziell in die Auseinandersetzung zwischen dem Freiheitsdenker und Humanisten Erasmus von Rotterdam und dem (Un-)Freiheitstheologen Martin Luther erhellend sein. Der Traditionalist Erasmus vertrat mit der Freiheit des Willens eine gewissermaßen ,moderne' Position eines liberum arbitrium als potentieller Fähigkeit zur Selbstvervollkommnung, während der Aufbruchstheologe Luther konservativ für den ,geknechteten' Willen eintrat (Gräb, 2018, 585f.). Subjektivität generiert sich, so Erasmus, in Akten der durch Gottes zuvorkommender Gnade angestoßenen Selbstermächtigung und sogenannte Verdienste einbringenden Selbstinszenierung. Luther hingegen spricht von einer anderen Subjektivität, die als Angegangenwerden durch Gott und den Nächsten widerfährt und konstituiert wird. Man kann dies vielleicht mit Levinas verstehen: „In sich Befreiung von sich" (Levinas, 2004, 65). Der ,Selfie' würde sich vornehmen: ,In sich Befreiung zu sich durch sich'. Luthers Freiheitskonzept kommt von schmerzhaft erfahrener Freiheit her und ist keine aktivistisch projizierte Selbstgestaltung einer allgemeinen (Un-)Vernunft (Gräb, 2018, 586). Kant hat dann diesen Bekenntnis- oder Postulatscharakter der Freiheit aufklärungsphilosophisch in der Praktischen Vernunft als Setzung angesiedelt. Freiheit wird bei Kant transzendentalphilosophisch gefasst als eine apriorische Setzung des vernünftigen Subjektes und sie kommt insofern allen vernünftigen Subjekten zu, als Freiheit zusammen mit den beiden Postulaten oder Voraussetzungen ,Gott' und

‚Unsterblichkeit der Seele' allen praktisch-vernünftigen Subjekten zukommen muss, weil es sonst keine Freiheit und Verantwortung im Gewissen und keine letztgültige Gerechtigkeit geben kann. Micha Brumlik kritisierte dieses Ineinanderfallen von Freiheit, Moralität und Rationalität als letztlich doch rationalistisch-monologische Konstruktion von Subjektivität (Brumlik, 1994, 113; vgl. Meyer-Drawe, 1990, 150–157). Der Andere, sei es der postulierte oder geglaubte Gott oder sei es der begegnende Mensch, geht jeder freien Zustimmung voraus, so die theologische Lehre Luthers und die Setzung Kants auf seine transzendentalphilosophische Weise und in Levinas Philosophie der asymmetrischen Konstituierung des Subjektes (Liebsch, 2010, 79f.).

Zusammenfassend seien nochmals Luther und dazu die Evangelische Kirche in Deutschland zitiert: „Ein Christenmensch ist ein freier Herr über alle Ding und niemand untertan. Ein Christenmensch ist ein dienstbarer Knecht aller Ding und jedermann untertan" (Luther: Von der Freiheit eines Christenmenschen, 1520). „Wenn der Mensch von sich selbst die Begründung für seine eigene Würde und die darin gründende Freiheit verlangt, verkennt er, dass *Würdigung* stets nur von außen gegeben werden kann. Die Botschaft von der Freiheit in und durch Gott löst auch von allen zwanghaften Bemühungen, sich durch eigene Anstrengung, durch sozialen Status und Erfolg *Anerkennung und Würde* zu erwerben. Würde und Anerkennung können nicht auf solchen eigenen Handlungen beruhen. Denn ihnen liegt auch im alltäglichen Leben *Liebe* zugrunde, die unverfügbar ist. Wo sie erfahren wird, kann sie immer nur ein Geschenk sein" (EKD, 2014, 108).

(III) Religiöse Ambitionen und Entsagungen

(3.1.) Von der Erleichterungsreligion über die Selbstperfektionierungsreligion zur Selbst(er)findungs- und zur Selbstdarstellungsreligion – und zur religiösen Gleichgültigkeit

Religion, vorab das in Bistümern und Landeskirchen organisierte römisch-katholische und protestantische Christentum, diente in den Nachkriegsjahren vornehmlich sowohl dem individuellen Praktizieren des persönlichen Glaubens als auch dem Bewahren des gesamtgesellschaftlichen Konsenses und dem Einhalten westlicher Werte zwecks gesellschaftlicher Integration. Sie förderte die Achtung der Menschenrechte – was bis in die 1970er Jahre auf sich warten ließ – und der sogenannten bürgerlichen Tugenden-Moral. Und sie sollte stellvertretend die Erleichterung des Lebens im Alltagsstress und die Reduktion lähmender Komplexität und irritierender Kontingenzen bringen. Diese Funktionen konnte das Christentum in den Jahren nach 1990 mit zunehmender Abnahme seines gesellschaftlichen Einflusses und durch die neoliberale Zuspitzung auf das Individuum und durch die Irritationen der Zuwanderung immer weniger effizient erfüllen. In dieser Zeit verschob sich durch die Vorherrschaft des neoliberalen Wirtschafts- und Gesellschaftssystems die gesellschaftliche und ebenso die kirchlich-öffentliche und private religiöse Perspektive auf die Selbsterhaltung des Einzelnen als des Managers seiner selbst, verstärkt durch die Vorstellung einer aus der christlichen Heilsgeschichte säkularisierten Perfektionierung ,hier auf Erden schon'. (Die neoliberale britische Regierungschefin Thatcher bestritt sogar, dass es überhaupt so etwas wie Gesellschaft gebe und setzte ausschließlich auf für sich selbst verantwortliche Individuen.) Religion sollte im Neoliberalismus in Kooperation mit dem Staat die gesellschaftlich-kulturelle Forderung und Förderung der Einzelnen mit leisten und begleiten (wobei die christliche Religion im Sinne Jesu gerade nichts mit Leisten und Integration in eine religiös-nationale Einheit oder mit moralischer Erbauung in einer möglichst homogenen Zivilgesellschaft zu tun hat, sondern ,umsonst' ist, und darin ein Gegenmodell zum neoliberalen individualistischen Leistungs- und Selbstverwirklichungslebensstil sein kann.) Diese Art Zivilreligion soll den reduziertesten christlichen und sogar überhaupt religiösen Allgemeinnenner und die höchste religiöse Allgemeinakzeptanz verbürgen (übrigens mit der Wirkung in der wissenschaftlichen Theologie, dass sich nur noch wenige Experten und Expertinnen mit ökumenischer Theologie beschäftigen). Sie soll mit dieser religiösen und moralischen Reduktion die immer höhere Komplexität der modernen Lebenslagen und den nachtraditionalen Verlust an gemeinsamen Sinn-Ressourcen in einfachen Lösungs-Worten und Symbolhandlungen verständlich und verbindlich machen und in eindeutigen Handlungsanweisungen formulieren und handhabbar machen. Religion soll aber gleichzeitig weder reduziert werden auf rein säkulare Heilsangebote, denn dann wäre sie eine letztlich überflüssige Affirmationsagentur ohne ein Alleinstellungsmerkmal, die nicht mehr ,von außen' eine distanzierte kritische Sicht und alternative Entwicklungsprozesse in die Gesellschaft einbringen könnte und nicht mehr mit dem accessoiremäßigen entlastenden Mysteriösen bis Kitschigen, mit dem Kindlich-Emotionalen und mit den beiläufigen Segnungsevents von der Taufe bis zur Beerdigung den Gehetzten Entspannungs- und Ruheecken anbieten könnte. Und Religion soll ebenso wenig ins Metaphysisch-Jenseitige entschweben, weil sie dann die Gesellschaft nicht mehr zu erreichen vermag und keinen Spaß macht, weil sie Himmel und Erde nicht mehr kurz zu schließen vermag. Sie soll den Beziehungs-Alltagsstress durch Erleichterungspraktiken ohne Verantwortung und ohne Anspruch auf Verpflichtung und Verbindlichkeiten erträglich machen, gewissermaßen für die Individuen ein religiöses Nullsummenspiel veranstalten. Aber wenn auch dieses religiöse Spiel nicht mehr trägt und die Nachfrage verebbt, dann wird Religion gleichgültig: „Wenn das, was nicht eindeutig ist, nicht so wichtig (sc. brauchbar) ist, dann wird es eher gleichgültig … Der Gleichgültige erkennt Ambiguität (oder wittert sie zumindest, ohne es sich bewusst zu machen) und wendet sich deshalb vom ambiguitätshaltigen Phänomen (sc. Religion) ab". Religiöse Gleichgültigkeit ist „Resultat einer schwindenden Ambiguitätstoleranz in durchbürokratisierten, hochtechnisierten und vor allem kapitalistischen Gesellschaften. Traditionelle Religiosität erscheint hier zunehmend entbehrlich und unattraktiv" (Bauer, 2018, 38f.).

Die sogenannte Erleichterungsreligiosität der Nachkriegsjahre wurde weiter subjektiviert, nämlich in den einzelnen Menschen hinein verlegt, sodass dieser zum religiösen Selbstversorger und schließlich zum religiösen Selbsterfinder werden kann und soll, der sich im Rahmen christlicher Events und in der Zivilgesellschaft ,förmlich' christlich-religiös gibt. Das Neue an der sich in den vergangenen 10 bis 20 Jahren verbreitenden neoliberalen ,Selfie'-Religiosität besteht darin, dass sie im Windschatten der geschilderten kompensatorischen Funktionen im Blick auf Arbeit, Alltagsstress und Gesellschaft in typisch protestantischer Tradition im Trend des Neoliberalismus zu Selbstbeobachtung und Selbstprüfung führen soll und in seiner Einkleidung als Subjektivierungsimperativ konsequent eine gesteigerte Selbstoptimierung als göttliches Gebot in das Seeleninnere des Neoliberalen einschreibt: „Im Vollzug der lutherischen

Reformation, der Mutter aller Umstrukturierungen und Change-Prozesse, haben sie das Pastorat der Seelen (sc. die geistliche Führung durch den Guten Hirten, z.b. aus Psalm 23) in den Seelen selbst verankert" (Bartmann, 2012, 139). Die damit gegebene Idee, dass man unablässig an sich arbeiten und sich dabei auch religiös geben müsse, „richtet sich nicht allein auf den Körper. Einer der populärsten Mythen der Postmoderne besteht darin, dass auch im beruflichen und gesellschaftlichen Bereich alles möglich ist, wenn man sich nur genügend anstrengt. Dieser Gedanke ist tief in der puritanischen Theologie und im amerikanischen Transzendentalismus verwurzelt, laut denen das wahre Selbst kein Schmetterling ist, der von seinen Fesseln befreit werden muss, sondern etwas, das erst durch harte Arbeit zum Vorschein gebracht werden kann" (Strenger, 2017, 78f.). Diese christlich insinuierte pastorale Macht wirkt individualisierend, indem sie sich gleichzeitig auf den Einzelnen und auf die Gemeinde-Herde richtet.

In dieser neoliberalen, die Erleichterungsreligion weiterführenden und verändernden Religiosität der (digital gesteuerten) Selbststeuerung fallen Gott und Mensch, Geschöpf und Schöpfer letztlich in eins und erübrigen letztlich Religion. In dieser neumythologischen Religiosität des ‚wahren (schöpferischen) Selbst' werden herkömmliche christliche Theologumena umgeschrieben, z.B. wird die Sünde, die theologisch als „das radikal Böse" oder als das Getrenntsein von Gott, von den Mitmenschen und von der Natur und als Gefangensein in sich selbst definiert wird, neoliberal zu einem Verstoß gegen Gesetze und auf moralisch-juristische Schuld verharmlost (Habermas, 2001, 20–25). Freiheit und Liebe, die in christlicher Tradition als Widerfahrnisse des Anerkannt- und Verändertwerdens durch den Anderen im Namen Gottes erfahren und interpretiert werden, kehren sich um in Selbstermächtigung und in Selbstinszenierungsleistungen des modernen Individualisten, der zwischen Egozentrik und Egoismus schillert. Gnade wird in einer solchen ‚nachbürgerlichen Religion' zum Steigbügel für Karrieren, und Vergebung wird zum verzeihenden Lastenausgleich zwischen geschädigten ‚Monaden' (Metz, 1980, 7f.; Habermas, 1999, 253).

Dagegen kann sich eine Theologie, die sich nicht als anpassende Akzeptanzbeschafferin des radikal individualisierenden Neoliberalismus versteht und verhält, als selbstkritische Wahrnehmungswissenschaft im Horizont unserer Kommunikationen erinnernd zurückbeziehen auf ihre jesuanische ‚Widerfahrnishermeneutik' und deren ‚Einladungs- und Erinnerungscharakter' (Metz, 1980). Mit Terry Eagleton kann man konkretisieren: „Im christlichen Glauben geht es allerdings nicht um moralische Erbauung, politische Einheit oder ästhetischen Zauber. Sie geht auch nicht von der ominösen Unschärfe einer ‚unendlichen Verantwortung' aus. Ihr Ausgangspunkt ist ein gekreuzigter menschlicher

Körper" (Eagleton, 2015, 252). Im sinnlich-körperlichen Kommunizieren und im Reflektieren im Alltag (Luther, 1992, 9ff.), also im Horizont des sozial einge-bundenen Subjektes und weder im Blick auf ,objektive' Vorgaben noch als pure Selbstermächtigung, geschieht Glauben und entspringt Theologisieren, das sich nicht mit dem Gegebenen abfindet. Solche Theologie bezieht Stellung gegen den liberalen Individualismus, der „das Individuum preist und es zugleich ignoriert" (d'Arcais, 2009, 44), indem es die einzelne Person schon immer politisch ver-allgemeinert und deren jeweilige Einzigartigkeit übergeht. Verstärkt wird dieser Spagat von individueller Aktivität und verallgemeinerter Betroffenheit in der „Datenreligion", weil hier der Einzelne von der Datenflut gleichsam aufgesogen wird (Harari, 2018, 563ff.).

(3.2.) Religiöse Individualisierungsschübe und Anfragen

Auf dem Weg zu dem heute dominierenden, neoliberalen ,Ich'-Kult, den die ,Ichlinge' vor allem in der Politik verkörpern (Daniela Vates, in: FR vom 05.12.2017, 2, zu Markus Söder), findet man vielfältige positive wie negative Vorläufer der soziologisch als *Individualisierung* beschriebenen Konzentrierung auf den einzelnen Menschen (Beck, Beck-Gernsheim, 1990, 7–19; Janke, 1987, 118–123). An beispielhaften Aufbruchspersonen und Umbruchsituationen in der nahen und ferneren Geschichte unseres Kulturkreises kann dies verdeut-licht werden: etwa am Auftreten des jüdischen Reformers Jesus von Nazareth. Er nahm sich der Menschen an quer durch die religiösen und sozialen Schichten des damaligen Judentums und anerkannte den Einzelnen in seiner Einzigartig-keit und Würde als Geschöpf Gottes. Der Kirchenvater Augustinus (354–430) schätzte die persönliche Beziehung zu Gott hoch ein und machte mit teils psy-chologischen, teils neuplatonisch-mystischen Bildern auf das Individuelle und Innerliche, auf das Seelische und die Selbstbeteiligung im Glaubensleben auf-merksam (Janke, 1987, 119; Taylor, 2016, 235–261; Bürger, 1998, 29ff.). Mittel-alterliche kirchenkritische Reformbewegungen riefen den Einzelnen in seiner Gemeinschaft zu persönlicher Buße und innerem Glauben auf, was dann wie-der in den freikirchlichen Reformbewegungen der Neuzeit mit ihrem nahezu existentialistischen Verständnis des Entscheidungs- und Bekehrungsglaubens zu finden war. Diesen Freikirchlern verdanken wir die neuzeitliche Religionsfrei-heit als Recht des Einzelnen.

Aber diese in sich nicht homogene Entwicklung wäre nicht möglich gewesen ohne die Verinnerlichungsdynamik der augustinischen Glaubenskultur: „Die Sprache der Innerlichkeit ist ... von entscheidender Bedeutung für Augustin. Sie repräsentiert eine durch und durch neue Lehre der moralischen Ressourcen: eine

Lehre, wonach der Weg zum Höheren durch das Innere führt. In dieser Lehre nimmt die radikale Reflexivität einen anderen Rang ein als bisher, denn sie gibt den ‚Raum' ab, in dem wir Gott begegnen und in dem wir die Wende vom Niedrigeren zum Höheren vollziehen. ... Augustin ist der Urheber jener Strömung der abendländischen Spiritualität, die die Gewißheit Gottes im Inneren sucht. ... Meine Erfahrung des eigenen Denkens bringt mich in Verbindung mit einer Vollkommenheit, die sich als unerläßliche Bedingung dieses Denkens erweist und zugleich als etwas, was weit über meine endliche Reichweite und mein Vermögen hinausgeht, ihrer habhaft zu werden. Demnach muß es ein höheres Wesen geben, von dem all dies abhängig ist, d. h. Gott" (Taylor, 2016, 257f.). Dieser Gott wird vom menschlichen Denken vorausgesetzt (auch z.B. in Kants Postulat der Idee Gottes), ist aber nicht dessen Erzeugnis. Mit diesen Vorstellungen hat Augustinus in vielem und vor allem im Ansatz die beziehungsorientierte Theologie Martin Luthers (1483–1546) und die subjekt-orientierte, ‚verinnerlichende' Philosophie des Descartes (1596–1650) vorweggenommen.

Den wohl breitenwirksamsten Schub einer Individualisierung und Pluralisierung der Glaubens- und Lebensstile brachten, wie bereits ansatzweise gezeigt, die in Italien aufgekommenen Renaissance und Humanismus und die in Deutschland entstandene Reformation. „An die Stelle von institutioneller Außenlenkung tritt eine allein an Gottes unverfügbarem Wort orientierte Innenleitung" (Graf, 2017, 73). Mit solchen Umbrüchen begann die Neuzeit, z. B. durch Nikolaus von Kues (1410–1464), der das singuläre Sein als Geschenk Gottes und die Verschiedenheit der Individuen als je einzigartige Spiegelungen des Universums als Reichtum und nicht als Mangel bestimmte (Janke, 1987, 119). Die Selbstentdeckung des neugierig gewordenen Menschen war initiiert, der sich in Freiheitserlebnissen und ebenso in Gewissensqualen von der zwanghaft dominanten kirchlichen Bevormundung befreite und bis dahin unverrückbar gültige Dogmen und wissenschaftliche Wahrheiten relativierte und neu fasste, so z.B. mit dem revolutionären Schritt von dem geozentrischen zum heliozentrischen Weltbild und der pantheistisch begründeten These des Giordano Bruno (1548–1600) von dem unendlichen Weltall. Im Zuge des Pluralisierungsschubes kann und muss der Einzelne in seiner persönlichen, durch die Reformation Luthers der römisch-katholischen Kirche entzogenen Beziehung zu Gott seinen Glaubens- und Lebensstil jetzt aus eigener Verantwortung wählen und leben. Erste Legitimierungsverluste und Traditionsabbrüche machten den einen Angst und beflügelten die anderen zu neuen Perspektiven und Entdeckungen.

Dieser dynamische Trend einer „Icherweckung" nahm immer mehr Fahrt auf, wie ein Zug, auf den viele aufsprangen, aber auch nicht wenige keinen Halt mehr fanden und unter die Räder kamen, bis in die spätmodernen

Individualisierungs- und Beschleunigungsprozesse hinein, die pathologische Anzeichen einer „autistischen Gesellschaft" ohne dialogische Begegnungen, ohne tragende Beziehungen und ohne Resonanzen zeigen (Lempp, 1996, 87ff.; Rosa, 2005, 112ff.; Rosa, 2012, 9; Bürger 1998, 9–28, 217ff.). „Je reicher das Angebot konkurrierender Weltmöglichkeiten, desto leuchtender zeigen sich *Ich* und *Ichselbst*. Die *dritte Moderne* ist deshalb eine *Icherweckungsbewegung*. Sie wendet sich auf sich selbst zurück. *Selbst, Individuum, Identität und Ich* als eine Art heilige Summenformel, in der die Zeit sich beschreibt und beschwört, treten in den Vordergrund, die Erlösungsvorstellung wird *innerlich*. Geläutert und gereinigt werden muß ein Ich, das sich näherkommen will: purgativ, illuminativ und vereint in und mit sich" (Gross, 1999, 263f.). Und mit dieser Ego-Zentrierung als Suche nach sich selbst unter der Rousseau'schen Voraussetzung eines reinen, natürlichen Kern-Ichs, das es herauszudestillieren und zu realisieren gilt, erreicht sich der Einzelne aber gerade nicht in seinen egomanen Anstrengungen, ja: Er kann sich ‚selbst' gar nicht erreichen, weil dies Stillstand, so etwas wie eine endgültige Identität, eine Implosion bedeuten würde. In der Suche nach sich selbst verschwindet der Einzelne paradoxerweise, indem er durch Selbstermächtigung in seinen eigenen Möglichkeiten herumkreist, sich also gar nicht verändern kann, sondern sich in sich selbst ‚inkurviert' (Luther) und dabei als Einzigartiger auch für die Anderen verschwindet. Aber je weiter das ‚Ich' verschwindet, desto höher wird es individuell und gesellschaftlich mit Erlösungswünschen und Heilsbildern und entsprechenden Imperativen zu deren Realisierung aufgeladen und desto sehnsüchtiger wird es in religiösen Erlösungsbildern und gesellschaftlichen Utopien erwartet und nach jeder notwendigen Enttäuschung, weil das ‚Ich' nicht sich selbst ‚her-stellen' kann, noch intensiver gesucht (Liessmann, 2007, 9–17). Und mit dieser Ich-Zentrierung verschwinden Utopien und Erwartungen einer Revolution um der Suche nach dem wahren Selbst willen (Strenger, 2017, 52). Raum und Zeit ziehen sich zusammen, sie implodieren in das punktflächige präsentische ‚Profil'. Theologisch formuliert: Jeder Augenblick muss sich eschatologisch als Heilsaugenblick, als Kairos, ereignen, sodass sich die biografische Geschichte, die Verortung, die Nächsten, die Natur, das Außerhalb zusammenziehen zum Ich-Innern. Und dieses „herrschaftliche, unterwerfende Subjekt", das ‚bürgerliche Individuum', drängt „nichtherrscherliche Tugenden wie Dankbarkeit und Freundlichkeit, Leidensfähigkeit und Sympathie, Trauer und Zärtlichkeit", Trösten und Vergeben zurück (Metz, 1980, 52). Das ‚Ich' empfindet Bindungen als Last und hält folgerichtig Verantwortung für Andere, für die Natur und – paradox genug: – für sich selbst als Ballast und das Eingebundensein in (nicht-virtuelle) Gemeinschaft für überflüssig. Es macht sich selbst zur Lebensaufgabe, zu einem auf Emotionalität gebauten und bestenfalls Affektgemeinschaften bildenden Projekt (Rauterberg, 2018, 14f.), zu einem Marktanteil und opfert Freundschaft und Liebe, Vertrauen und Hoffen dem Utilitarismus seiner Selbsterlösung durch Selbstdarstellung. Der neoliberal-postmoderne Mensch setzt sich, wie Horst-Eberhard Richter kritisch beschrieben hat, an die Stelle Gottes, die er aber weder erreichen noch ausfüllen kann (Richter 2005, 19ff.; Richter 2006, 20). Wenn der neoliberale Mensch religionskritisch die Vorstellung von einem allmächtigen Gott dekonstruierte in einen befreienden Gott, dann dekonstruierte er zugleich sich selbst als bislang eigenaktiv befreienden Menschen in einen Menschen, der sich vom Ergehen und Widerfahren der Anderen und der Natur überraschen und konstituieren lässt. Man kann diese Umkehrbewegung theologisch formulieren im Sinne einer Bußbewegung: In Anknüpfung an das mythologische Bild von der Menschwerdung (Inkarnation) Gottes bleibt die Hoffnung wach, dass beide: der allmächtig vorgestellte Gott und der diese vorgestellte Stelle usurpierende neoliberale Mensch, aus ihrer einsamen (vorgestellten) Höhe herabsteigen in die Menschen- und Naturwelt mit ihren Höhen und Tiefen. „Und der König stieg herab von seinem Thron", so geschieht Dekonstruktion neoliberaler Allmachtsphantasien und Fundamentalismen über Gott und Menschen (Zilleßen, Gerber, 1997, 14ff.).

(3.3.) Selbstfindung und Selbstdarstellung als Dynamik von Religion(en) und auch in der Großen Politik?

In den (typisch westlichen) ‚Selfie'-Gesellschaften sind in paradoxer Weise einerseits globalisierende und zugleich andererseits individualisierend-verinnerlichende Dynamiken am Werk. Generiert die Logik der ‚Ich'-Konzentration zugleich eine umgekehrte globalisierend wirkende, entgrenzende Logik in Partnerschaften, Ehen für alle, Patchwork-Familien, multiethnischen Gesellschaften, in Nationen und weitergehend in Gemeinschaften wie der EU und im Welthorizont? Stark auf die Einzelperson zugeschnittene politische Bewegungen, z.B. in Ungarn, Polen, Österreich, der Türkei, und Staatspräsidenten in monarchisch-autokratischer Manier eines Trump, aber auch ansatzweise Entdemokratisierungsprozesse durch eine Personalisierung und Subjektivierung der Politik auch in der Bundesrepublik Deutschland machen aus Parteiendemokratien so etwas wie Personenkult-Systeme. Bislang konstitutiv verbindende demokratische Elemente drohen verloren zu gehen (Levitsky, Ziblatt, 2018). Steckt in solchen Dynamiken auf den drei Ebenen des Individuums, der Gesellschaft/National-staat und der globalen Institutionen derzeit die gleichzeitige zentrifugale und zentripedale Dynamik, die sich auf der Globalebene als neonationalistische Bewegungen und Renationalisierungsschübe zeigen? Ulrich Beck hat in seinem

Buch „Die Metamorphose der Welt" (2017) auf die gegenteilige Bewegung hingewiesen, dass die Welt schrittweise in die eine digitale Ebene verschmelzen wird im Kampf der vernetzten homines cosmopolitici-Gewinner unter mehr oder weniger offenem und brutalem Ausschluss der analogen Neandertaler-Verlierer. Und zugleich tritt das ‚Ich' der Politiker und Politikerinnen wie Trump, Erdogan, Putin, Assad, Orban meistens mit verheerenden Folgen in den Vordergrund. Lassen sich zunehmende nationale Alleingänge, etwa der Brexit, das Ausscheren der USA oder Kataloniens Unabhängigkeitsstreben parallelisieren mit dem paradoxen Prozess der konzentrierenden und zugleich entgrenzenden ‚Ich-Werdung'? Entstehen vom ‚digitalen Mittelpunkt' aus neue Räume, in denen sich das Individuum, ebenso Gesellschaften, Nationen, Länderunionen und ebenso die Weltgemeinschaft mittels paralleler Selbststrukturierungen einrichten müssen, stets verbunden mit Risiken, mit „zunehmender Ungewissheit" und einem neuen globalen Umverteilungskampf (Beck, 2017, 251f.)?

Auch die Religionen- und Weltanschauungslandschaft pluralisiert sich weiter in Klein- und Kleinstgruppen. So haben Freikirchen mit ihren teils fundamentalistischen Ordnungen und rigorosen Ritualisierungen, mit charismatisch-meditativem Zu-sich-selbst-Kommen und gleichzeitig geistlicher Sicherheit, mit familiär gestalteten spirituellen Gottesdiensten und christlichen Kindergarten- und Schulangeboten desto mehr Zulauf je unsicherer die Zeiten empfunden werden. Bekennende Säkulare und Atheisten, Moralisten und Identitäre, Weltanschauungsnomaden und in Bürgerinitiativen Aktive versammeln sich in politisch aktiven und sich beinahe hermetisch abriegelnden Zirkeln. Die Kluft zwischen dem bis zur ‚Monade' individualisierten und zum Konsumenten verdinglichten Einzelnen und den die Welt beherrschenden wirtschaftlichen und politischen Welt-Institutionen und -organisationen, den Globalplayers, ruft aufseiten der Menschen einerseits immer stärkere Ohnmachtsgefühle, Vereinsamungs- und Abstiegsängste hervor und provoziert andererseits vielfältige Protesthaltungen und Parallel- und Anti-Gruppen. Der Einzelne will, je mehr sein Leben auf dem Spiel steht, zu seiner Freiheit, zu seinem Recht auf menschenwürdiges Leben, zu Chancen seiner Selbstinszenierung kommen. Und an diesem Punkt hat z.B. der Egozentriker Trump mit seiner ‚Selfie'-Mentalität – vielleicht wie der Rattenfänger von Hameln – verunsicherten und sehnsüchtigen Wählerinnen und Wählern eine stellvertretende Identität wie ein Surrogat verliehen, dem die Gefangenen nicht mehr entfliehen können (und wollen).

Wenn Religionen, religiöse Bewegungen, Weltanschauungen das sozial-politische Errettungsszenario in möglichst einfachem Anschauungsmaterial versprechen, dann haben sie Zulauf. Die Bilder von einer Erlösung mit apokalyptischen Versprechen einer endgültigen Erlösung im Jenseits spätestens am Ende der

Weltzeit – die für Christentum und Islam aus verschiedenen Gründen konstitutiv sind – verlieren vor allem in westlich geprägten Richtungen des Christentums an Anziehungskraft und Plausibilität. Hier findet sich die Bandbreite von einer individuellen Selbst(er)findungsreligiosität und Selbstdarstellungsritualität bis zum lautlosen Verabschieden von Kirche und überhaupt Religiosität.

Auf dieser Ebene der Individuen gedeiht nach-religiöse oder nach-konfessionelle Religion, wie Ulrich Beck ausgeführt hat (Beck, Beck-Gernsheim, 1990, 222ff.; Beck, 1995, 62f.): die ‚irdische Religion der Liebe zu zweit‘ im Innersten der Liebes-Partner und -partnerinnen. Diese Liebes-Religiosität ist keine Nächstenliebe, sondern sie ist „Liebsten-Liebe“ in jedem Einzelnen, die jede und jeder aufkündigen kann (Beck Beck-Gernsheim, 1990, 238). Auf Ehe- und Familienebene steigen Scheidungszahlen, Single-Partnerschaften nehmen zu und ebenso Patchwork- und Regenbogen-Familien. Auf der Ebene von Nationen, Ländern, Staaten werden – verstärkt durch Migrationsbewegungen der letzten Jahre – Leitkulturen und nationale Alleinstellungsmerkmale, oft verbunden mit Religionskriterien wie christlich oder islamisch, ins Feld geführt. Solche Krisen äußern sich auf der Globalisierungsebene wie der EU in Zerreißproben und Ausgrenzungen, meistens vorangetrieben durch Bankenkrisen wie 2008, durch Wirtschafts- und Gesellschaftskrisen. Im Folgenden wird diese globale Perspektive eine untergeordnete Rolle spielen.

Ein Nachtrag zum Problemfeld Politik: Im ökonomischen System verschieben die Konzern-Manager unter Mithilfe von Politikern und Politikerinnen, die mit Lobbyismen liiert sind, die Verantwortung für vieles Elend zusehends auf die Individuen. Aber diese können mit ihrem Konsumverhalten keine durchschlagenden Veränderungen erzielen und werden oft zu gleichgültigen Zynikern und Wutbürgern und fördern eine Individualisierung, deren Ziel das gesamtgesellschaftliche Desengagement ist und deren Produkt Ohnmachtsgefühle, Rückzug ins Private, Vereinzelung sind. Die politischen und ökonomischen Machthaber „treiben quasi die Idee, dass alles eine Frage der individuellen Moral ist, auf die Spitze – und machen dadurch politisches Handeln lächerlich“ (Valentin Beck, in: DIE ZEIT vom 16.08.2018, 6). Die (Pseudo-)Liberalen schanzen deswegen vom hohen Pferd herab dem Fußvolk huldvoll eigenes Entscheiden zu – ja, aber für was denn, wenn diese sich aus der Verantwortung stehlen und alle Rollen des Verlierens gleich mitliefern, um die Individuen im Griff zu behalten? Solcher Pseudoindividualismus verspricht Freiheit dem Liberalen und „feiert ausschließlich die Hybris des (sc. von den Machthabern) Gegebenen. In dieser Eindimensionalität erlischt die Autonomie im Wettbewerb zwischen einander zum Verwechseln ähnlichen Gleich-Gültigen“ (d'Arcais, 2009, 45).

(3.4.) Ein Seitenblick: Das ‚Selfie'-Ich in Literatur und Kunst – Beispiele

Derzeit rücken viele Schriftsteller und Schriftstellerinnen einerseits biografisch orientierte Erzählungen über kulturell und politisch wichtige und interessante Personen oder Abschnitte ihrer eigenen Biografie in den Vordergrund. Nicht mehr als Romankompositionen z.b. einer Familie oder sonstigen Gruppierung, sondern am Leitfaden und aus der Sicht von Individuen, die irgendwann auch kommunizieren. Ein Beispiel von Juli Zeh aus ihrem Roman „Unterleuten" mag dies verdeutlichen (2016, 417): „Zum ersten Mal, seit er Linda kannte, erblickte er in ihr die Vertreterin einer anderen Spezies. Linda war nur zwei Jahre jünger und trotzdem niemals auf einer Loveparade gewesen. Sie gehörte keiner Bewegung an und empfand auch kein Bedürfnis danach. Sie interessierte sich nicht für Spaß und glaubte nicht daran, dass Erfolg etwas war, das sich von selbst einstellte, wenn man nur entspannt blieb. Alles in Linda strebte, ganz egal, ob das Ziel nun Bergamotte (sc. ihr Pferd), Objekt 108 (sc. Haus) oder Unterleuten (sc. der Ort des Romans) hieß... Eigentlich gehörte sie zu einer Generation, deren turnschuhtragenden und Sushi-essenden Vertretern schon der Besitz einer Hauskatze als unerträgliche Verantwortung erschien. ‚Haus bauen, Baum pflanzen, Kind zeugen' war kein Glücksrezept mehr, sondern eine Horrorvision. Die Ewigpubertierenden wollten sich alles offenhalten und wunderten sich dann über Orientierungslosigkeit" (Zeh, 2016, 460). Sie leben in „dem Zeitalter bedingungsloser Egozentrik. Wenn der Glaube an das Gute versagte, musste er durch den Glauben an das Eigene ersetzt werden. Sich dagegen wehren zu wollen, wäre gleichbedeutend mit dem Aufstand gegen ein Naturgesetz" (Zeh, 2016, 614). Also: Schluss mit der gutgläubigen Spaßgesellschaft, mit gemeinsamen Aktionen und Interessen, mit Engagement und Verantwortung, mit Heldentum und Positionierung. Alles soll offen bleiben, jede und jeder strebt ziellos, sodass Zukunft und Vergangenheit, Hoffnungen und Erinnerungen sich zu einer Gegenwart des Strebens zusammenziehen, die paradoxer Weise als Beschleunigungssyndrom erfahren wird (Rosa, 2012, 269ff.). Dieser Erlösungspunkt oder religiöse Kairos soll den Einzelnen hier und jetzt überkommen und die Sehnsucht nach (späterem) Erlöstwerden auslöschen: endlich frei von Gesellschaft, Kirche, Weltanschauung und Normen, von anderen Menschen und von der Verantwortung für andere Menschen und für die Natur und für sich selbst! So ist, wie Ralf Konersmann gezeigt hat, aus dem antiken Ideal der Seelenruhe die westliche Kultur der permanenten Unruhe geworden, die in die Körper, Seelen und Gehirne der Umtriebsam-Getriebenen wie selbstverständlich und unhintergehbar eingeschrieben ist (Konersmann, 2015, 7–19). Und zugleich ist das Ich dankbar für erschöpfte Ruhe.

In seinem Schauspiel „Die Unschuldigen, ich und die Unbekannte am Rand der Landstraße" geht es Peter Handke um die Spaltung des ‚Ich' in ein ‚Ich, Erzähler' und ein ‚Ich, der Dramatische': „Und ICH? Wer bin ‚ich', wer ist ‚ich' hier? Und wer oder was bin ich? Ich kann es nicht sagen. Was ich sagen kann: Dieses ‚Ich' verwandelt sich nun unversehens, ohne daß ich weiß, wie mir geschieht, in einen anderen als der, welcher ich, so oder so, je gewesen bin oder der je mir vorgeschwebt hat. ‚Ich' dort am Rande der Landstraße nehme etwas Dramatisches an, springe auf, samt Schattenboxen gegen Phantome, und auch die Szenerie, in der ich mich auf dem Stapel hocken sehe, erscheint mir als eine dramatische, gar wüste, samt jähem Wind-, ja Sturmröhren" (Handke, 2015, 8). Claus Peymann, der dieses Stück am Wiener Burgtheater ab November 2015 probte, attestierte Handke das Gespür für eine tiefe Bedrohung sogar der Menschheit: „Davon handelt das neue Stück Handkes: von der Einsamkeit, vom Elfenbeinturm, von der großen Sehnsucht – und von der Entscheidungsschlacht des Ich gegen alle" (DIE ZEIT vom 30.12.2015, 42). Und Peymann fährt fort: „Es herrscht ein Zustand der absoluten Verunsicherung – und zugleich der allgemeinen Ich-Show unter den jungen Leuten, was sie leicht zu Opfern werden lässt… Dies ist die bestinformierte Generation, die es je gab, mit ihrem Smartphone haben sie Zugriff auf alles, jeder hat in seinem Handy die British Library, und doch: Sie wissen nichts mehr. Es herrscht eine hochinformierte Blindheit und Unwissenheit". Dies sei Ausdruck einer radikalen Geschichtslosigkeit, aber nicht als Ende der Geschichte in einem Erfüllungsszenario, sondern als ‚Ich-Show' ohne zeitliche Ausdehnung und ohne geschichtsbezogene Verantwortung (Rosa, 2005, 460ff.): Das Ich als postmoderne Monade, eben der, die, das Selfie, vielleicht postfaktisch, als Täter und Opfer zugleich. Und dieses ‚Selfie' sieht Handke gedoppelt, als eine Zweiheit, indem das Ich sich sucht in seiner ‚Ich-Jagd', was ein modernes Phänomen ist (Gross, 1999, 13ff.). Indem dieses Ich sich zu finden versucht, wird es zu einem Ich, das sich begehrt, das vor seiner Suche schon geteilt, gespalten, zwischen zwei Mächte gespannt ist. Dieses Doppel-Ich entgrenzt sich suchend in ein multiples Ich mit vielen Identitäten, in ein Facebook-Schwarm-Ich, aus dem Kollektiv in ein mittelpunktloses Konnektiv, in Information pur.

Handkes ‚Entscheidungsschlacht' um die Unabhängigkeit des sich und andere begehrenden Ichs lässt sich mit Peter Gross „als Freiheit von der Selbstvergottung" indizieren: „Das langsame Hineintauchen in sich führt zur Anerkennung eines prekären Selbstverhältnisses, weg vom Ich als heiliger Reliquie, leuchtendem Gral, individueller, irgendwie zu packender Identität, und läßt einen offenen Kosmos aufleuchten. Um diesen zu sehen, muß man sich ausräuchern aus der inneren Festung. Leer werden, um offen zu werden. Denn wer sich haben will, verzweifelt sich selbst sein will, sich jagt und jagt, wird man früher oder später bemerken, daß man sich sowenig besitzen kann wie andere. Eine fundamentale Besitzlosigkeit als geteiltes Schicksal. Selbstgewißheit als prinzipielle Ichungewißtheit. Das ist der einfache Leitfaden der Selbstübersetzung in andere, der, ein schwaches Wort dafür, *Intersubjektivität* ermöglicht" (Gross, 1999, 295).

Die österreichische Künstlerin Maria Lassnig (1919–2014) hat ihre körperlichen Emotionen auf Papier sichtbar gemacht, gleichsam als deren Nach-Zeichnungen und als Projekt zum Wahrnehmen subjektiver Körperexpressivität. Ihr Nachspüren der Körper-Wahrnehmung, ihr Subjekt-Empfinden hat sie zum Bild gestaltet (wobei sich Wahr-Nehmen als das sinnenbezogene für wahr Nehmen von Widerfahrnissen ereignet und nicht als Konstatieren einer objektiven Wahrheit). Nicht was sie sah oder was sie dachte, sondern wie sie sich spürte in ihrer Introspektion, brachte sie zu Papier. Es ging ihr nicht um das Wiedergeben ihrer sichtbaren Welt, sondern um die malerisch-künstlerische Expression ihres Körperbefindens. Aber sie landet nicht bei einem ästhetischen Subjektivismus, weil sie sich zugleich im Außen, in der begegnenden Welt, im Widerfahrnis des einzigartigen Gegenübers – Mensch oder Tier – gleichsam festgehalten weiß: „Diese Zwiesprache mit innen und außen" drückt sich deutlich in den Porträts von sich selbst, von anderen Menschen und von Tieren aus (Ausstellungsbeschreibung, Kunstmuseum Basel, 2018). Das Spannende in Lassnigs Body-awareness-Arbeiten ist das experimentelle Ineinander von subjektiver Körpererfahrung in künstlerischer Darstellung und der gleichzeitigen Sinnlichkeitsrealität. Subjektivität gestaltet sich, Individualität manifestiert sich in Körper-Wahrnehmungen. Hier können theologische Gedanken zum Widerfahrnis von Inkarnation als Subjekt-Werdung angeknüpft werden als „der immerwährende Versuch, ihn (sc. Gott) zu umschreiben, da er eigentlich unerreichbar bleibt. Und in dieser Unerreichbarkeit zeigt sich seine Macht" (Diskussionsbeitrag einer Studentin). Kunst und Religion sind keine Möglichkeiten – etwa im Sinne einer Bewusstseinshermeneutik -, im Gegensatz zu den sogenannten positiven, lösungsorientierten Wissenschaften, sondern sie spüren nach, gehen nach, antworten im Sinne von Unterstellungen, Projektionen, Manifestationen, eben auch Bildern, die ihre Verbindlichkeit nicht von außen erhalten und diese nicht nach außen begründen können. Kunst und Religion als subjektive, individuelle auf der Klinge von ‚innen' und ‚außen' sich vollziehende Prozesse der Individuum- und Subjekt-Werdung?

Der Maler Balthus (Balthasar Klossowski de Rola, 1908–2001) hat die Individualisierung in seiner Arbeit „Die Straße" (La Rue, 1933) als Ansammlung von neun Personen in einem dicht umbauten (Pariser) Straßenzug getroffen. Obwohl acht Personen in Bewegung dargestellt werden, bleibt jede dieser Personen derart auf sich selbst bezogen, dass sie wie moderne Ikonen wirken. Es sind

Einzelne, „gemeinsam auf einer Straße, und bilden doch jeder mit sich allein keine Gesellschaft" (FR 07.11.2018, 30f.) – gemalte Menschen-Monaden, Schablonen, erstarrte Individuen. Peter Iden kommentierte dieses Werk mit einem „auffälligen Defizit an Verbindung zwischen den auftretenden Personen" als ein „modernes Gesellschaftsbild". Es könnten Selfies sein (vgl. Rauterberg, 2018, 49ff., zur Diskussion über Balthus' skandalumwittertes Gemälde „Therese, träumend", 1938; Artinside, Ausgabe Herbst 2018, 18–21).

Einen interessanten Hinweis hat Ulrich Traub zu den Ausstellungen „Malerfürsten" und „Der Flaneur" (Bonn, bis Januar 2019) unter der Überschrift „Selfies im 19. Jahrhundert" gegeben zur Selbstinszenierung von Kunst: „Nicht die Werke stehen im Mittelpunkt, obwohl alle handwerklich hervorragende Maler gewesen seien, … sondern die Persönlichkeiten. Denn das wichtigste Kriterium für die Rolle eines Malerfürsten sei die Selbstinszenierung in und für die Öffentlichkeit gewesen … Die Herren Künstler setzten auch ihre Frauen als Diven und Musen pompös in Szene. Selbst die Kinder gehörten als Bildmotive zur Selbstdarstellung dazu" (Badische Z. vom 11.10.2018, 11).

(IV) Weitere Spurensuche nach dem ‚Selfie'-Subjekt

(4.1.) Der Mensch als individueller Körper und zugleich verbunden in dem Geist/Seele/Logos: der metaphysische Mensch

Der einzelne Mensch, auch als Individuum bezeichnet aus dem Lateinischen: das, der, die Unteilbare, war für Griechen, Römer und für das entstehende Christentum die individuelle ‚materielle' Verkörperung einer ewigen, unsterblichen Geist-Seele in einem sterblichen Menschen (Janke, 1987, 117.). Ein Bild dafür war die Vorstellung, dass die menschlichen Geist-Seelen so etwas wie ‚verstreute Ableger' (logoi spermatikoi) des einen Gottes-Logos sind, der als Inbegriff der Wahrheit, des Gutseins, der Schönheit und Ordnung in und über allem herrscht. Diese ‚logoi' sind eingeschlossen in einen Körper, der als Ort sinnlicher Erfahrungen galt und deswegen als die vergängliche, einschränkende Hülle der ewig existierenden Geist-Seele empfunden wurde. Manche Philosophen bezeichneten den Körper als das Gefängnis der unbegrenzten Vernunft-Seele. Die Pflege des sterblichen Körpers geschah im Maßhalten, und die Pflege der unsterblichen Geist-Seele bestand im Ausblenden der Körperlichkeit und dem dadurch möglichen fortschreitenden Eintauchen der Geist-Seele in die denkende Betrachtung des Ewigen, theoria genannt. Individualität ist negativ konnotiert als Materialität des einzelnen Menschen und sie ist höchstens darin positiv gesehen, dass der Einzelne bei aller Schicksalszuschreibung für sein Maßhalten und sein ‚Theoretisieren' verantwortlich ist (Zilleßen, 2017, zu Differenz bei Platon und in der neueren Philosophie und Theologie).

Hier ist ein Hinweis zur Religion im damaligen griechischen Kulturraum angebracht. Man muss nämlich zwei verschiedene Praktiken von Religion unterscheiden. Die griechisch-hellenistische Volksreligion kreiste um Götter und Göttinnen, um die Mythen ihres Lebens und Zusammenlebens und ihr Geachtetwerden seitens der Menschen. Verehrung und Opferkulte prägten die Anbetungs-, Dank-, Bitt- und Klagezeremonien. Der Hauptort war der Tempel und seine Ableger standen im Wohnhaus der Gläubigen. Die Priester traten als Zeremonienmeister und als Übermittler der Götter-Botschaften auf. Es war eine mythologisch-sinnliche Religion des Volkes für das Volk. Im Gegensatz zu dieser Volksfrömmigkeit kümmerte sich die philosophische Religion oder religiöse Philosophie in ihrem wissenschaftlichen Denken um das höchste Sein

(Idee, Logos, Vernunft) als das logisch denknotwendige Universelle und wandte sich vom konkreten Individuum und dessen sinnlichen Erfahrungen und vom Kreativ-Kontingenten abstrahierend ab. Diese Religion bzw. Philosophie siedelt sich meta-physisch im Universell-Absoluten an und verabschiedet sich vom Individuell-Einzigartigen, also von allem, „was *die Erfahrung ausmacht*" (Jullien, 2017, 22). „Daraus resultiert eine Trennung und vielleicht ein Trauma für die europäische Kultur, der diese Anweisung, entsprechend dem Universellen denken zu müssen, vererbt wurde" (Jullien, 2017, 23). Dieses Trauma haben Renaissance und Reformation als in ihre Tradition eingeschriebene Spannung oder gar Spaltung empfunden, als sie die Aufspaltung des Menschen im Paradox von universeller Gottebenbildlichkeit und individueller Existenzgestaltung, von Externalität und subjektivem Entscheiden-Müssen eingeschrieben sahen. Derzeit wird dieses Trauma verschleiert durch seine Reduzierung auf ein individuelles autonomes Subjekt (Meyer-Drawe, 1990, 150ff.) oder auf eine fundamentalistische absolute Wahrheit.

Kam es in der Volksreligion auf das Hinnehmen der Entschlüsse der Schicksalsgöttinnen (Moiren) und auf die Beeinflussung der Götterwelt durch Opfer zum Guten an, so stand für die Philosophen und für Gläubige des „hellenisierten Christentums" die Aufgabe an, das Gefängnis des individuellen Fleischeskörpers durch Denken (theoria) und Meditieren, mittels kirchlich verwalteter Buße, mittels Askese und Reinigungsriten schrittweise zu verlassen unter Führung der Geist-Seele. Dieses unvergängliche Lebenselixier ‚Geist-Seele' verband als gemeinsames Inneres den körperlich Einzelnen im (Heiligen) Geist mit den anderen Menschen und mit dem rein geistig vorgestellten Gott als dem höchsten Sein und Schöpfer des Alls. Dieser Mensch fühlte sich, sofern er denken konnte und sich in die gegebene Gesellschaftsordnung einfügte, in seiner (Geist-)Seelen-Verwandtschaft nicht vereinzelt, nicht einsam, galt er doch von Natur aus als Gesellschaftswesen, als ‚politisches Lebewesen' (zoon politikon) laut Aristoteles. (Es ging um den Mann, denn die Frau galt als dem Weltlichen, Reproduktiven zugetanes Wesen und galt als minderwertig.) Für den ‚theoretisierenden' Mann-Menschen galt noch nicht die neuzeitliche Trennung in Öffentlichkeit und Privatsphäre/Individuum, sondern die Privatsphäre als Raum des Individuellen nahm von der Spitze der Gesellschaft immer mehr ab. In der metaphysisch begründeten Pyramide vom Gott-Sein bis hinab zum Handwerker und in royalen Hierarchien vom Kaiser abwärts war die Gesellschaft in dem Sinne ‚von oben herab' veröffentlicht, als dass so etwas wie Privatsphäre nur an der Spitze, beim Kaiser/König und bei Gott als Inbegriff seiner Aseität existierte. Heute fließen diese beiden Lebenswelten des Öffentlich-Planbaren und des kontingenten Persönlichen durch eine durchgreifende Mediatisierung bzw. Digitalisierung ineinander (Dungs, 2006, 365ff.).

Die heute im Vordergrund stehende Individualität oder Einzigartigkeit des Menschen bestand in der griechischen Metaphysik im jeweiligen Körper und war letztlich etwas, das es zu überwinden galt. Wichtig war die denkende Teilhabe (theoria) am höchsten Sein, dem Logos-Gott, wodurch der Einzelne zugleich mit den Anderen ‚geistig' verbunden war und auf intelligibler Ebene kommunizieren konnte. Kommt es dem postmodernen Selfie nicht wie dem antik-metaphysisch orientierten Menschen auch auf die Überwindung der körperlichen Individualität durch Verinnerlichung einerseits und Digitalisierung andererseits an?

Eine weitere interessante Beobachtung kann die Weichenstellung zum heutigen Selfie verdeutlichen. Ralf Konersmann hat in seiner Studie „Die Unruhe der Welt" gezeigt, dass in der Antike die dauerhafte Ruhe, das Ruhen in der Theoria als Verbundensein mit dem Kosmos-Geist, als Bedingung von Glück galt. Der israelitische Jahwe- und Elohim-Gott, der mit seinem Volk Israel wanderte, legte nach der Schöpfungsanstrengung einen Ruhetag am Sabbat ein (1. Mose 1,1 – 2,4a). Heute macht das Unterwegs-Sein, das ständige Sich-Verändern und Verändern, der permanente Exodus und die nicht aufhörende Vertreibung aus dem Paradies (1. Mose 3), die Beschleunigung und Fortschrittsrasanz unser Leben und Zusammenleben aus (Konersmann, 2015; Rosa, 2005). Und diese Unruhe hat verschiedene regionale und vor allem individuelle Geschwindigkeiten. Durch ihre äußere und innere Dynamik und mit der damit gegebenen Aufspaltung der vormaligen Präferenz der Ruhe in plurale Veränderungsziele zwingt sie die einst auf ihren paradiesischen Einheitsursprung ausgerichteten ‚Ruhigen' in die ruhelose, risikoreiche Individualisierung. Bis hin zum postmodernen Selfie, der wohl nur noch mit phantasierter individueller Identität darauf antworten kann und damit gerade seine Selbstaufgabe betreibt. Hieß es bei Platon, Plotin, Hegel und anderen, dass der Einzelne dann gerechtfertigt ist, „wenn der Eigensinn des Einzelnen im Schluß der Vernunft vergeht", also im Allgemeinen aufgeht (Janke, 1987, 118). So heißt es umgekehrt bei den Vertretern der Individualisierung, dass durch Singularisierung der Individuelle selbstständig, frei, verantwortungsbewusst werde. Und z.B. Kierkegaard hat in seiner Kritik des christlichen wie säkularen Establishments den Einzelnen allein in der Welt gesehen, unvertretbar, aber von unendlichem Wert – in seiner Existenz Gott gegenüber. Mit dieser radikalen Individualisierung droht die Kommunität mit Kirche, Gesellschaft und Welt aufgelöst zu werden.

Ein kleiner Nachtrag: Tim Whitmarsh, Professor in Cambridge für die Kultur des klassischen Griechenlands, hat gezeigt, dass der Begriff a-theos ab dem 5. Jh. v. Chr. einen Mann meint, den Gott verlassen hat, d.h. das Leben der Menschen war ein von Gott bestimmtes, gelenktes, beschütztes oder eben ein verworfenes im Sinne eines gott-losen Lebens. Erst danach wurde derjenige, der sich von Gott abwandte, also eine Glaubensentscheidung treffen konnte, als Atheist bezeichnet (im heutigen Sinn). So antwortete Sokrates in seinem Prozess wegen Gottlosigkeit laut Platon: „Ich glaube sicher an Götter – ich bin Atheist". Leider kann man diesen Umschwung in der Bedeutung von ‚atheistisch' mangels Quellen nicht rekonstruieren, aber man kann folgern, dass sich eine Art Aufklärung in religionskritischen Stimmen manifestierte und dass neben dem Schicksalsglauben (an die Moiren, an Zeus, an Götter) in einer anthropologischen Wende so etwas wie eine eigene Glaubensmeinung möglich wurde weg von einer exklusiv theo-logischen Bestimmtheit durch Gott/Götter zu einer anthropo-logischen Entscheidungsmöglichkeit des Menschen? Gehören aber nicht beide Aspekte als notwendige Desiderate in den Prozess der Subjekt-Werdung?

(4.2.) Der in Glauben und Buße entsicherte und durch das Christus-Ereignis neu konstituierte Einzelne als Gegenmodell zu dem im Denken gesicherten Einheitsmenschen

Das in sich geschlossene und gleichermaßen philosophisch wie religiös bestimmte Wahrnehmungs- und Weltbild aus der Antike mit seiner Öffnung für Denk- und Glaubenswege nach ‚oben' prägte unseren Kulturkreis beherrschend bis zum Umbruch in die Neuzeit im 15. und 16. Jahrhundert. Und es dient bis heute noch als Art Strukturgitter denjenigen, die auf absolute Wahrheiten, unfehlbare Glaubenssätze und exklusiv gültige Normen setzen. Es gab und gibt aber auch andere Erfahrungen und Anliegen der Menschen und entsprechende Bewegungen zur Veränderung. Es gab und gibt Einzelne, die im Namen ihres philosophischen oder jüdisch-christlichen Gottes ausbrachen aus der logifizierenden Denkordnung oder aus der heilsgeschichtlich von der Schöpfung bis zu deren endzeitlicher Neuerschaffung gegebenen Vorsehungs-Ordnung und – geleitet von ihren fünf Sinnen – nach dem Leben der konkreten Menschen und ihrem Zusammenleben und nach einem individuell-persönlichen Lebensentwurf fragten.

Ein bis heute wirksames Beispiel war die Revolutionierung der Beziehung zwischen Gott und Menschen durch den jüdischen Reformer Jesus von Nazareth. Er sah die Beziehung Gottes zu den Menschen nicht (mehr) als einen Ergehenszusammenhang an, der nach dem Prinzip von Gottes Gebot, Gehorsam des Menschen und dessen Belohnung bzw. von Gottes Gebot, Nichtbefolgung des sündigen Menschen und dessen Bestrafung funktionierte (wie es der sogenannte Deuteronomist in seinem Geschichtswerk zum roten Faden genommen hat (Gerber, 2012, 120–125)). Diese Vorstellung von Heil bzw. Sünde aus dem jüdischen Glaubenshauptstrom lehnte Jesus ab. Er drehte diese Blickrichtung des jüdischen Menschen auf die verdienstvolle Erfüllung der Gebote und Riten und Einhaltung der Verbote um der göttlichen Belohnung willen um und kündigte das religiös schutzlose, verdienstlose, moralfreie Auf-uns-Zukommen Gottes als Beschenktwerden an. Dieses Beschenktwerden des Einzelnen mit Glauben und als Glauben manifestiert sich zugleich in dessen (gemäß Luther lebenslänglicher) Buße und Nächstenliebe (Gräb-Schmidt, 2018, 578f.). Mit dieser Verkündigung von der in naher Zukunft ankommenden Herrschaft Gottes, der sogenannten Parusieerwartung, und dem für die jüdischen Religionsoberen anstößigen Verhalten entsicherte Jesus die damaligen Angesprochenen. Er durchkreuzte den Gebot-Gehorsam-Verdienstweg, mit dem Gott als oberster Moralist befriedigt und der Pflichtbewusste mit Lohn entschädigt wird. Er nahm den Blick der Erfüllungsbeflissenen weg von der Thora als Gehorsamsbuch und lenkte deren Augenmerk auf kranke, verlassene, traurige Menschen, die des Trostes, der Fürsorge und helfender Nächstenliebe, also der Antwort der Wahrnehmenden bedurften. Dieser Perspektivenwechsel des vorherrschenden jüdischen Glaubenskonzeptes brachte Jesus den Tod am Kreuz ein, weil, wie Rene Girard gezeigt hat, der um der Liebe willen befreiende Jesus zum unschuldigen Opfer derer wurde (und weiterhin wird), die Ordnung, auch religiöse Ordnung, mit Gewalt durchsetzten und durchsetzen (Girard, 1983, 187ff.). Das emanzipatorische Glaubensmodell im Sinne Jesu schließt jegliche Sakrifizierung von Gewalt aus, z.B. auch das in nahezu allen Versöhnungsvorstellungen und Abendmahls- und Eucharistieliturgien anzutreffende Bild eines Sühnopfertodes Jesu als Dahingabe durch Gott für die Sünder. Die feministische Theologin Elisabeth Moltmann-Wendel argumentierte deutlich: „Der Sühnopfergedanke, der auch bei Paulus und auftaucht, sich wenig im Neuen Testament, umso stärker aber in den späteren Traditionen entwickelt, hat nichts mit der ursprünglichen Bedeutung und Deutung des Todes Jesu zu tun. Es ist ein Versuch, den Genugtuung-fordernden-Gott mit der bedingungslosen in Christus erfahrenen Liebe zu verbinden, die ‚Sache' in Griff zu kriegen, den unverständlichen, mit eigener Schuld belasteten Tod Jesu mit bekannten religiösen Vorstellungen zu deuten. … Die Hingabe und Liebe Jesu, herausgelöst aus den Beziehungen zu den ihn umgebenden Menschen, ausgeliefert den Köpfen, Lebenserfahrungen, Lebensängsten von Männern, verlor ihre Dynamik. Sie verlor ihre Erotik und ihre freundlichen, freundschaftlichen Dimensionen" (Moltmann-Wendel, 1985, 180f.).

An die Stelle ‚umsonst' erfahrener Liebe im Sinne Jesu tritt bei Paulus insofern eine Art Ergehensmodell, als seiner christlichen Theologie nach Gott seinen

Sohn in den Tod gibt zur Sühnung der Sünden der ungehorsamen Menschen. Die Beziehung zwischen Gott und dem Einzelnen wird aber an das dieser Beziehung vorhergehende Geschehen des Sühnetodes Jesu Christi und dessen Auferweckung gebunden; der Einzelne wird als einzigartiges Subjekt zugleich in den von Paulus thematisierten Sühne- und Versöhnungsprozess gleichsam hinein verallgemeinert. Alle Menschen, so der Anspruch des Apostels, sind „als je besondere Subjekte zur gleichen inneren Bekehrung aufgerufen" (Jullien, 2017, 25f.; Badiou, 2002).

Man kann wohl sagen, dass das paulinische Christentum den Subjekten weder ein denknotwendiges Universell-Absolutes der griechischen Philosophie noch ein universell verbindliches Gesetz im Sinne Roms vorgibt, sondern das Universelle des unverfügbaren Glaubens. Dass man dann Paulus für den Vertreter eines auf die Singularität des Subjekts gegründeten Universalismus und als Ausgangspunkt einer neuen Theorie der Subjektivität halten kann, so z.B. Alain Badiou (2002, 181ff.), leuchtet ein, wenn Badiou zwischen dem Individuum mit Eigenschaften und dem durch den gekreuzigt-auferstandenen Christus konstituierten (christlichen) Subjekt unterscheidet. Es geht gemäß Badiou darum, „dass Paulus ergründen will, welches Gesetz ein jeder Identität beraubtes Subjekt strukturieren kann, ein Subjekt, das von einem Ereignis abhängt, dessen einziger ‚Beweis' genau darin besteht, dass ein Subjekt sich zu ihm bekennt". Die Subjektwerdung des Glaubenden, Liebenden, Hoffenden geschieht vom Anderen, gemäß Badiou vom (Christus-)‚Ereignis' her, und hat keine objektiven Kriterien und Beglaubigungen. Man kann pointiert sagen: Ich ist ein Anderer, Christus ist mein Ich (Luther, 1992, 62ff.). Das dahinter stehende ‚Ereignis' ist die Inkarnation des universellen Gottes in dem individuellen Menschen Jesus von Nazareth: „Begriffen als zugleich völlig Mensch und völlig Gott, vereint (versöhnt) Christus in sich diese zwei Gegensätze des Universellen und des Einzigartigen" (Jullien, 2017, 27). Diese Spannung der Zwei-Naturen-Vorstellung, die ebenso im Ereignis von Tod und Auferstehung Christi herrscht, gibt dem Menschen ein neues Leben: „Ist also einer in Christus, ist er eine neue Schöpfung; das Alte ist vergangen; siehe, ein Neues ist geworden" (2. Korinther 5, 17). Diesen voraussetzungslosen Beginn hält Badiou für das Modell der Subjekt-Werdung. Mögen die Juden Zeichen fordern und die Griechen die Weisheit beschwören, so entzieht das Christus-‚Ereignis' dem Menschen jegliche Selbstkonstituierung als Subjekt. Ganz im Sinne des jüdischen Reformers Jesus entreißt Paulus die Subjektwerdung dem jüdischen Gesetz des Gehorchens und dem griechischen Gesetz der Logik. Anders als der auf das jüdische Volk fokussierte Jesus übereignet Paulus die Subjektwerdung dem universalisierenden Christus-Ereignis, auf das der Betroffene in Treue antwortet, ohne Jude oder Grieche, ohne Sklave oder Freier, ohne Frau oder Mann sein zu müssen (Galater 3, 28). Durch diese Befreiungstheologie ist, so Badiou, Paulus zum Begründer des Paradoxes von Universalismus und Subjektwerdung geworden.

Das Auftreten Jesu hatte eine individualisierende Wirkung im Rahmen des jüdischen Volkes, indem Jesus auf die Buße des Einzelnen abzielte, den Einzelnen in seiner Glaubenspraxis ernst nahm und anders als dann später Paulus kein Interesse an einem universalen Erlösungsgeschehen und theologischen System hatte. Durch Jesus ist Individuation – sofern man diesen neuzeitlichen Begriff zurückdatieren möchte – nicht erzeugt worden durch die Korrelation von der für Glaubende normativen Thora und dem einzelnen Gehorsamen, sondern durch die asymmetrische Beziehung des kommenden Gottes und dem antwortenden Menschen.

Im frühen Christentum nach Paulus, vor allem bei den Apologeten, wurde das durch Paulus neu interpretierte Jesus-Modell in das griechisch-hellenistische und römische Denkmodell einer platonisch geprägten idealen Ursprungs- und Jenseitswelt mit ihrem irdischen Abbild der Schöpfung integriert. In ihrem Anpassungsprozess der sogenannten Hellenisierung übernahm die Kirche dieses allgemein verständliche Denkgerüst für ihre Theologie und konnte dem Heilssehnsüchtigen einen kirchlich verwalteten, kommunitären plausiblen Weg in das Jenseits anbieten (Habermas, 1999, 247–250). Dieser Glaubensweg wurde untermauert mit Bekenntnis- und Kirchenordnungen, mit dem zentralen Ritus des Abendmahles (Eucharistie) als der unblutigen Wiederholung des stellvertretenden Sühnetodes Jesu und des Initiationssakramentes der Taufe. Jesu Vorstellung von Gott lebte davon, dass Gott wie ein barmherziger Vater dem Einzelnen im Rahmen der etablierten jüdischen Religion in Güte begegnet und ihn zu Nächstenliebe, sogar zur Feindesliebe und zur Selbstliebe ermächtigt (Theißen, Merz, 1996, 493–496). Der Anfang einer Art Individualisierungsbewegung als Ernstnehmen des einzelnen Menschen in seiner Würde unabhängig von Geschlecht, Alter, Familie, Gesundheit/Krankheit war gemacht. Dieses emanzipatorische und darin individualisierende Religions-Projekt Jesu stellte die jüdische Religionsordnung und die damals gängige Gesellschaftsordnung infrage.

Wir haben es bei Jesus und bei Paulus mit zwei verschiedenen Religionspraktiken zu tun. Gemeinsam ist ihnen die Glaubenseinsicht, dass der Mensch zum Subjekt nicht durch sich selbst, weder durch sein Tun noch durch seine Weisheit, wird, sondern durch den nahenden Gott (so bei Jesus) bzw. durch das ‚Ereignis' des gekreuzigten und auferstandenen Christus (so bei Paulus). Sie unterscheiden sich grundlegend, indem Jesus diese Subjekt-Werdung an die jüdische (messianische) Volks- und Religionsgemeinschaft gebunden sieht und Paulus sie in der Spannung von individuellem Menschsein und universalistischem Heilsereignis hält.

Bis zum Umbruch in die Neuzeit weisen die Menschen- und Gottesbilder nur wenige Bruchstellen auf in der dominanten ‚Hellenisierung', die den Menschen in das metaphysisch begründete Einheitsweltbild, in die Logik der Vernunft, in die Schranken des vernünftigen Gesetzes und in die gesellschaftliche Dominanz der Herrscher-Kultur einband und ihm nahezu alle Chancen zur Subjekt-Werdung nahm. Dieses kosmisch ausgerichtete, den jenseitsbestimmten Geist und die diesseitige Körper-Materie dualistisch auseinanderhaltende Weltbild mit seinem Anliegen einer universalen Harmonie wurde denkerisch-philosophisch begründet unter Ausblendung der Volksfrömmigkeit und es wurde zugleich heilsgeschichtlich-theologisch begründet aus der jüdisch-christlichen Glaubensüberlieferung heraus. Immer noch passt die platonische Bestimmung des Menschen, dass Gott die unsterbliche Geist-Seele „jedem als einen Schutzgeist verliehen hat – eben der Teil, von welchem wir behaupten, dass er in unserem Körper die oberste Stelle einnehme und uns von der Erde zu dem im Himmel uns Verwandten erhebe, sofern wir ein Gewächs sind, das nicht in der Erde, sondern im Himmel wurzelt. ... Wer nun also in seinen Begierden und ehrgeizigen Bestrebungen lebt und webt, auf sie seine Bemühungen richtet, in dem müssen sich notwendig nur sterbliche Meinungen erzeugen". Wer sich in Gedanken aber rein hält und seine Geist-Seele pflegt, der „muss notwendig vor allen andern glückselig sein" (Platon, Timaios, 210f.).

Brüche haben Gnostiker, Häretiker, Mönchtum, Reformbewegungen um eines persönlich bestimmten Menschseins willen in den ersten nachchristlichen Jahrhunderten bis in das Mittelalter hinein vollzogen. Als Beispiel können die Arianer im 4. Jahrhundert gelten. Sie hielten Jesus Christus nicht für den herabgestiegenen Gottessohn, sondern für das erste, höchste Geschöpf Gottes. Christus lebte und litt wie alle Menschen auch, hat aber im freien Willen ‚gut' gelebt, also ohne Sünde, was eigentlich alle Menschen tun müssten. Mit dieser ethisch ausgerichteten Christologie wandte sich Arius gegen die kirchliche Lehre von der metaphysisch-ontologischen Christologie der Gottgleichheit des Logos-Christus und holte den Christus und das Versöhnungsgeschehen gleichsam vom Himmel herab zurück in menschliche Erfahrungs- und Gestaltungsdimensionen. Der Einzelne ist wie vor ihm exemplarisch Jesus für seinen gottgefälligen Lebenswandel verantwortlich, sodass die Vertikale von Gott zur Kirche als Heilsvermittlerin in die Regie des Einzelnen hin verschoben zu werden drohte. Gegen diesen möglichen Macht- und Kontrollverlust wehrten sich Kirche und Kaiser gleichermaßen und schoben der ethisch motivierten ‚Individualisierung' den Riegel vor in Form von allgemeinverbindlichen Glaubens- und Lebenssätzen und Bekenntnissen.

Eine Zentrierung auf die innere Befindlichkeit des sündigen und gläubigen Menschen hat Augustinus (354–430) mit seinen psychologisierenden, autobiografischen „Bekenntnissen" beschritten (Confessiones, um 400), in denen eine Mischung aus Neuplatonismus und Bibel zutage tritt und ein mystischer Gedankenquietismus „bis mein Herz ruhet in Dir" mit prägend ist. Hier bei Augustinus wird auf den später in der Neuzeit im Mittelpunkt stehenden einzelnen Menschen abgehoben (Janke, 1987, 119), freilich in seiner Abhängigkeit vom jenseitigen Gott, wohl aber in der „Ungewissheit der Gnadenhoffnung", also mit einer offenen, unschließbaren Flanke (Richter, 2006, 139–144). Dieser Bekennende gelangt zu sich selbst nicht durch einen neuzeitlichen „unsteten und flüchtigen" Lebensstil und die vorwärtstreibende Besorgung des Heils, sondern durch die Akzeptanz der Unruhe als Wiederherstellungsstart der ursprünglichen Ruhe Gottes (und dann des Menschen) am Sabbat (1. Mose 2, 2f.) (Konersmann, 2015, 223ff.). Solange Gott neuplatonisch-neutrisch, allgemeinverbindlich als höchstes Sein, als das höchste Wahre, Gute und Schöne vorgestellt wird und erst nachgeordnet auch in persönlichen Kategorien und Beziehungsbildern beschrieben wird, solange widerfahren dem Menschen Individualität und Persönlichkeit nicht als gesamtmenschliche, körperlich-geistig-seelische Einzigartigkeit im neuzeitlichen Sinne.

Es ist aus heutiger Sicht zu beachten, dass der ‚Einzelne' in dieser Zeit rechtlich nur als Glied seiner Gemeinschaft geschützt war und als Einzelner hätte gar nicht existieren können. Er ordnete sich seiner Gemeinschaft ebenso ein wie er sich der herrschenden Religion, dem Christentum, unterordnete (Morris, 1973). Entsprechend kannte das Mittelalter – anders als zu bestimmten Zeiten in der hellenistischen und römischen Antike – keine Toleranz im neuzeitlichen Sinn, denn Toleranz setzt eine subjektivierte, säkularisierte Gesellschaft voraus. „Wohl sind im Verlauf des Mittelalters Schübe von Individualisierung und damit auch von wachsender Toleranz festzustellen. Vor allem das 12. Jahrhundert, dem man eine ‚Entdeckung des Individuums' zugesprochen hat, brachte erste Ansätze. Die rationale Glaubensbegründung, die Herausarbeitung des natürlichen Sittengesetzes und die Betonung des guten Willens, was alles nun auch für die Nichtgetauften als heilszureichend angesehen werden konnte, eröffneten Toleranzräume. Von einem ‚mittelalterlichen Humanismus' hat man gesprochen, der die Vorstellung des ‚edlen Heiden' ermöglicht habe" (Angenendt, 1997, 201).

(4.3.) Der Aufstieg des Individuums in Renaissance, Reformation und Humanismus

Einen wirksamen Individualisierungsschub verbunden mit einer Pluralisierung der Glaubens- und Lebensstile und der endgültigen Verschiebung der Dominanz weg von der christlichen Kirche(n) hin auf die politische Ordnung brachten die in Italien entstandene Renaissance und die Reformation in Deutschland und in der Schweiz und die geistige Bewegung des Humanismus (Schramm, 2004, 167ff.; Schilling, 1999). Die Renaissance drängte auf freie Erforschung der Welt (Roeck, 2017), die Reformation rückte gegen die Vereinnahmung der Glaubenden durch die römisch-katholische Papstkirche die (augustinische) individuelle Beziehung des gnädigen Gottes zum einzelnen Menschen in den Vordergrund und berief sich dabei auf die Bibel. Der Humanismus berief sich auf Gleichheitsprinzipien der Antike und war maßgeblich an der Entdeckung des ‚humanum' beteiligt, das universell und zugleich in individueller Manifestation gesehen wurde. Die Renaissancephilosophen „rücken im Licht individualethischer Fragestellungen den einzelnen Menschen stärker in die Perspektive persönlicher Verantwortlichkeit, sie ordnen die Suche nach der Wahrheit einem Gewinn von Gewißheit oder feststehenden, von keiner Kritik an dogmatischen Sätzen begleiteten Aussagen vor" (Margolin, 1998, 76). Deswegen rücken der Dialog, die Disputation, die Auseinandersetzung neben die bis dahin herrschende aristotelisch-scholastische Aneignungsweise von Wissen in den Hintergrund – und damit gewinnt die persönliche Meinung, die Sentenz z.B. des einzelnen Lehrers an Gewicht (Gerber, 1970).

Mit diesen Subjektivierungen im Menschenbild beginnt in Europa die Neuzeit (Roeck, 2017). Der polnische, jüdische Schriftsteller Andre Kaminski lässt diese beginnen mit Dürers „Bildnis eines jungen Mannes" von 1500: „Ich bin auf der Suche nach dem deutschen Normalgesicht. Vielleicht werde ich dann besser verstehen, wo ich bin… Ich befrage die größten Spezialisten. Cranach, Altdorfer, Grünewald. Und dann den Meister aller Meister: Dürer. Sein ‚Bildnis eines jungen Mannes' aus dem Jahre 1500. Das erschütterndste Porträt, das ich je gesehen habe. Es versengt mich. In Flammen lässt es mich aufgehen. Mit diesem Bild beginnt die Neuzeit. Nicht mit der Entdeckung Amerikas. Nicht mit der Eroberung Konstantinopels. Mit diesem Porträt beginnt sie. Hier deklariert sich das freie Individuum: die gepeinigten Augen des auf sich selbst gestellten Menschen; Zweifel an Gott und am Himmel; das gemarterte Gesicht Hamlets – 100 Jahre vor Shakespeare. Fast alle Gestalten Dürers sind für mich Intellektuelle. Einsame Stadtmenschen. Denkende Märtyrer" (Kaminski, 1989, 19–21).

Dürer malte sich als erster Künstler frontal. Luthers Wiederentdeckung des ursprünglichen Sinns des Evangeliums hat „die Künstler dazu herausgefordert, im Individuum eine neue Leibhaftigkeit, aber auch die keinem Ideal verpflichtete Schönheit des Charakteristischen aufzuspüren" (Graf, 1997, 560). Vor Dürer und den reformatorischen Porträtisten hatte sich Leon Battista Alberti, ein Architekt und Künstler in Florenz, porträtiert und verewigte sich wohl als erster Mensch selbst um 1435 auf einer Bronzemedaille, die er an den von ihm entworfenen Häusern anbringen ließ – das erste ,Selfie' zum Aufsteigen in die Reihe der Wichtigen. Wollten Alberti, Dürer und andere Künstler mit ihren Porträts ihr Inneres offenbaren und nach außen kehren und der Welt als Hinweis auf einen anderen, neuen Menschen oder gar auf den neuzeitlichen ,Star' sichtbar machen (Angenendt, 1997, 259f.)? Wollten sie sich wie der Spätmoderne durch sein ,Selfie'(-Foto, Profil) damals im verunsichernden Individualisierungsschub eben malerisch vor dem Verschwinden schützen? Diese Einstellung würde eine anfängliche Trennung von Öffentlichkeit und Privat-Persönlichem implizieren, wie sie damals der italienische Philosoph Niccolo Machiavelli (1469–1527) in seinem Werk ,Il principe' vorschlug und den Herrscher des Staates als Repräsentanten der Politik in extremer Weise von moralischen, nämlich ,privaten' Rücksichtnahmen freisprach. „Machiavelli ist vielleicht der erste, der den Kern des modernen Selbst auf den Punkt gebracht hat, nämlich sein Vermögen, sich zu spalten und zwischen einem privaten und einem öffentlichen Selbst hin und her zu pendeln" (Illouz, 2006, 166). Dass diese Selbst-Spannung oder Differenzerfahrung heute immer mehr eingeebnet wird und der Selfie die mediatisierte öffentliche Person ohne Privatheit sein kann, will und soll, wird unter dem Stichwort der Selbst-Mediatisierung behandelt.

Bevor Reformatoren und Humanisten zu Wort kommen werden, wird kurz auf die Folgen der Konzentration des Renaissance-Menschen auf sich selbst eingegangen. Der Psychotherapeut Horst-Eberhard Richter hat in seiner psychohistorischen Rekonstruktion des Weges vom Mittelalter in die Neuzeit unter dem Titel „Der Gotteskomplex" diesen Prozess der Selbstentdeckung als ,Selbstinthronisierung des (männlichen) Menschen an die Stelle Gottes' mit einem Bild aus der Kinder- und Familienpsychologie umschrieben: „Wenn kleine Kinder ihren Eltern misstrauen und eine gewisse intellektuelle Wachheit erreicht haben, reagieren sie oftmals in einer konsequenten, aber der Umwelt schwer verständlichen Weise. Objektiv abhängig vom Schutz der Eltern, versetzt es sie in Panik, dass sie sich dieses Schutzes nicht mehr sicher fühlen. Ihr erwachtes Ich begreift, was der Mangel an Schutz bedeutet. In ihrer Angst versuchen sie selbst die totale Kontrolle der Situation zu übernehmen. Sie lassen nichts mehr passiv mit sich oder in sich geschehen, sondern bemühen sich, alle Vorgänge in der Umwelt – und im eigenen Körper – genauestens zu überwachen und zu beherrschen... Nicht einmal der Zufall darf sich einmischen. Sie wollen alles im voraus berechnen und bestimmen" (Richter, 2005, 19). Den gleichen Vorgang haben Menschen nach der Meinung von Richter vollzogen, als sie im ausgehenden Mittelalter ihre Abhängigkeit von Gott als Ohnmacht wahrnahmen, sich der Allmacht Gottes und seiner Vorherbestimmung durch wachsendes Selbstbewusstsein und fortschreitende Naturbeherrschung immer mehr entzogen, bis sie sich selbst als

Allmächtige, als allwissende und omnipotente Gestalter und Herrscher der Welt fühlten und aufführten (Sloterdijk, 2017, 7ff.). Der Renaissancephilosoph Geronimo Cardano hat ein Bild von dem Menschen entworfen, dessen Schaffen der Schöpfung Gottes sogar überlegen sein könnte (Margolin, 1998, 85).

Man könnte sagen: Von einer theozentrischen oder theistischen Weltsicht und Lebenseinstellung führte der Weg über eine Anthropozentrik mit Gott, so in der Reformation und auch noch in der deutschen Aufklärung (Eagleton, 2015, 13ff.), zu einer Anthropozentrik ohne Gott, so in der Französischen Revolution 1789 und gegen Ende des 20. Jahrhunderts radikal als ‚Tod Gottes' bei Nietzsche. „Das individuelle Ich wird zum Abbild Gottes. ... Das Ich setzt seine Selbstgewißheit obenan", mit Verweis auf den Philosophen René Descartes (Richter, 2005, 27). Richter ist der Meinung, dass dieser Weg ein Irrweg war: „Der lange Zeit als großartige Selbstbefreiung gepriesene Schritt des mittelalterlichen Menschen in die Neuzeit war im Grunde eine neurotische Flucht aus narzißtischer Ohnmacht in die Illusion narzißtischer Allmacht" (Richter, 2005, 29). Deswegen meint Richter, dass die Überwindung dieses geschichtlich gewordenen „Gotteskomplexes" zur Überlebensfrage unserer Gesellschaft und überhaupt der westlichen Kultur in ihrer globalisierten Wirksamkeit geworden sei. Wir Modernen müssten wieder unsere Endlichkeit, Abhängigkeit, Sterblichkeit, Verletzlichkeit wahrnehmen, einsehen, praktizieren, indem wir einander anerkennen, miteinander leiden, einander trösten lernen in unserer Differenz (Richter, 2006, 17ff.; Zilleßen, 2017). Es fällt ins Auge, dass Richters Vorschläge anti-individualistisch gegen den neuzeitlichen Gott-Beerber und postmodernen Selfie gerichtet sind und sich um Mit-Menschlichkeit, um Begegnungen und Beziehungen, um die Orientierung des eigenen Lebens am Ergehen der Anderen (und der Natur) drehen im Wissen darum, dass es keine gemeinsame Identität geben kann (Jullien, 2017, 83–96). Ein Ja zum Ich, zum Subjekt, aber als subiectum im Geschehen eines vom Anderen konstituierten Subjektes und nicht eines Subjektes durch Selbsternennung oder scheinbar schmerzlose Anpassung in den Fortschritts- und Vollendungsglauben des Westens. Allein (asymmetrische) Alterität gebiert Vielfalt als Einsetzung des Ichs als Subjekt.

(4.4.) Ein Subjektivierungsschub in der Theologie Martin Luthers

Wie ist das Menschen-Bild durch die Reformation und vornehmlich durch den Reformator Martin Luther (1483–1546) verändert worden? Da stellt sich ein Mönch seinen Lebenserfahrungen im Namen desjenigen Gottes, den er aus der Bibel als gnädigen, rechtfertigenden Gott zu hören glaubt und gleichzeitig daran zweifelt und so verzweifelt, dass er Gott durch ein vorbildlich-mönchisches Leben zu gewinnen versucht. Als er durch Erfahrung die Einsicht gewinnt, dass ihn der Kloster-Weg noch weiter in die aussichtslose Gehorsam-Belohnung-Spirale treibt, fällt ihm der Perspektivenwechsel zu, dass solche Verdienst-Modelle nicht zum Glauben führen, sondern dass Gott allein mit der Zuteilung seiner Gnade den lebensrettenden Glauben schenkt durch die Verkündigung des biblischen Evangeliums (was dann als Rechtfertigungslehre bezeichnet wurde). Damit ist das Signal zum Kampf gegeben: einerseits als Kampf gegen die Bevormundung durch die römisch-katholische Papstkirche und für das prinzipielle Eigenrecht der Glaubenden und andererseits als Protest gegen den aufkommenden Trend der Selbstbefreiung und der Selbstermächtigung des neugierig gewordenen mittelalterlichen Menschen: „Die Botschaft, der Mensch dürfe sich nicht auf seine eigenen Kräfte verlassen, sondern solle sein Heil allein und demütig von Gott erwarten, zieht sich nämlich ohne Bruch von den Psalmen und den Propheten zur Predigt Jesu und von den Briefen des Paulus über Augustinus bis zu den Reformatoren durch. Sie bildet die Achse einer Tradition, in der es um eine vertiefte Religiosität geht" (Schramm, 2004, 167f.). Diese Vertiefung brachte eine Verschiebung weg von kirchlicher Bevormundung und gehorsamer Glaubenserfüllung durch ‚gute Werke' hin zu dem Einzelnen, der als Sünder und Sünderin allein durch den von Gott geschenkten Glauben und ohne des Gesetzes Werke gerechtfertigt wird. Gute Werke erbringt der von Gott gerechtfertigte und befreite Sünder, der mit den fünf Sinnen des Glaubens seine eigenen Dekaloge (10 Gebote) der Nächstenliebe (er)findet und nicht Gesetze erfüllt und Heilige nachahmt um himmlischer Belohnung willen. Luther hatte seinen Schritt ins Kloster als Irrweg erkannt und dabei „in einer systematisch begründeten metaphysischen Verzweiflung" zugleich eine radikale „Exzentrierung" erlebt: „Indem er sich *coram deo* selbst zu fassen versuchte, ging ihm das unfaßbare Ausmaß seiner Verlorenheit auf" (Sloterdijk, 2017, 49). Diese exzentrische Interpretation des Gott-Mensch-Verhältnisses teilte Luther mit dem ersten christlichen Theologen Paulus, dass allein Gott durch das Geschehen der Kreuzigung und der Auferstehung Christi den Menschen zu seinem Subjekt-Sein rettet, in seinem Subjekt-Sein konstituiert. „Die individuelle Glaubenseinsicht, die an der Schrift sich bildet, wurde zur entscheidenden Instanz ... An die Stelle von institutioneller Außenlenkung tritt eine allein an Gottes unverfügbarem Wort orientierte Innenleitung" (Graf, 2017, 73).

Gott und Mensch treten – wie es schon in der Verkündigung Jesu intendiert war – auseinander in eine vom Menschen aus gesehen radikale Differenz und Asymmetrie, die er von sich aus weder denkerisch, noch durch Gesetzes-Gehorsam, noch durch ‚gute Werke', noch durch sakramentale Handlungen und

Riten, noch durch Gebete oder Meditation, Askese oder Mystik überbrücken kann. Der Glaubende wird ‚exzentrisch' allein von Gott gehalten und wird in die religiös/theologisch verweltlichte Welt geschickt (Graf, 2017, 81ff.), um dem Nächsten in Liebe und mit Hilfe zu begegnen. Dies ist die reformatorische Anthropozentrik, die weder mit egoistisch-subjektivistischer Willkür noch mit fundamentalistisch behaupteter Geistbegabung verwechselt werden darf. Diese Achtsamkeit und Innerlichkeit sind „jenes Moderne, das noch über die meist emphatisch betonte Entdeckung der Freiheit des Gewissens hinausreicht, indem sie zugleich die Gefährdung des Menschen, die in der Ambivalenz der Freiheit liegt, ernst zu nehmen vermag" (Gräb-Schmidt, 2018, 585). Es geschieht eine Individuation, die gespannt ist zwischen den unvorhersehbar widerfahrenden Gott und den dadurch zum Antworten gezwungenen und befreiten individuellen Menschen, der seinerseits in seinem Handeln an seinen Nächsten gebunden ist. Man kann vielleicht (in Anlehnung an Nietzsche) sogar sagen, dass der Einzelne gespannt ist zwischen den vergebenden Gott und den Nächsten, den Fremden-Anderen. Friedrich W. Graf spricht von der „Erfindung der Individualität" durch den reformatorischen Protestantismus: „Die reformatorische Bewegung vermittelte, verbunden mit Impulsen des Renaissancehumanismus, Anstöße für folgenreiche Individualisierungsprozesse, die protestantische Lebenswelten bis heute von den stärker institutionenorientierten und gemeinschaftsbezogenen katholischen Milieus unterscheiden. Unter den langfristigen kulturellen Folgewirkungen des reformatorischen Protests kommt dieser religiös begründeten Individualisierung besonderes Gewicht zu" (Graf, 1997, 560; Huber, 2005, 82ff.). Andere sprechen von protestantischen Individualitätskulturen, von „protestantischer Individualitätsreligion", von Gewissensreligion (Pfleiderer, 2012, 372ff.). Die ‚Mutter Kirche' verliert ihre im römischen Katholizismus beanspruchte Mittlerrolle, die Glaubenden verlieren ihre kirchlich verwaltete Gehorsam-Belohnung-Ordnung, die Theologen verlieren ihr Gerüst einer Seinsanalogie (analogia entis) zwischen dem urbildlichen, geistigen ‚Oben' und dem abbildlichen, geschöpflichen ‚Unten' und damit auch ihre Waffe der logisch auf dem Boden der Seinsanalogie argumentierenden Gottes-Beweise, der sakramentalen Verwandlung von Brot und Wein in den Leib und das Blut des stellvertretend sühnenden Erlöser-Christus und ebenso den Weihecharakter der Ausnahmestellung der Priester. Gott kann nicht sakramental durch eine Transsubstantiation, nicht kausal bzw. logisch bedingt sein. Hier durchbricht die Glaubens- und Vertrauensdimension die Logik und Kausalität (Bromand, Kreis, 2011, 9ff.) – so wie dann bei Kant die Kausalität der Phänomene und die Moralität (als Setzung) dialektisch zueinander stehen.

Indem der Mensch sich selbst entdeckt in seiner Zuwendung zur Welt, muss er sein Verhältnis zu Gott einerseits und zur Welt andererseits (und zu sich selbst in dieser Spannung) neu bestimmen. Luther hat hierzu die unterschiedlich beurteilte sogenannte Zwei-Reiche-Lehre entworfen, dass nämlich der Christenmensch sowohl im Reich der unbedingten, grundlosen Gnade Gottes lebt als auch im Welt-Bereich der durch Gesetze bedingten Gerechtigkeit mit der Herrschaft des Landesherrn, des Rechtes, mit säkular werdenden Institutionen und profan zu gestaltenden Organisationen. Der einzelne Christenmensch muss plötzlich seine Welt in eigener Verantwortung mit den Augen seines Glaubens gestalten. Das verunsichert nach beiden Seiten: Der Glauben ist plötzlich kein kirchlich vermittelter Besitz und kein ‚Werk' mehr, sondern muss ständig neu empfangen und interpretiert werden in „einer Kultur individualisierter religiöser Reflexivität" (Graf, 1997, 560). Und dieser Christenmensch erfährt im Anbruch der Neuzeit die Offenheit seiner Welt, die er gestalten soll. Die sich teilweise säkularisierende Welt, die plötzlich als unendlich gilt in einem heliozentrischen Kosmos und dem Menschen Freiheitsgefühle und Schrecken zugleich einjagt, gibt dem Vereinzelnden einen unendlich weiten Lebenshorizont vor und zwingt ihn damit zu neuer Orientierung. Mit der Entdeckung des unendlichen Weltkörpers – mittels der Brille als Fernrohr – kehrt sich der neugierige Blick des erschreckten wie befreiten Neuzeitlers auf sich selbst zurück und er entdeckt sich – mit der Brille als Verstärker (Roeck, 2017) – als Individuum und das Individuelle in seiner Körperlichkeit, was gut zu sehen ist an der Kunst z.B. eines Hieronymus Bosch (1450–1516) und in deutschen Landen um 1500 bei Altdorfer, Leinberger, Dürer.

Die Konsequenz aus Luthers Zwei-Reiche-Lehre vom Gnadenreich und vom weltlichen Bereich war auf der Seite des Widerfahrnisses des sich erbarmenden Gottes eine Art verinnerlichende Individualisierung der Glaubensbeziehung zwischen Gott und dem als Sünder von Gott angenommenen Menschen und auf der Seite des weltlichen Herrschaftsbereiches eine Art religiös hervorgerufener Freisetzung zur Gestaltung des Politisch-Weltlichen im Blick auf den Nächsten aus der bisherigen religiösen Umklammerung (Ebeling, 1964, 198ff. 219ff.): „Die Politik wurde autonom und die Staaten und ihre Lenker von der Pflicht befreit, für den von den jeweiligen Konfessionen weiterhin aufrecht erhaltenen universellen Wahrheitsanspruch einzutreten. Dem entsprach auf der anderen Seite die Entlastung der Religion von ihrer Totalverantwortlichkeit für alle Bereiche des privaten und öffentlichen Lebens. … In der modernen Welt sind Politik und Religion getrennt, für den Reformator in dieser Form undenkbar, aber dennoch eine Konsequenz seiner Reformation" (Schilling, 2013, 629) – eine Konsequenz seiner Individualisierung im Glauben und seiner dialektischen Unterscheidung von Gottes Gnaden-Glaubens-Reich und des Menschen ‚säkularem' Gestaltungsauftrag im Welt-Reich (Böckenförde, 2002, 379ff.). Charles Taylor hat das Reich der Welt unter dem Titel „Die Bejahung des gewöhnlichen Lebens" verhandelt (Taylor, 2016, 373ff.). Es geht um die von der Renaissance und von Reformatoren wie Luther initiierte Bejahung des Alltagslebens mit Arbeit, Familie, Politik: „Da gibt es noch eine Verbindung von Tugenden, die in jedem lebendigen heiligen Christenmenschen seltsam gemischt ist, und das ist: Eifer in weltlichen Geschäften, und dennoch Unempfänglichkeit für die Welt...; überall sein und fleißig nach Gewinn streben, dies wird er im Berufsleben emsig tun und dennoch der Welt sein Herz verschließen.... Mag er im Beruf auch nimmermüde arbeiten, mit dem Herzen hängt er an diesen Dingen nicht" (zit. bei Taylor, 2016, 395). Schon das paulinische ‚leben als ob' hat auch eine gewisse Freiheit für Weltdinge gebracht, und Luthers darauf fußende Vorstellung von den beiden ‚Reichen' hat dazu beigetragen, dass das überkommene metaphysische, theistische Gottes-, Welt- und Menschenbild zurücktrat und säkularer Gerechtigkeit im Sinne von Sachgemäßheit und instrumenteller Gestaltung, also einem Pragmatismus des ‚als ob' Platz machte. (Es mag hier dahingestellt sein, welche Prozesse man als ‚Verweltlichung'((= Säkularisierung)) im klassischen Verständnis bezeichnen kann, wenn die Machtverhältnisse in diesen Transformationsprozessen bestehen bleiben und das Personal nur ausgetauscht wird. Und welche Prozesse man als ‚Profanierung' in dem Sinne beschreiben kann, dass in solchen Entheiligungs- oder Entweihungsprozessen die Machtverhältnisse wenigstens partiell aufgehoben werden und dass sich individuelle und zugleich pluralisierende Umgangsweisen eröffnen. Geheiligte Räume, Zeiten, Riten, Lehren, Personen gewinnen individuelle Aneignungsmöglichkeiten und dadurch zugleich Bedeutung(en) für die Gesellschaft, Politik, Kultur, Bildung, auch für die Religion(en).) Und diese protestantischen ‚Modernisierungen' wurden auch hart kritisiert, vor allem durch Vertreter der katholischen Kirche, aber auch innerprotestantisch (Graf, 2017, 80f.). Ein Beispiel: Der katholische Theoretiker der Restauration Joseph de Maistre (1754–1821) geißelte den protestantischen Individualismus als Irrweg der damaligen Gesellschaft, der auch die atheistische Französische Revolution von 1789 auf dem Gewissen habe. Protestanten priesen den Individualismus mit seinen Implikaten des Liberalismus, Pluralismus, der persönlichen Sittlichkeit und des profanen Weltumgangs. ‚Individualismus' ist im 19. Jahrhundert bisweilen eine Kampfparole.

Luther-Interpreten haben darauf hingewiesen, dass der Denk- und Lebenshorizont Luthers insgesamt spätmittelalterlich geprägt blieb (z.B. Graf, 1997, 559; Böckenförde, 2002, 402). Insofern hat auch Sloterdijk recht, wenn er Luthers Reformation als „Wiederherstellung" bezeichnet, aber dass Luther „gleichsam

einen christlichen Salafismus" predigte, ist nicht nur geschmacklos (Sloterdijk, 2017, 62). Auch die weitere Würdigung von Luthers Werk ist mindestens
umstritten: „Es habe durch die Aufhebung des Ordenslebens den Orient aus der
westlichen Religionskultur eliminiert. Angemessener wäre der Befund, es habe
durch seinen Reduktionismus dem religiösen Virtuosentum die Grundlage entzogen. Indem es die exzentrische Spannung senkte, trug es zur Veralltäglichung
der *religio* bei. Aus der Minimalisierung des Kults folgte die Verinnerlichung
des Verkehrs mit dem Höchsten, aus der Verinnerlichung die Privatisierung
und aus der Privatisierung die Assimilation an profane Weltlichkeit. Der Rest
ist Bildungschristentum" (Sloterdijk, 2017, 61). In der Tat hatte Luther ‚Bildung'
im Visier, aber – und hier irrt Sloterdijk – aufgrund der paradoxen Glaubens-
existenz von Konzentration und Verinnerlichung in der Gottesbeziehung und
zugleich Ausweitung in der Glaubenspraxis und Bildung, von untertan sein und
frei sein, von gerecht vom vergebenden Gott her und Sünder bei sich selbst.
Also: „Luther des Rückzugs in die Innerlichkeit und in einen religiösen Individualismus zu verdächtigen, ist nicht nur angesichts der die Welt verwandelnden
geschichtlichen Folgen seiner Erscheinung töricht, sondern widerspricht auch
der von ihm ausdrücklich durch das Wort wahrgenommenen Verantwortung
für weiteste Bereiche und Geschehnisse des öffentlichen Lebens" (Ebeling, 1964,
198). Luthers Positionieren in Glauben, Lehren und Praxis ist einer der grund-
legenden Meilensteine im Individualisierungsprozess gewesen (in der Tradition
des Augustinismus). Gerade z.B. seine Heirat mit Katharina von Bora war der
gläubigen Hochschätzung des Körperlichen geschuldet – und das Körperliche
individualisiert. Es ist das tragende Paradox des Christentums, dass der Körper
die Inkarnation/Menschwerdung Gottes und des glaubenden Menschen manifestiert (Roper, 2016).

(4.5.) Der Mensch des Humanismus: Ebenbild des Schöpfer-Gottes (als Gattungswesen) und zugleich eigenständiger Welt- und Selbstschöpfer (als Individuum)

Im ausgehenden Mittelalter betonten humanistische Philosophen, Dichter, Politiker, Reformtheologen die neue Freiheit des Menschen, sich selbst entfalten zu
können, ohne dabei die Gültigkeit und Macht des Schöpfergottes anzutasten
(Kreuzer, 2001, 59–77; Roeck, 2017). Sie haben in ihrer Überwindung des mit-
telalterlich-kirchlichen Gehorsams- und Gemeinschaftsmenschen eine durchgreifende Individualisierung und Pluralisierung der Glaubens- und Lebensstile
gebracht und damit verbunden einen Zwang zur Selbstverantwortlichkeit
gleichsam als inneren Kompass eingeschrieben. So war für den italienischen

Humanisten Pico della Mirandola (1463–1494) der Mensch von Gott als höchstes Geschöpf erschaffen worden, aber er war als Gottes Ebenbild nicht letztgültig festgelegt in seiner Lebensgestaltung, sondern für die individuelle Verwirklichung seiner Gott-Ebenbildlichkeit erschaffen. Pico argumentierte umgekehrt zur Tradition, die lautet: Gott hat den Lebensweg eines jeden Menschen und im Besonderen den der Auserwählten festgelegt, wie es z.b. Augustin (354–430) mit seiner Prädestinationsvorstellung gelehrt und Einfluss auf die Reformatoren hatte. Pico seinerseits erklärt sein Modell der doppelgestaltigen Gott-Mensch-Beziehung: Gott hat die Menschen offen und entwicklungsfähig in das Leben entlassen, sodass sie durch eigene Entscheidungen ihr Leben gestalten und sich zum Ebenbild Gottes formen können, sollen und müssen. Gott hat den Entscheidungsspielraum gegeben zwischen einem bloßen Dahinvegetieren wie Pflanzen und einem Leben in Gemeinschaft mit Gott, wodurch die Menschen wie Gott ‚über allen Dingen stehen'. Das war insofern revolutionär, als der Einzelne nicht mehr als der mit freiem Willen ausgestattete Erfüller der kirchlichen Gebote, Gesetze und Verbote firmierte. Er wurde aber auch nicht an seine allen Eigeninteressen vorausgehende Verantwortung für den Nächsten und die Schöpfung verwiesen, wie es die Reformatoren vorschlugen. Der humanistisch-neuzeitliche Mensch weiß sich als Geschöpf Gottes frei zur Selbstverwirklichung, er verlässt die Natur und stellt sich ihr gegenüber. Diese Weichenstellung in Richtung Selbstermächtigung in Beerbung des allmächtigen Gottes und der beinahe allmächtigen Kirche treibt später Nietzsches Übermensch auf die Spitze, und der postmoderne Selbstinszenierer und Einzelkämpfer kennt diesen Selbstverwirklichungszwang als sein persönliches Programm. Individuen lassen sich besser steuern, wenn sie sich als Gestalter ihres Lebens verstehen und wenn ihnen dies zwanglos suggeriert wird.

Die folgenden Ausführungen und Zitate zum Menschenbild im Humanismus stammen aus Picos Rede „Über die Würde des Menschen" (s. Text Nr. 1 im Vorwort), bei deren Abfassung Pico knapp 24 Jahre alt war. Er hatte sie als Einführung für eine öffentliche Diskussion über 900 Thesen verfasst, die in Rom wahrscheinlich 1486 stattfinden sollte, und zwar mit dem Ziel, einen philosophischen Frieden herbeizuführen. Dieses Vorhaben scheiterte aber an der Kirche. Pico wurde der Prozess gemacht und er wurde verurteilt, woraufhin er nach Frankreich floh. Die Rede ist erst nach seinem Tod in seinem Nachlass gefunden worden. Es ist eines der bedeutendsten Dokumente für die Forderung nach Mündigkeit, nach Vernünftigkeit und nach freier Selbstverantwortung des (neuzeitlichen) Menschen vor Gott.

Als Gott sein Schöpfungswerk der Erde vollendet hatte, erschuf er den Menschen, damit dieser „die Vernunft eines so hohen Werkes nachdenklich erwäge, seine Schönheit liebe, seine Größe bewundere" (Pico, 1997, 7). „Doch gab es unter den Urbildern keines, wonach er den neuen Sprößling hätte formen können, auch fand sich in den Schatzkammern nichts, das er dem neuen Sohn als Erbgut hätte schenken können. ... So traf der beste Bildner schließlich die Entscheidung, daß der, dem gar nichts Eigenes gegeben werden konnte, zugleich an allem Anteil habe, was jedem einzelnen Geschöpf nur für sich selbst zuteil geworden war. Also nahm er den Menschen hin als Schöpfung eines Gebildes ohne besondere Eigenart, stellte ihn in den Mittelpunkt der Welt ...(sc. Gott sprach zu Adam) ‚damit du den Platz, das Aussehen und alle die Gaben, die du dir selber wünschst, nach deinem eigenen Willen und Entschluß erhalten und besitzen kannst'. ... Du wirst von allen Einschränkungen frei nach deinem eigenen freien Willen, dem ich dich überlassen habe, dir selbst deine Natur bestimmen. ... Weder als einen Himmlischen noch als einen Irdischen habe ich dich geschaffen und weder sterblich noch unsterblich dich gemacht, damit du wie ein Former und Bildner deiner selbst nach eigenem Belieben und aus eigener Macht zu der Gestalt dich ausbilden kannst, die du bevorzugst'. ... Dem Menschen hat bei der Geburt der Vater Samen jedweder Art und Keime zu jeder Form von Leben mitgegeben. ... Sind es Keime des Geistes, wird er ein Engel sein und Gottes Sohn. ... Wir sind geboren worden unter der Bedingung, daß wir das sein sollen, was wir sein wollen, ... damit wir nicht das gütigste Geschenk des Vaters, den freien Willen, den er uns verliehen hat, mißbrauchen" (Pico, 1997, 9–13).

Pico vertritt das Ideal des Humanismus: den ‚uomo universale', den gebildeten, über den Dingen stehenden, lernfähigen und wissbegierigen, freien und tugendhaften (Mann-) Menschen. Dieser Mensch ist in Vernunft und Willen frei und fähig, sich als Geschöpf Gottes sein eigenes ‚Wesen' zu schaffen. Picos sowohl an Platon als auch an Aristoteles orientierte Philosophie trug zur Entwicklung einer neuzeitlichen freiheitlichen Subjektivität und damit einer fortschreitenden Individualisierung bei, auch mit seiner Tendenz, sowohl die Leiblichkeit des Menschen als auch dessen gesellschaftliche Einbettung zugunsten einer intellektiv-kontemplativen Lebensführung zu vernachlässigen.

Ein grundlegender Diskussionspunkt zwischen den Reformatoren und Humanisten wie Pico und Erasmus von Rotterdam (1469–1536), der eine Synthese aus christlicher Philosophie und antikem Humanismus versuchte, war die schon verschiedentlich angesprochene Frage nach der Freiheit des menschlichen Willens: Gibt es den freien Willen zur eigenen Lebensgestaltung, sodass der Mensch, „kraft eingeborener Vernunft und Fähigkeit zum Guten selbsttätig das Heil erlangen" könne (Schilling, 2013, 395), wie Erasmus behauptete: ‚De libero arbitrio' (1524)? Oder ist der Willen des Menschen in der Weise ‚geknechtet', dass er von sich aus als Sünder nur bei sich selbst sein und aus sich selbst nur sündige Werke tun kann und deswegen gerade nichts zu seinem Heil beitragen kann, wie Luther gegen jede Möglichkeit gottgefälliger Taten und humanistischer Selbstperfektion behauptete: ‚De servo arbitrio' (Daß der freie Wille nichts sei. Antwort D. Martin Luthers an Erasmus von Rotterdam, 1525)? Dahinter steht die Frage nach der Vermittlung und Aneignung der Gnade Gottes, ob nämlich die Gnade die Natur des Menschen vervollkommne, so Thomas von Aquin in seiner ‚Summa Theologiae' Ia pars, q. I, art. 8, ad sec., also eine Gott-Mensch-Synergie stattfinde, oder ob Gottes Gnade die Beziehung Gottes zum individuellen sündigen Menschen radikal umstürze? Ist der sündige Mensch im Blick auf sein Heil abhängig von Gott als seinem Schöpfer, Versöhner und Erlöser, oder kann der Mensch von sich aus gleichsam sündenfreie Taten vollziehen, die zu seinem Heilwerden beitragen, und ob er nach dem Empfang der ‚anstossenden', vorausgehenden Gnade so etwas wie Selbstheiligung betreiben kann? Humanisten wie Erasmus und Pico vertraten – in Übereinstimmung mit dem Dogma von der Willensfreiheit des Menschen zu ‚guten, verdienstvollen Werken' im Sinne der römisch-katholischen Kirche – die Willensfreiheit des Menschen um dessen Verantwortlichkeit und Selbstperfektionierung willen. Dagegen vertraten Reformatoren wie Luther die radikale Unfreiheit des Menschen, zu seinem Heil eigene ‚gute Werke' beitragen zu können. Der Mensch bleibt als Individuum vor Gott in sich selbst ‚eingekurvt' und kann nur durch Ansprache ‚von außen', durch Gottes Evangelium ‚aufgeschlossen' und in die Freiheit der Nächstenliebe gerufen werden. Die Nächstenliebe folgt aufgrund der Rechtfertigung des Sünders aus seinem Glauben an den ihn rechtfertigenden Gott und kann nie etwas Verdienstvolles und Belohnungsnotwendiges zur Rechtfertigung durch Gott beitragen. Der Christenmensch lebt paradox: von Gott aus gerecht und auf sich selbst gesehen sündig (simul iustus ac peccator). Mit dieser Fokussierung des Menschseins auf den ‚inneren' Glauben, der sich in Werken – analog zur Entäußerung Gottes in seiner Inkarnation – entäußert und konkretisiert, entkernt Luther den Menschen durch dessen Verlagerung in das unverfügbare Widerfahrnis des verkündigten Evangeliums hinein und traut diesem Exzentriertwerden zugleich die Dynamik der Nächstenliebe, Gottesliebe und Selbstliebe zu. Man kann diese Sicht als ein Differenzmodell zwischen Gott und Mensch bezeichnen im Gegensatz zum römisch-katholischen Synergiemodell.

Deswegen hatte Luther die Freiheit eines Christenmenschen im Blick auf dessen Heilwerden konsequent abgelehnt, im Blick auf die Gestaltung der Welt hingegen die Freiheit, „die ihm Christus erworben und gegeben hat", in zwei widersprüchlichen, paradoxen und nicht ineinander auflösbaren Sätzen umschrieben: „Ein Christenmensch ist ein freier Herr über alle Ding und niemand untertan. Ein Christenmensch ist ein dienstbarer Knecht aller Ding und

jedermann untertan" (Luther: Von der Freiheit eines Christenmenschen, 1520).
„Der Wille des Menschen ist für Luther nicht so geschaffen, daß er frei zwischen
Gut und Böse wählen kann, vielmehr ist er zur Gänze im verkehrten Wollen
der concupiscentia gefangen und daher unfähig, selbstlos zu wollen (Gott über
alles zu lieben), wenn ihn nicht Gottes Gnade aktual bewegt. Und diese Gnade
ist nicht ein ‚Gnadenstand', eine von Gott verliehene übernatürliche Qualität im
Sinne einer Grundhaltung (habitus), die sich der Mensch durch Gewöhnung
aneignet, wie sie die Scholastik in Anwendung aristotelischer Denkkategorien
auffaßte. Gnade kann gar nicht angeeignet, zum Eigenen des Menschen im
Sinne eines Habitus werden, sie ist vielmehr eine aktuale Bewegung Gottes zum
Menschen hin, gegenläufig zur Sündigkeit des Menschen. Auf sie antwortet der
Glaube des Menschen, indem er sich an Gottes Zusage seiner Barmherzigkeit
hält, und eben dadurch wird seine Rechtfertigung vor Gott bewirkt" (Böckenförde, 2002, 377f.). Der Luther-Experte Heinz Schilling führt diese Interpretation Luthers weiter: „Modernen, von der Leistungsfähigkeit ihres Verstandes
überzeugten Menschen mag die Position des Erasmus plausibler, jedenfalls sym-
pathischer erscheinen. Mit Blick auf die Vermittelbarkeit Luthers mag mancher
Kirchenpolitiker daher versucht sein, gerade an diesem Punkt die Radikalität
seines Denkens abzumildern oder als nur noch historisch relevant darzustellen.
Das verkennt indes, dass es gerade die Zerstörung des traditionellen, theologisch legitimierten Selbstvertrauens und die bedingungslose Verneinung aller
menschlichen Ansprüche auf Selbstheiligung waren, die das Fundament für die
neuzeitliche Anthropologie legten und eine Dynamik freisetzten, die Kirche,
Staat und Gesellschaft auf neue Grundlagen stellte. Auch das in den Orientie-
rungskrisen der modernen Welt gerne beschworene Wissen, dass der Mensch
von Voraussetzungen lebt, über die er selbst nicht verfügt, ist weniger auf Erasmus als auf Luther zurückzuführen. Bei alldem darf aber nicht übersehen werden, dass der Reformator das Böse nie abstrakt, sondern konkret als Wirken des
Teufels dachte und darin alles andere als modern war" (Schilling, 2013, 396f.).
Luther hatte das Widerfahrnis von Gottes Vergebungswort dialektisch (oder
paradox) gefasst als ‚Geborgenheit in Gott' und als ‚Freisetzung (aus Sünde und
Kirchenzwang) für die Welt' und eine Individualisierungsdynamik ausgelöst,
indem er das Heilwerden des Menschen wegnahm von der Kirchen-Gesellschaft und individualisierte auf die Beziehung Gottes zum einzelnen Menschen.
Also nicht mehr die Kirche macht den Glaubenden, sondern der von Gott ver-
söhnte individuelle Glaubende vollzieht die Kirchen-Gesellschaft mit. Können
Glaubende nur als Teil der Kirche Glaubende sein, so – etwas karikierend – der
römisch-katholische ekklesiologische Vergemeinschaftungszwang bis heute,
oder bilden glaubende Individuen Kirchengemeinschaft, so die protestantische

Prävalenz des Individuums? (In der Soziologie wurde und wird diese Kontroverse zwischen gesellschafts- und individuumsorientierten Ansätzen geführt, z.b. Max Webers Negativsicht der Individualisierung und Emile Durkheims eher positive Sicht (Beck, Beck-Gernsheim, 1994, 26ff.; Schroer, 2000, 15ff., 137ff.). Im Zuge der (Dialektik der) Aufklärung ist die Dialektik von Befreiungs- und Bindungspotential vereinseitigt worden in Gestalt eines Freisetzungs- und Selbstermächtigungsunternehmens (Richter, 2005, 32ff.; Schroer, 2000, 42ff.), das dann z.b. durch Ulrich Beck wieder in seiner Ambivalenz der „riskanten Freiheiten" entdeckt wurde (Beck, Beck-Gernsheim, 1994, 10–39) und z.b. von Carlo Strenger als Aufgabe „schmerzhafter Freiheit" formuliert wurde (Strenger, 2017, 7–13).)

Im Protestantismus wurde und wird der ‚riskante Glaube' in seiner Paradoxalität immer dann vergessen, wenn bei pietistischer, evangelikaler Betonung des individuellen Bekehrungserlebnisses und des persönlichen Frömmigkeitsstils diese in ein fundamentalistisches Akzeptieren von vorgegebenen geistinspirierten Glaubenssätzen pervertiert zu werden droht oder wenn die bürgerlichen Erwartungen eines risikolosen religiösen Service erfüllt werden (Metz, 1980, 12; Bonhoeffer, 1951, 232–237; Sölle, 1994, 27ff., 81ff.; Gerber, 2015, 65ff.). (Der Katholizismus ist durch einen ‚vorneuzeitlichen' Fundamentalismus geprägt, der als hierarchisch strukturiertes Monosystem mit exklusiven Wahrheitsansprüchen definiert werden kann und sich schwer tut mit Individualisierungsprozessen (Gerber, 2015, 8).)

(4.6.) Der Mensch als ‚Selbstbewusstsein': in der Tradition von René Descartes (1596–1650)

René Descartes hat versucht, die Skepsis des neuzeitlichen Menschen der Tradition gegenüber, ganz im Sinne von Luthers grundsätzlich thematisiertem Zweifel, und die von Luther bekämpfte Wertschätzung der Vernunft ‚ohne Leitung des Glaubens' zu verbinden in einem Konzept, das dennoch Gewissheit und Orientierungssicherheit zu begründen vermag. Er hat die augustinische Tradition der „radikalen Reflexivität", der Bedeutung des cogito, der zentralen Rolle eines Beweises für die Existenz Gottes, der ‚von innen' ausgeht und nicht wie z.b. bei Thomas von Aquin bei der äußeren (Schöpfungs-)Wirklichkeit ansetzt (Bromand, Kreis, 2011, 101ff.), aufgenommen und in eine neue Richtung gelenkt (Taylor, 2016, 262ff.). Er wurde zu einem der Vorbereiter der Aufklärung und wirkt bis heute nach mit seinem ‚Rationalismus des Selbstbewusstseins'. Man kann Descartes' Philosophie als den Wendepunkt vom Bewusstsein zum absolut gesetzten Selbstbewusstsein beschreiben. Waren die griechischen Philosophen und die ihnen folgenden christlichen Theologen auf die metaphysischen Ideen, auf den jenseitig-theistischen Gott, auf die letztlich gute Weltordnung ausgerichtet, so lässt Descartes all dies gleichsam implodieren im cogito bis auf den Anker ‚Gott'. Das ‚Innere' ist jetzt nicht mehr nur der Adressat und Erfahrungsort des widerfahrenden ‚Äußeren' (Idee, Gott, Kosmos), sondern ist das Konstruktionslabor für gewisses Erkennen: „Richtige Erkenntnis rührt nicht mehr daher, dass wir uns der Ordnung der (ontischen) Ideen öffnen, sondern daher, daß wir entsprechend den Vorschriften der *evidence* eine Ordnung (innergeistiger) Ideen konstruieren" (Taylor, 2016, 283). Damit ist Rationalität – um diese erkenntnistheoretische Begründung geht es Descartes – „eine interne Eigenschaft des subjektiven Denkens und besteht nicht mehr in dessen Sicht der Realität" (Taylor, 2016, 284). Warum und wie kam dieser Schritt von den vorgefundenen Inhalten zum vergewissernden Verfahren, die Charles Taylor als „eine gewaltige Verinnerlichungsleistung" bewertet hat?

„Descartes ist aufgefallen, dass es einen Bewusstseinszustand gibt – die Selbstgewissheit des reflektierenden Subjekts –, der sich grundsätzlich von allen anderen Fällen des Bewusstseins unterscheidet" (Sturma, 1997, 97). Also ist jegliche Erkenntnis von Welt anzuzweifeln, und allein die Selbstvergewisserung des Denkens in seinem Selbstvollzug kann Gewissheit bringen: „cogito, ergo sum". Erst indem ich denke, gewinne ich Klarheit und Gewissheit und nicht (mehr) im Akzeptieren vorgegeben-tradierten Wissens, selbst wenn dies kritisch geschieht. Indem das reflektierende Subjekt in seiner innerlichen Unabhängigkeit dem Objekt gegenübertritt, gewinnt das Subjekt seine eigene, mit sich selbst gegebene und vollzogene Gewissheit. Mit dieser Konzentration auf das ‚cogito' behauptet Descartes, dass das Selbstbewusstsein nicht auf die reflektierende Wahrnehmung von Welt-Wirklichkeit reduziert werden kann und dass die Selbstreflexion und Selbsttransparenz dieses Selbstbewusstseins nicht von der reflektierenden Wahrnehmung von Objekten (Weltwirklichkeit, Realität) abhängt: Das sich selbst denkende Ich ist – erstmals in dieser Radikalität – sein Selbstbewusstsein. Und dieses Selbstbewusstsein ist vom Körper, generell von der Natur-Welt als res extensa unterschieden und in einer Weise getrennt, dass der Mensch – konsequent gedacht – ohne seinen Körper und ohne die Welt existieren kann (Gahlings, 2005, 72). Mit dieser ‚Immaterialisierung' des menschlichen ‚Wesens' geht die Welt für Descartes aber nicht verloren, wohl aber erhält sie als res extensa, als objektiv Vorfindliches, einen neuen Stellenwert. Descartes ist kein solipsistischer Egozentriker gewesen oder gar ein Weltverneiner, sondern er wollte der Konstrukteur einer evidenten Erkenntnistheorie für Zweifler sein. Es gibt auch für ihn so etwas wie eine bewusstseinsunabhängige Weltwirklichkeit, aber ihre Erkenntnis und der Umgang mit ihr liegen im zweifelsfreien

‚cogito' des menschlichen Subjektes. Man könnte sagen, dass Descartes Luthers entsichernde Verlagerung des glaubenden Ichs in das Gott-Widerfahrnis umgedreht hat in die reflektierende Selbstbegründung dieses Ich-Subjektes. Oder so: Augustin hat die Verinnerlichung betont, weil sie den Weg zu Gott öffnet. Luther hat die Verinnerlichung bei Gott selbst – solus Deus – angesiedelt als dessen Begegnungsweise mit uns Menschen mit dem Ziel, dass der durch Gottes Gnade (sola gratia) im Glauben (sola fide) betroffene Mensch sich in Nächstenliebe der Welt zuwendet. Bei Descartes hingegen verinnerlicht sich der Mensch im ‚cogito' in sich selbst, um Gewissheit unbedingt zu erzeugen, sodass Gott in diesem evidenten System die Rolle zufällt, als wahrheitsliebender Gott die menschliche Erkenntnis der Außenwelt gleichsam zu garantieren.

Descartes hat die Unabhängigkeit der Selbstgewissheit gesetzt. An diesem Punkt wird für ihn die Gottes-Idee, wie bereits angedeutet, grundlegend, in der entsprechend die Außenwelt ausgeblendet bleibt. Aber aus sich selbst heraus kann das Bewusstsein keine Vorstellung Gottes haben, sodass Descartes die Idee Gottes als ‚idea innata' setzt. Die Idee Gottes schließt höchste Gewissheit und Wahrhaftigkeit ein. Auf diesem Weg eines Gottes-Beweises, der sowohl an den ontologischen Gottes-Beweis des Anselm von Canterbury: ‚Das denkbar Höchste muss zugleich real existieren', als auch an die Selbsterforschungen eines Augustinus in seinen ‚Bekenntnissen' erinnert, durchbricht Descartes die Zirkularität des Selbstbewusstseins und bindet dieses zurück an die Außenwelt, ohne aber dieser Außenwelt einen für das Selbstbewusstsein konstitutiven Charakter zu geben.

Man wird hier Peter Sloterdijks Einwand aufnehmen können, dass Descartes' Fehlschluss darin bestand, „das Denken für sein Ich zu reklamieren. Das Ich ist aber nichts anderes als der Ort, an dem die Feststellung ‚es denkt' zuerst auffällig wird. Dass ein Ich sein Denken und das Gedachte sich selber zuschreibt, ist sekundär" (Sloterdijk, 2017, 21). Und er fährt fort: „Es macht Fichtes Größe aus, dass er in seinem Spätwerk das Es-Hafte im Ich hervorkehrte; fürs erste braucht es zwar ein Ich, damit es denken kann, aber hinter dem Ich, das ich unmittelbar kenne, weil ich es gesetzt habe, ragt ein Ich auf, das ich nicht kenne und das mich gleichsam als sein Auge verwendet. Das unbekannte, durch mich hindurchblickende Ich heißt Gott. Gott ist der Wille zum Inhalt, der Wille zur Nicht-Sterilität, der Wille zur Nicht-Erschöpfung-im-leeren-Selbstbezug, kurzum der Wille zur Welt" (wobei Descartes sein Gottes-Bild hätte in diese Richtung weiterführen können?). Kant hatte bei aller Nähe zu Descartes dessen ‚cogito, ergo sum' als Tautologie zurückgewiesen (Gahlings, 2005, 77). Und spätere Philosophen, wie z.B. Martin Heidegger, haben den Cartesianismus als Initiator für die Hybris des modernen Menschen und für den „Substanzen-Dualismus" verantwortlich gemacht, der dem ,denkenden Ich' die technokratische Unterwerfung der ,res extensa' bis hin zur Klimakatastrophe eingeschrieben hat (Schütt, 1998, 179).

Klar ist seit Descartes: Neuzeitliches Denken und Gestalten geht von dem seiner selbst bewussten Subjekt aus und nicht von irgendwelchen vorgegebenen Wahrheiten und Anleitungen oder empirischen Fakten. Tradition und Objektivität unterliegen dem denkenden Subjekt. Auch Kants „sapere aude! Habe Mut dich deines eigenen Verstandes zu bedienen! Ist also der Wahlspruch der Aufklärung" will absichern, dass der Mensch nur das für akzeptabel, weil vernünftig halten kann und darf, was sein eigenes Reflektieren durchlaufen hat. Hauptgegner sind dabei der absolutistische Staat und die autoritäre Kirche(n), die beide die rechtliche und ethische/religiöse Autonomie des Menschen verhindern. In einem Prozess der Aufklärung müssen sich die Bürgerinnen und Bürger in einen republikanischen Staat zusammenfinden und für eine kosmopolitische Vernunftreligion oder eine Zivilreligion im Sinne von Rousseau eintreten (Brandt, 2010, 175–213).

Die breite Wendung zu Autonomie und Selbstbestimmung als Akten von Selbstermächtigung und von Allmachtsphantasien im Sinne des Usurpierens der Stelle Gottes geschah im 19. Jahrhundert sowohl in der Romantik als auch durch Nietzsche und ebenso durch Hegel, der das Prinzip der Subjektivität als neuzeitliches Freiheitsbewusstsein an die Reformation zurückband (Richter, 2005, 98ff.; Ritter, 1989, 23ff.). Der Historiker Joachim Ritter interpretiert Hegels Bestimmung des Freiheitsbewusstseins als „die im Christentum aufgenommene, im Protestantismus aus der Äußerlichkeit in das Selbst des einzelnen zurückgenommene Freiheit", die „der politischen und rechtlichen Freiheit der Revolution zugrunde liegt und in der bürgerlichen Gesellschaft ... zu ihrer weltlichen Existenz kommt" (Ritter, 1989, 24). Bei Hegel, Kant und anderen neuzeitlichen Subjektivitätskonzeptionen, auch z.B. in Schleiermachers romantisierendem Religionsverständnis, ist mit dem Subjekt aber nicht das konkrete (leibliche) Individuum gemeint, sondern dieses wird gleichsam abstrahiert zu dem Subjekt, das mehr oder weniger ,verallgemeinert' wird auf seinen universalen, transzendentalen Vernunftgebrauch hin. Bei Kant bleibt das Individuum an die übersubjektiven (transzendentalen) Vernunftregeln gebunden, bei Hegel entfaltet sich das Subjekt in seinem Aufgehen im kollektiven Weltgeist. Walter Schulz hat resümiert: „Der Weg von Descartes zu Hegel ist durch die ständige Überhöhung des Ich, d.h. durch die ständige Eliminierung menschlicher und endlicher Züge der Ichhaftigkeit bestimmt... Zunächst löst sich das Ich von der Welt bewußt ab und konstituiert sich damit als weltüberlegene Subjektivität, und sodann sucht es von dieser Subjektivität aus die Weltbindung genetisch zu erklären... Man muss sich diesen Ansatz einmal in seiner ganzen Befremdlichkeit verdeutlichen.

Ich kann – mit Descartes gesprochen – am Schreibpult sitzen und diese ganze Welt in Gedanken verschwinden lassen, um sie sodann in Gedanken wiederzugewinnen" (Schulz, 1972, 257). Dieses Ich wird im digitalen Zeitalter seinen bereits durch Implantate gesteigerten Geist auf einen Computer (auf eine cloud) außerhalb seiner selbst laden, um auf diese Weise außerhalb des eigenen Körpers zu leben. Der Körper sitzt auf der Couch und der Geist wandert virtuell durch das Himalaya-Gebirge und das Weltall. In Wirklichkeit macht die Geist-Seele natürlich keine (angstbesetzte) Seelenwanderung durch, sie kommt auch nicht reflexiv zu sich selbst, sondern sie lagert sich aus in die Ewigkeit des PC?

Dieser bei Descartes in der Reflexion und beim ‚Selfie' im digitalen Auslagern seines Geist-Selbst gegebene Dualismus „hat keine Ähnlichkeit mit dem platonischen Dualismus. Denn nach Platon bringt das Niedrigere das Höhere zum Ausdruck. Dementsprechend lösen wir uns vom Niedrigeren, indem wir durch es das Höhere lieben. Das ist die im *Gastmahl* beschriebene Bewegung des Eros. Descartes hingegen löst sich vom Körperlichen, indem er es verdinglicht und es bloß als toten, ausdruckslosen Stoff sieht" (Dreyfuß,Taylor, 2016, 33). Aber dieses körperlose Ich ist immer noch das reflexiv verallgemeinerte Ich des ‚Ich denke'. Es ist das eine Grundmodell denkender Selbstvergewisserung als Selbstbegründung des Ich: „Die Subjektivität sucht sich über sich zu erheben und sich selbst durch sich selbst zu begründen, und gerade in diesem Versuch erfährt sie ihre eigenste Endlichkeit und begreift sich in ihrem Sein von einem Anderen – von Gott her" (Schulz, 1957, 85) – auch in Descartes' ontologischem und ideentheoretischen Gottes-Beweis (Bromand, Kreis, 2011, 133ff.). Erst wenn diese Vernunft der Reflexionsphilosophie und -theologie ihre Dominanz verliert an die Gesamtleiblichkeit des Subjektes und an die radikale unüberbrückbare Differenz der sinnlich-körperlichen Subjekte je bei sich und im Widerfahrnis des Anderen, wird die Herrschaft des Vernünftig-universal-Allgemeinen infrage gestellt zugunsten des konkreten Individuums. In der Wirkungsgeschichte hat dann die ‚Logik des Herzens' (Pascal) und der Sinne verloren gegen die ‚Logik des Kopfes' (Descartes, Spinoza) (Richter, 2005, 80–97). Dieser Prozess schlägt sich seit der Mitte des letzten Jahrhunderts immer stärker in Akten gelebter radikaler, nämlich den Anderen – Gott oder Mitmensch oder Natur – suspendierender Individualisierung nieder mit dem in der Postmoderne kreierten Symbol des ‚Selfies' (oder Profils).

Diese Entwicklung manifestierte sich in der Krise der Bewusstseinsphilosophie und -theologie mit partiellen Allmachtsphantasien in ihren gedanklichen Selbstbegründungen, die sich theologisch als feste Glaubensgrößen in zirkulären Beteuerungen des Gottes-Glaubens gehalten haben (Luther, 1992, 80ff.; Jörns, 2004, 19–67). Entschärft werden sollte die solipsistische Gefahr dieses

Individualisierungsschubes durch Vermittlungsversuche wie die intersubjektiv-kommunikative Konzipierung des Subjektes in seinen symmetrischen Beziehungen unter Beibehaltung des universalistischen Vernunft-Prinzips, etwa bei Jürgen Habermas (kritisch bei Brumlik, 1994, 102; Luther, 1992, 67–73; Beck, 2017, 246). Noch deutlicher tritt das Individuum in phänomenologisch ansetzenden, dekonstruktivistischen Konzeptionen zutage in Zuspitzungen auf das zwar durch Tradition, Sprache, Zeichen, Sozialität geprägte, aber in der radikalen Differenz zu Anderen sich entzogene Individuum, das sich weder in Tradition noch in seiner Vernünftigkeit, sondern in seiner zeichengebundenen Kommunikation verkörpert und somit in seinem metaphysisch begründeten Auftreten für ‚tot‘ erklärt werden muss (Gamm, 2005, 362; kritisch bei Frank, 1988, 7–28). Peter Bürger umschreibt die Konsequenz dieses z.b. durch Derrida zugespitzten Anliegens: „Derridas Kritik der Gegenwart des Gegenwärtigen ... erschüttert die Grundlagen jeder möglichen Evidenz und stellt damit jedes Handeln in den Horizont der Unentscheidbarkeit" (Bürger, 2000, 187). So haben z.b. Gadamer und Habermas immer wieder kritisiert, dass Derrida hermeneutische wie philosophische Wahrheits- und Geltungsansprüche durch die Dekonstruktion aufgebe und damit das Subjekt letztlich auflöse (Derrida, Gadamer, 2004; Habermas, Derrida, 2004; Bürger, 1998, 12–16, v.a. zu Foucault).

(4.7.) Das Subjekt in seiner reflexiven Selbst-Erfahrung

Die andere Seite des bei Descartes sich selbst im kontrolliert-kontrollierenden Denken konstituierenden Subjektes ist dessen Fähigkeit, sich als konkret-leibliche Person mit Verstand und Gefühlen aufzufassen in ihrer Unbeständigkeit, ihren Krankheiten und Glücksgefühlen, mit Augenblickserfahrungen und Widersprüchen. Es ist ein „Individualismus der Selbstentdeckung" (Taylor, 2016, 325), dessen Ziel und Methode(n) nicht eine Wissenschaft des allgemeinen Denk-Subjektes sein will im Sinne Descartes‘, sondern die Entdeckung des einzigartigen Individuums, des konkreten einzelnen ‚Selbst‘. Kann die Vernunft, so ist zu fragen, überhaupt etwas Unveränderliches für das Subjekt erfassen, da dieses selbst auch in seinem Denken stets in Veränderung ist? In die individuelle Wahrnehmung des ständigen Sich-Wandelns des Ichs sei, nach der Meinung z.B. des französischen Humanisten Michel de Montaigne (1533–1592), so etwas wie ein Bewusstsein von Ganzheit eingeschrieben, das aber nicht im Akt des cartesianischen cogito des sich seiner selbst vergewissernden (Selbst-)Bewusstseins innewohnt. In der je eigenen Erfahrung gibt es so etwas wie eine Übereinstimmung von stetigem Wandel und der ‚inneren Einheit‘ des Ichs (Bürger, 1998, 32–37), die sich in einer unmittelbaren Erfahrungsgewissheit und einem

selbstständigen Urteilen manifestiert. Das Ich will nicht seinen Körper beherrschen oder gar abspalten im Sinne von Descartes' Denk-Ich, sondern gut mit
seinem Körper auskommen und umgehen, ihn beobachten und in dieser Introspektion zugleich der „Gesamtform der menschlichen Natur" ansichtig werden.
Diese Intention des Ichs spiegelt sich bei Montaigne in dessen Art und Weise
des Schreibens, nämlich formal in der ungebundenen subjektiven Essai-Gattung
inhaltlich gleichsam als Selbstalphabetisierung. Montaignes Schreiben ist „nicht
(wie später Rousseau) nachträglicher Bericht mit dem Ziel der Selbstrechtfer-
tigung, sondern der unabschließbare Versuch, alles über sich in Erfahrung zu
bringen" (Bürger, 1998, 37). Diese Intention findet sich ähnlich schon in Augus-
tins ‚Bekenntnissen' und kommt in nachreformatorischer Zeit verstärkt in der
frommen Selbstbeschreibung vor allem der sogenannten Bekehrten vor, die ihr
individuelles Leben reflexiv auf den geistlichen ‚inneren' Punkt bringen und sich
dabei gegenüber Gott durch ihr bekenntnishaftes Verschriftlichen ihrer Bekeh-
rungserfahrung in einem Beobachtungsritual verselbstständigen (Graf, 2017,
78f.). In der protestantischen Ethik hat – laut Max Weber – die Verbindung des
lutherischen Arbeitsethos mit dem reformierten Erwählungs- und Askesege-
danken zu einem Ritual der gleichsam alltagsanalytischen Selbstbeobachtung
geführt. In ähnlicher Weise ging es Montaigne um den unabschließbaren Prozess der Erfahrungsgewinnung am eigenen Ich, wodurch er zu den „Urhebern
der Suche nach der Originalität jedes einzelnen" gehört (Taylor, 2016, 325). Er
teilte die Wende nach innen mit Descartes, aber er teilte nicht dessen Wissen-
schaftskonstruktion, sondern entkleidete das Subjekt aller Theorien und Kons-
trukte, um an den individuellen ‚Kern' zu kommen. Während Descartes „im
abstrakt allgemeinen Ich die Grundlages eines gesicherten Wissens" gewinnt,
geht es Montaigne um die Offenheit des Subjektes in seinen unabschließbaren
Erfahrungen (Bürger, 1998, 41). Beide setzen in entgegengesetztem Zugriff vom
‚Ich denke' bzw. vom ‚Ich erfahre mich leiblich' sowohl ein allgemein-universa-
les Ich als auch ein konkret-besonderes Ich als immanente Spannungsdynamik
voraus.
   Descartes hat Nachfolger gefunden, z.B. in dem englischen Empiristen John
Locke (1632–1704), der das ‚Desengagement' des neuzeitlichen cartesianischen
Subjektes und dessen rationale (wissenschaftliche) Kontrolle gerade auch seiner
körperlichen Erfahrungen weiterführt. Locke lehnt die Vorstellung von ange-
borenen Ideen und von einem guten Kern im Menschen ab. Er geht in seiner
Erkenntnistheorie davon aus, dass jeder Mensch in seinem Bewusstsein Ideen
hat: „Alles, was der Geist in sich selbst wahrnimmt oder was unmittelbares
Objekt der Wahrnehmung, des Denkens oder des Verstandes ist, das nenne ich
Idee". Diese Ideen kommen – und hier liegt der springende Punkt – aus der

Erfahrung, ist doch der Verstand eines Neugeborenen eine tabula rasa („white paper"). Die Erfahrung hat zwei Quellen: die äußere Sinneswahrnehmung und die innere Selbstwahrnehmung (reflection), die sich auf die Akte des Denkens bezieht. Dadurch macht Locke das Denken unabhängig von Vorgaben, Ideen (auch der ideae innatae des Descartes) und Autoritäten und schreibt dem Denken die Fähigkeit und Aufgabe zu, in rationaler Weise die Welt zu erkennen und darzustellen. Dieses ‚desengagierte' Denken geschieht als rationale Weltbemächtigung aus der Perspektive der ersten Person als eines rational arbeitenden Konstrukteurs. (Locke betont dabei, dass zu dieser Überzeugung das protestantische Prinzip der persönlichen Grundsatztreue hinzu gehöre.) Dieses Selbst als Erste-Person-Subjekt existiert allein in diesem (Bewusstseins-)Vermögen, mit den Dingen als Gegenständen umzugehen. Locke unterscheidet die Identität der Person von der Identität des Ich (gedacht als Seele oder als denkende Substanz) und von der Identität des Menschen seinem organischen Körper nach. Die Identität des Ich als Person geschieht durch das Bewusstsein mit seinen Verknüpfungsleistungen der Ideen: „Demnach bin ich gegenwärtig dieselbe Person wie vor zehn Jahren, nicht weil ich denselben Körper habe, und auch nicht, weil dieselbe Substanz in mir denkt, sondern nur weil meine gegenwärtige bewußte Erfahrung mit meiner vergangenen bewußten Erfahrung verknüpft ist: sie gehören zu einem bewußten Leben, und das heißt nach Locke zu einer identischen Person" (Thiel, 2001, 81f.). Hierbei gilt, dass der Geist bei seinem Denken und Folgern als unmittelbares Objekt ausschließlich seine eigenen Ideen hat. „Daher ist es offenbar, daß es unsere Erkenntnis lediglich mit unseren Ideen zu tun hat. Die Erkenntnis scheint mir nichts anderes zu sein als die Wahrnehmung des Zusammenhangs und der Übereinstimmung oder der Nichtübereinstimmung und des Widerstreits zwischen irgendwelchen von unseren Ideen". Die Identität der Person ist nicht ‚substantiell' vorgegeben wie z.B. bei Descartes, sondern sie existiert einzig vermittelst der Konstitution durch das Bewusstsein. Charles Taylor fasst diese radikal subjektivistische Auffassung von Person unter der Definition des „punktförmigen Selbst" zusammen. Locke „bietet eine einleuchtende, mit einer Theorie der rationalen Selbstbeherrschung verflochtene Darstellung der neuen Wissenschaft als gültiger Erkenntnis, und diese beiden werden unter dem Ideal der rationalen Selbstverantwortung miteinander verknüpft. ... Zusammengehalten wird das Bündel durch ein Ideal der Freiheit oder Unabhängigkeit, das seinerseits durch eine Vorstellung von Desengagement und prozeduraler Vernunft untermauert wird" (Taylor, 2016, 314). Hatte Descartes in der Frage nach der Identität des neuzeitlichen Menschen eine geistig-immaterielle-seelische Substanz als über die Zeit hinweg gültige metaphysische Annahme gesetzt und damit das Problem der Identität gar nicht aufkommen lassen, so gibt Locke als Grund der persönlichen Identität das selbstbezügliche Bewusstsein an. Damit hat Locke einen Neuansatz formuliert, der über die metaphysisch betriebene Kontroverse Immaterialismus-Materialismus hinausging. Wenn jetzt der auf den Weg zu seiner Subjekt-Werdung geschickte Mensch mit der Metaphysik auch noch den lediglich das mit der Schöpfung gegebene Gesetz seinerseits offenbarenden Gott verabschiedet, dann geschieht Subjekt-Werdung als Selbstermächtigung. Lockes Philosophie kann man als Scharnierstelle zum Deismus und zum Atheismus ansehen. In diesem Sinne war Locke eine der „Hauptfiguren im Rahmen der Entwicklung der Ethik des gewöhnlichen Lebens von ihrer zunächst theologischen hin zur modernen, ‚bürgerlichen' und naturalistischen Formulierung" (Taylor, 2016, 423). Die instrumentelle, maximierende Vernunft ist der innere Ansatzpunkt, „dessen sich Gott bedient, um uns emporzuheben an die Grenze unserer Möglichkeiten" (Taylor, 2016, 429). Es ist nur ein kleiner Schritt, dass sich die rationale Erkenntnis von ihrer Geschöpflichkeit abkoppelt und sich ‚naturalistisch' – so bei Romantikern – in sich selbst bewegt und entsprechend das Gute, das Gott will und gibt, sich ausschließlich als das natürliche Gut entpuppt, entspricht doch die Selbsterhaltung des Menschen dem göttlichen Willen. Damit setzt sich die von Erasmus gegen Luther geltend gemachte ‚naturalistische' Linie durch, wonach der neuzeitliche Mensch mit dem Anstoß der Gnade sich selbst verwirklicht ohne Notwendigkeit eines Du.

Peter Bürger weist in seiner Geschichte der Subjektivität darauf hin, dass die gegensätzlichen Ansätze von Descartes und Montaigne in dem französischen Aufklärer, genialen Mathematiker und Physiker Blaise Pascal (1623–1662) insofern einen Widerpart gefunden haben, als dieser beide Positionen ablehnte: sowohl die wissenschaftsprozedurale Gewinnung sicherer Erkenntnisgewissheit des cogito von Descartes als auch die Erfahrungsgewinnung am eigenen Ich im Sinne Montaignes. Pascal lehnt die Zuspitzung beider auf das starke, beinahe solipsistische, autonome Subjekt ab, das sich selbst zum Zentrum und Mittelpunkt macht. Zunächst unter dem Einfluss des cartesianischen Rationalismus stehend, brachte sein Bekehrungserlebnis (1654) eine Wende zum „Gott Abrahams, Gott Isaaks, Gott Jakobs", weg vom „Gott der Philosophen und Gelehrten". In seinen 1670 posthum veröffentlichten „Pensees" (Gedanken) weist Pascal darauf hin, dass sich die menschliche Vernunft lediglich auf das Endliche beziehe, während die eigentliche Erkenntnis mit dem Herzen (coeur) geschehe. Damit sind das cartesianische Selbstvertrauen und die Selbstgewissheit des Ich radikal infrage gestellt: „da niemand eine Sicherheit außer dem Glauben hat" (Pascal, 1997, Nr. 131). Pascals Ich ist ein angstgeschütteltes, hassenswertes Wesen, das seine Leere erfährt und nicht über Montaignes glücklichen Erfahrungsschatz verfügt (weil es diesen gar nicht gibt) und sich nicht mit Descartes' desengagiertem Cogito-Subjekt und dessen rationaler Kontrolle befreundet (weil dieses Subjekt sich selbst überschätzt) (Bürger, 1998, 98ff.). Aber alle drei wenden ihren Blick nach ‚innen‘, um das denkende Ich, das sich selbst erfahrende Ich und das gläubige Ich zu entdecken.

Während der Denker des methodischen Zweifels und seiner Überwindung Descartes und der Ich-erfahren(d)e Montaigne und die meisten Philosophen bis zum deutschen Idealismus eine positive Selbstvergewisserung betreiben in ihrem Vertrauen in die Welt, thematisieren Denker wie Pascal die unerträgliche Leere des Menschen, Romantiker wie Schelling die das Ich auflösende Angst vor dem Dunklen und Chaotischen im Menschen, Kierkegaard die radikal verunsichernde Angst überhaupt des In-der-Welt-Seins (bis hin zu Heideggers ‚Dasein zum Tode‘). Man wird also für den Individualisierungsprozess verschiedene philosophische, religiöse (damals christliche), kulturell-gesellschaftliche Wurzeln annehmen müssen, die sich alle in der Wendung nach ‚innen‘, in der ‚Re-flexion‘ treffen. Das Subjekt auf der Schwelle in die Moderne bewegt sich in verschiedenen Horizonten in einer Introspektion oder gar Implosion, die zur Setzung des ‚cogito‘ durch Descartes, aber auch z.B. bei Pascal zum Glauben führen kann an einen „Gott der Liebe und des Trostes, der Herz und Seele derjenigen erfüllt, die ihn besitzen". Wird von Pascal – ähnlich wie von Luther – die methodische Sicherheit der ‚Welt‘ durch eine Gewissheitserfahrung hinterlegt, die als Widerfahrnis ‚von außen‘ betroffen macht und nicht durch das Ich hergestellt werden kann? Weder mittels philosophischer (reflexiver) Vernunft noch mittels empirischer Wissenschaft lässt sich Gewissheit gewinnen, aber ebenso wenig gibt es laut Pascal eine fromme Synthese aus Glauben und Wissen. Das Subjekt steht auf der Schwelle zwischen methodischer Absicherung und Ungewissheit, die allein ‚von außen‘, durch den Anderen: einen Gott, eine Natur-Macht, einen begegnenden Menschen, umgewendet werden kann? Aber ein Du kommt nicht konstitutiv vor: „Ob es (sc. das Ich) sich nun mit Montaigne als körperlich-seelische Einheit, mit Descartes als Verstandes-Ich oder mit Pascal als Angst-Ich auslegt, es bedarf zu seiner Konstituierung keines Du. Das ‚Erbarme Dich meiner, damit ich sprechen kann‘ des Augustinus gehört zur Vorgeschichte des Subjektes" (Bürger, 1998, 222). Die Möglichkeit der Subjekt-Werdung bleibt die Unmöglichkeit des Subjektes, weil sie ‚von außen‘, von welchem Du auch immer widerfährt. Peter Bürger hat darauf aufmerksam gemacht, dass bei Denkern wie Pascal und Heidegger die Angst den Menschen vereinzelt: Die Angst als „das völlige Zusammenbrechen aller innerweltlichen Orientierungen", die „zum Ursprungsort von zwei, wertmäßig scharf voneinander abgehobenen Weisen des Subjektseins" wird: „*divertissement* oder Glaube an Gott bei Pascal, Verfallensein an das Man oder Eigentlichkeit bei Heidegger" (Bürger, 1998, 221).

(4.8.) Das Ich-Subjekt im Übergang von der metaphysisch verbürgten Ordnung zur Selbstkonstruktion

Im 17. Jahrhundert setzten sich die Erfahrung und Erkenntnis durch, dass sich der neuzeitliche Mensch nicht mehr als Teil eines nach göttlichen Ideen geordneten Kosmos verstehen und verhalten kann. Der Kosmos ist nicht mehr die materialisierte Manifestation des göttlichen Schöpfungs-, Erhaltungs- und Vollendungsplans, sondern der wissenschaftlich zu erforschende Kosmos-Mechanismus. Und entsprechend ist der Mensch nicht mehr der mit einem guten Kern ausgestattete Geist-Seele-Ableger des göttlichen Logos, den es in seiner materiellen Körperlichkeit von Verunreinigungen heraus zu lösen, zu ‚reinigen' gilt, sondern der Mensch ist das sich selbst reflektierende Ich (Descartes), das sich selbst erfahrende und erkundende Ich (Montaigne), das gläubige Ich mit Herzens-Gefühlen über den Verstand hinaus (Pascal) ohne Einbindung in eine kosmische Ordnung oder einen Gott wie noch bei Augustinus und Luther.

Diese neue Individualisierung zeigt sich darin, dass der Einzelne seine Bestimmung in seinem eigenen Inneren entdecken und von sich aus gestalten muss. Der ‚neue' Mensch „ist sich selbst überlassen" (Taylor, 2016, 345). Er ist jetzt selbst der Verwalter der Welt und seines Selbst als der Spitze der sich vom Schöpfer-Gott abkoppelnden Welt. Der Einzelne, oft vereinzelte, verwendet die Welt zur Selbsterhaltung und zur Ehre Gottes ‚säkular' im Glauben. Und was für das Verschwinden der kosmischen Ordnung und für die Verschiebung Gottes in den Wartestand zutrifft, das „wird schließlich auch auf die politische Gesellschaft übertragen. Daraus ergibt sich ein Bild des souveränen Individuums, das ‚von Natur aus' keiner Autorität verpflichtet ist. Der Zustand der Unterwerfung unter eine Autorität ist etwas, was erst *geschaffen* werden muß" (Taylor, 2016, 345). Das Phänomen der persönlichen Zustimmung und Bindung an Gott und an die Kleingruppe der bereits Erlösten, die beide bei Luther an Gottes durch das verkündigte Wort wirksame Zuwendung zum sündigen Menschen gebunden waren, prägt das ‚neue' Subjekt sowohl im Blick auf die politische Herrschaftsform eines Staats- bzw. Gesellschaftsvertrages oder des Königtums von Gottes Gnaden oder einer demokratischen Vergemeinschaftungs- und Herrschaftsform als auch im Blick auf die Beziehung des einzelnen Frommen zu seinem Gott. Diese Beziehung erhält jetzt eine kirchenkritische und generell institutionenkritische Note, sie steht in der Gefahr, zu einer subjektiven Expression von Geist-Besitz zu werden oder sich in eine subjektive Ethik bzw. Moralität zu transformieren. Und sie äußert sich in freikirchlichen (puritanischen) Vergemeinschaftungen der Erlösten gegenüber der mehrheitlich verlorenen Kirche(n) und ‚Welt' in Europa wie in den USA. Gesellschaftlich gesehen ist dieses autonome Individuum aufgerufen, zusammen mit der Gesamtheit der ,Monaden' die politische Gesellschaft in einem Zustimmungsentscheid zu konstituieren. Diese Spannung ist den westlichen Demokratien bis heute insofern eingeschrieben, als diese ihre Politik sowohl nahezu atomistisch an den Interessen der Einzelnen ausrichten als auch eine Politik der Bürgerbeteiligung betreiben (oder heute durch Abgeordneten-Selfies Politik und Gesellschaft auseinanderdriften lassen).

Aber in dem Maße, wie die großen Einrichtungen der Feudalgesellschaft einschließlich die Kirchen an Geltung und Bindungskraft verlieren und wie die Dynamik der Aufklärung die Welt zu ,entzaubern' unternimmt und bislang gültige Normen aufweicht, steigen die Risiken der Selbstgestaltung und die Gefahren des Selbstverlustes. Deshalb geschah z.B. die Flucht der Frommen in fundamentalisierenden Glauben und sicheren Geist-Besitz (Gerber, 2015, 65ff.). Ein weiteres Beispiel für diese risikoreiche offene Situation gibt Jean Jacques Rousseau (1712–1778) ab mit seiner Vorstellung vom homme naturel (Natur-Mensch), der als starker Einzelgänger in einem freien Naturzustand lebt bzw. gelebt hat und leben sollte (Bürger, 1998, 98ff.). Ursprünglich lebten die Menschen isoliert und taten sich in zufälligen losen Gemeinschaften zusammen, um z.B. Naturkatastrophen und Unglücksfälle besser zu überleben. Die ersten politischen Ordnungen beruhten nicht auf expliziten Willensentscheidungen, sondern auf natürlichen Gemeinsamkeiten. Als der Egoismus der Einzelnen durchbrach, wurde die natürliche Selbstliebe (amour de soi) durch die Eigenliebe (amour propre) verdrängt und eine Ordnung mit Zustimmungscharakter, also ein Gesellschaftsvertrag (Contrat social, 1762), wurde notwendig. Der Einzelne unterstellt sich als Person mit seinem Eigentum der „höchsten Leitung des Gemeinwillens" (volonté générale) und garantiert als Einzelner mit dieser Zustimmung sowohl seine eigene Freiheit als auch die Gleichheit aller. Und damit unterstellt er sich auch der allgemeinen Zivilreligion. Dieser Vertrag „stellt eine *Verrechnung auf der Basis des Egoismus* dar" (Schulz, 1972, 733).

Rousseau ging davon aus, dass der Einzelne in seinem Gefühl die Natur und sein aus dieser entspringendes Wesen erfährt, das durch die Gesellschaft verdorben wird. Deswegen wäre es für die Heranwachsenden förderlich und eigentlich notwendig, dass sie ihr Leben ohne die sozialen Zwänge von Familie und Gesellschaft in natürlicher Einsamkeit und in Einzelgängertum führen könnten. Diese radikale Zivilisationskritik schließt konsequenter Weise ein, dass Rousseau allein im Besitz der Wahrheit ist: Er „setzt die ganze verrottete Menschheit auf die Anklagebank und schreibt Bücher, die sämtliche Bücher abschaffen wollen. Für alle, mit denen er befreundet ist, entpuppt er sich früher oder später als Monster. … Wahnsinn und Wahrheit, das Tragische und Bizarre sind im Leben des Jean-Jacques Rousseau nicht auseinanderzuhalten" (Ott, 2011). Entsprechend sind die von ihm geltend gemachten Menschenrechte individualistisch zugespitzt auf den Schutz des Einzelnen vor zivilisatorischen Eingriffen. Seine Vorstellungen von Gesellschaft und deren Zivilreligion unterlaufen letztlich den bestehenden Staat und die verfasste Kirche(n): „Ihr tragendes Element ist ein radikaler Individualismus mit anarchistischen Komponenten, die für die geistige Wegbereitung der Revolution bekanntlich eine zentrale Rolle spielten" (Richter, 2005, 104).

Ein Apercu zum damaligen Zeit-Geist: Der Kunstwissenschaftler Stefan Heidenreich hat den in Deutschland seit dem 18. Jahrhundert in allen Gesellschaftsschichten zelebrierten Brauch der Geburtstags-Feier, die von Griechen und Römern extensiv vollzogen wurde, in diese Perspektive gerückt: „Im Feiern des Geburtstags zeigen wir uns als moderne Subjekte", die der Aufklärung verpflichtet sind. „Ein bloßer Untertan jedenfalls wäre niemals auf den Gedanken gekommen, sich selbst zu feiern; höchstens seinen weltlichen, geistlichen oder göttlichen Herrn. Bevor man das Ich preisen konnte, musste man es erst einmal erkennen. Wenn wir heute also selbstverständlich des Datums unserer Geburt gedenken, zelebrieren wir uns als freie, aufgeklärte, selbst denkende Individuen, die nicht mehr unter der Knute irgendeines Herrschers stehen. Celebrari aude – habe Mut, dich selbst zu feiern" (BZ vom 19.04.2018, 11). Jedem Rechtssubjekt steht ein Tag zu, um sich selbst zu feiern. Heute wird dieser private Brauch dadurch veröffentlicht, dass man nicht mehr durch einen persönlichen Besuch teilnimmt, sondern einen Eintrag in Facebook hinterlässt. Nicht mehr das Wohlbefinden des ‚Geburtstagskindes' ist wichtig, sondern die Originalität der im Internet abgelieferten Sprüche. An diesen Sprüchen erkennen wir, wer wir sind, und nicht mehr durch uns selbst? Aber es sind eben Sprüche und keine individuelle Begegnung von Angesicht zu Angesicht. Die Subjekte werden zu Sprüchen; sie transsubstantiieren sich in Sichtweisen – wie Kleidung in Mode.

(4.9.) Wird der Trans/Post-Humanismus das Subjekt in den Cyborg transsubstantiieren in einer hybriden Vergemeinschaftungsinitiative?

Wenn man einmal die folgenden drei Interpretationen von Subjektivität als Raster annimmt: das sich in Selbstbewusstsein, im Gefühl, im Glauben selbst begründende Ich-Subjekt, dann das intersubjektiv-symmetrisch sich konstituierende Ich und schließlich das durch den Anderen asymmetrisch konstituierte Ich, dann bringt der sogenannte ‚Transhumanismus' eine grundlegend neue Variante von Neuem Menschsein (Demuth, 2018, 77–118; Rötzer, 1998, 609f.). Wird der Urmensch Adam nach seiner Neuwerdung gemäß der christlichen Theologie des Apostels Paulus: ‚Adam brachte durch Sünde den Tod, in

Jesus Christus brachte Gott Gnade für alle Sünder' (Römer 5, 12ff.), und nach dem Golem und Frankenstein endlich als neuer-letzter Mensch die Evolution der Menschheit krönen?

Für diese Vervollkommnung stehen biotechnische Programme, spirituelle Missionen und digitale Transformationsmuster bereit. Hans-Joachim Hahn hat diese Verheißungs- und Heilsgeschichte einschließlich Kommunismus und Nationalsozialismus, Marcuse, Huxley der Dresdner Ausstellung des Neuen Menschen nachgezeichnet (Hahn, 2018; Demuth, 2018, 77ff.; Herbrechter, 2009). Karl Otto Hondrich hatte in „Der Neue Mensch" gezeigt, dass mit der Jahrtausendwende die „individualistisch" orientierte Gestalt die „Entfaltung des eigenen Selbst", also Selbstverwirklichung betreibt. Die „Herkunftsbedingungen" werden entschlackt um der Freisetzung willen „nicht nur von der lästigen Tatsache der Gesellschaft, sondern auch von der des Leibes und der Lebenszeit" (Hondrich, 2001). Hatte dann nicht Albert Camus den Klarblick, wenn er die „einzige Wahrheit, die heute originell" sei, darin sah, dass sich „der Mensch schlicht weigert, Gott zu sein"?

Dieser auch Post-Humanismus genannte völlige Umbau des angeblich letzten Menschen verabschiedet die wie eine Kryptoleitkultur fungierende Werte-Orientierung und damit das ‚abendländisch-humanistische' Subjekt. Wir sind es gewohnt, dass in der westlichen Welt christliche, humanistische, sogenannte allgemeinmenschliche Werte mit dem Anspruch auf Allgemeingültigkeit vor allem in der Politik zitiert werden, nach denen sich die Einzelnen in ihrer neoliberal generierten individuellen Lebensführung richten sollen (und sich allerdings immer weniger daran orientieren). Solche Humanistischen Werte wie Freiheit, Gleichheit und Brüderlichkeit, ebenso Gerechtigkeit, Gemeinschaft, Fairness, Ehrlichkeit, Vertrauen, Nachhaltigkeit sollen in ihrer appellativen Präsentation den Zusammenhalt der nationalen, europäischen, weltglobalen Werte-Gemeinschaft garantieren, indem der Einzelne sich danach richtet (auch wenn sich selbst viele der Politiker nicht daran halten). Auf spätere Ausführungen vorgreifend kann das heutige Ergebnis einer sogenannten Werte-Gemeinschaft mit Knut Nevermann vielleicht etwas despektierlich, aber ernüchternd beschrieben werden: „Die Verlotterung zwischenmenschlicher Umgangsformen. Die unverantwortliche Gewaltbereitschaft. Die Schmierereien in Zügen und an Häusern. Wir sind sozusagen auf der Suche nach dem verlorenen Über-Ich" (DIE ZEIT vom 30.06.2016, 65). Das psychisch zwingende Über-Ich in seiner Gestalt als Gott, Nation, Führer, politische Ideologie, Leitkultur, Kapital, allwissende und allmächtige Wissenschaft oder sonst einer Großen Erzählung ist als Fremdzwang aus seiner Außenposition eingewandert in den Einzelnen und dreht sich dort im Kreis des Selbstzwangs, wie es der Soziologe Norbert Elias schon 1939 im „Prozess der Zivilisation" an Beispielen gezeigt hat. Damit bleiben aber die möglichen Folgen des Handelns vor dem eigenen Ich immer noch angstbesetzt, wobei die Generierung der Angst – im Sinne von Freuds Einjagung von Angst durch das Über-Ich – nicht differenziert zwischen Gottes Strafgericht und dem zwanghaften Selbstverwirklichungsdiktat. Die in ihre Monaden auseinanderfallende Welt-‚Gemeinschaft' müsste auf die Coach zur Analyse und Therapie, zur Selbstaufklärung und Wahrnehmung von Verantwortung. Der Psychiater Reinhart Lempp hatte schon 1996 die „autistische Gesellschaft" mit dem Verlust an Verantwortlichkeit für Andere (und die Natur) und der Unfähigkeit zum Erwachsenwerden im Umgang mit Ansprüchen, Wünschen, Chancen und Unmöglichkeiten angeprangert (Lempp, 1996). Wer aber soll und kann die Therapeutin, der Therapeut sein, und was soll das Ziel der Therapie sein? Soll das „therapeutische Narrativ der Selbstverwirklichung" weiter umgesetzt werden auf dem allgemeinen Individualisierungs- und Optimierungstrip (Illouz, 2006, 76)? Aber mit dieser Art von Therapie wird das „therapeutische Narrativ" insgesamt nicht als Sackgasse durchschaut werden (können)?

Unter den unzähligen Angeboten, die nahezu alle „kulturelle Vorlagen religiöser Narrative" verwenden (Illouz, 2006, 85), wie weiter unten am Beispiel von Psalm 23 vom Guten Hirten als Geheimcode des Ich-AG-Selfies gezeigt werden wird, macht sich derzeit der sogenannte Trans- oder Post-Humanismus der Cyborg-Kultur (wieder) stark mit seiner Vorstellung technokratischer Perfektionierung des in seinen letzten Zügen liegenden ‚menschlichen' Menschen. Genau genommen macht der Transhumanismus Schluss mit allen diesen pseudohumanistischen Rettungsversuchen des letzten Menschen und verspricht mittels der Schaffung seiner biokapitalistischen Märkte die Neuschöpfung des Menschen. Die Grundthese dieser in techno-religiöser Sprache und Bildern verheißenen ‚Auferstehung' des immer mehr ins Hintertreffen geratenden und deswegen unbrauchbarer werdenden Menschen in neuem hybriden Gewande lautet, dass im Zuge der technologischen Entwicklungen sich die Menschheit sukzessive von ihren humanbiologischen Grenzen emanzipieren wird. Der menschliche Geist und Körper werden mithilfe von Technik vorübergehend oder dauerhaft überwunden werden. Im Heilszentrum dieser Techno-Philosophie steht das eschatologische, apokalyptisch eingefärbte Versprechen einer Auferstehung in verwandtschaftliche Beziehungen auch mit nichtmenschlichen Wesen und/oder in die digitale Unsterblichkeit.

Man kann zwei Stränge in diesem ‚Neozän' unterscheiden: Auf der einen Seite hat der Informatiker und Futurologe bei Google, Ray Kurzweil, in „Menschheit 2.0" seine transhumane Vision gleichsam als komplette Digitalisierung der Menschen entwickelt. Und Donna Haraway hatte in ihrem Cyborg-Manifest die Neuerfindung der Natur in den 80er Jahren aus feministischer Perspektive in der Schnittstelle zwischen Mensch und Maschine, zwischen Natur und Technik neu ausgelotet. Technologisch kann man in einem bio-technologischen Mix z.b. Gehirne mit Computern verbinden zur Optimierung der ganz individuellen Denkfähigkeit (abgesehen von den Inhalten). Man kann mittels Gentechnologie Ei- und Samenzellen und Embryonen zu hybriden Wunschkindern, eigentlich: Wunschwesen manipulieren, weil man mit der Erzeugung von menschlichen Kindern vorsichtig verfahren soll (Haraway, 2018). An dieser Stelle tut sich die zweite Variante einer Welt nach dem Anthropozän auf: das ‚Chthuluzän'. Man merzt z.B. mittels der sogenannten Genschere CRISPR/Cas9 nicht nur alle menschlichen Krankheiten aus, sondern man stellt Zukunftswesen wie ‚Camille' her: ohne Geschlecht, halb Menschenkind und halb Schmetterling der Familie der Monarchfalter. Das Zeitalter des Anthropozäns, das mit Artensterben und Selbstausrottung der menschlichen Art enden wird, wird vom „Chthuluzän" abgelöst. (Das Kunstwort Chthuluzän bedeutet altgriechisch ‚von der Erde kommend', ‚erdlebendig', und verweist zugleich auf die Spinne ‚Pimoa Chthulhu'.) Donna Haraway verabschiedet die ‚unterkomplexe Fiktion' des aus sich selbst gestaltenden, autopoietischen (spätmodernen) Menschen-Subjektes und wendet sich der Geburt des sympoietischen, also mit anderen Lebensformen verbundenen Menschen zu. Nachkommen sollen in artenübergreifenden Dreierbeziehungen aufgezogen werden, und jedem Menschenkind wird eine bedrohte Spezies als Symbiont zugesellt. Und dieses Netzwerk ‚Chthuluzän' wird sogar ein sich permanent beschleunigendes ‚Kapitalozän' auffangen. Hier sind Fragen an Haraways neues Konzept oder Projekt zu stellen. Also: Mag man sich auf heilende Eingriffe in das menschliche Genom verständigen, muss man dann aufgrund seiner biologisch-körperlichen Vorgaben so todunglücklich sein, dass man sich in eugenischer und bewusstseinsutilitaristischer Phantasie in einen Mensch-Tier-Hybrid transformieren lassen möchte? Es geht um die Rettung von bestimmten Tieren durch den sich hybrisierenden Menschen, ohne dass einer Ganzheitlichkeitsesoterik gehuldigt wird, aber auch ohne Auskunft über die ‚hybride Subjektivität und Individualität' (Haraway, 2018). Menschen tragen die Gene von Tieren, und weil sie die „Verwandtschaft der Arten" pflegen, werden sie nicht mehr so viele Menschen-Kinder bekommen und die Überbevölkerung der Erde eindämmen. Ob die von Haraway aufgeführten Beispiele und Erfahrungen, etwa von der postmenopausalen Partnerschaft mit ihrer Hündin, ihr Projekt plausibler und ökologisch notwendiger erscheinen lassen, bedarf der je eigenen Prüfung.

Was soll mit den beiden Strängen einer post-humanistischen Neuerschaffung der Welt indiziert werden? Mit diesen Projekten soll, gemäß Worten ihrer

Erfinder, der Tod in seiner humanen Form überwunden werden: „Eigentlich wird es Ende des 21. Jahrhunderts keine Sterblichkeit mehr geben. Nicht in dem Sinne jedenfalls, wie wir sie kennen. Nicht, wenn man sich der Technologie zur Übertragung des menschlichen Bewußtseins zunutze macht, die im 21. Jahrhundert existieren wird... Wenn wir Software sind, wird unsere Existenz nicht mehr von der Lebensdauer unserer datenverarbeitenden Schaltungen abhängen... Natürlich werden Computer dann nicht mehr die Einzelobjekte sein, die sie heute sind. Sie werden tief in unsere Körper, unser Bewußtsein und unsere Umwelt eingebettet sein" (Kurzweil, 2000, 18). Ist also ein durch Digitalisierung auf Dauer gestelltes oder durch hybriden Gen-Mix vervielfältigtes Bewusstsein das Ende des menschlich-körperlichen, überhaupt des individuellen Lebens? Geht es bei digitaler und gentechnologischer Optimierung um die Ausrottung „unwerten Lebens" im Sinne der Begrenztheiten des homo sapiens? Würde sich das Subjekt nicht selbst abschaffen durch Digitalisierung und Gentechnologie? Wie geschieht überhaupt die Kommunikation in uns mit unseren unsichtbaren Minirobotern und tierischen Körperteilen? Welche Gefühle werden bleiben, und welche kommen hinzu? Wer entscheidet, welche Eigenschaften, Erfahrungen und Beziehungen digital und ‚chthuluzänisch' zu ersetzen und welche analog bzw. ‚speziezistisch' (Peter Singer) beizubehalten sind – doch wohl autokratische Machthaber und von ihnen protegierte Konzerne? Die grundsätzliche Frage lautet: Leben wir Menschen nicht davon, dass wir als Menschen verschieden sind? Dass wir endlich sind und unser Ich-Sein in unseren glückenden und leidvollen Beziehungen erfahren und nie als identitäre Eigenschaften besitzen (Kußmann, 2016; Julien, 2018; Liebsch, 2014, 45–47)? Ein Ich des Menschen gibt es nicht im Sinne eines wahrnehmbaren, empirisch nachweisbaren Kerns oder Zentrums oder digitalen ‚Motors'. Der Hirnforscher Wolf Singer stellt fest: „Ein Ort, an dem das Ich seinen Sitz hat, findet sich im Gehirn nicht. Ich neige eher dazu, dies als gesellschaftliche Zuschreibung zu sehen, wie es auch bei der Frage des freien Willens der Fall ist". Dass es ein Ich ‚gibt', bezweifelt er nicht, „nur seine Verortung ist schwierig" (FR 12.07.2017, 26), jedenfalls nicht empirisch beschreibbar. Andere Neurobiologen wie Gerhard Roth haben – ganz im Sinne von Descartes – mit dem „präfontalen Kortex" den Sitz mindestens des Bewusstseins, wenn nicht des ‚Ichs' gefunden.

Ginge es hier um Science Fiction und Szenarien einer schönen neuen und einer apokalyptisch untergehenden alten, letzten Welt, dann könnte sich jeder Einzelne je nach Unterhaltungspräferenz seine fiktive Transformation in ein technologisches oder hybrides alter ego auswählen. Da es dieser ‚Technischen Zivilisation ohne den Menschen' aber um das Verschwindenmachen des gewöhnlich-herkömmlichen Menschen geht, sind Kritik und Widerstand angesagt. Das grundlegend Neue dieses Paradigmenwechsels ist die radikale Ablösung von christlichen, humanistischen, idealistischen Menschenbildern hin zu einer digitalistischen oder biologisch-naturalistischen Anthropologie mittels einer biopolitischen Technokratie. Hatte das Christentum als Zentralerfahrung die Menschwerdung Gottes in der Gestalt Jesu als des Christus (und dessen später geglaubte Auferstehung) ausgegeben, also ein ausschließlich ,humanes' Menschenbild vertreten, so löst der Posthumanismus Menschsein von unserer ,humanen Natur' ab und macht aus ihm ein bio-wissenschaftliches, bio-politisches und bio-ökonomisches Projekt einer ganz neuen naturalistischen Welt. „Der technische Fortschritt im digitalen Zeitalter geht zusammen mit wachsenden Individualisierungswünschen und -notwendigkeiten. Deregulierung ist nicht nur das Motto neoliberaler Ideologie und der von der ökonomischen Globalisierung ausgehende wirtschaftliche Zwang, sondern auch Emanzipationsantrieb der Individuen, die aus sozialen und familiären Strukturen ausbrechen und ihre Verankerungen mit der realen Welt lösen wollen, wozu auch der eigene Leib mitsamt seinem Gehirn gehört, das nur noch ein Organ unter anderen ist" (Rötzer, 1998, 609). Es geht um den Streit um ein humanistisches Menschen- und Gesellschaftsbild oder ein trans- oder posthumanistisches Menschen- und Gesellschaftsbild. Soll der zukünftige Mensch ein post-körperlicher, technisch-künstlicher Hybrid und die Gesellschaft ein sich selbst regulierendes Netzwerk aus Hybriden mit vernetzten Festplatten sein? Also ein Cyborg, ein Mischwesen aus bisherigem Menschen und modernster Technik? Der in letzter Zeit wieder zum Leben erwachte Cyborg sucht seine Freiheit „nicht mehr jenseits von Frau und Mann, Schwarz und Weiss oder Links und Rechts. Ihm geht es um eine andere als die kulturelle oder politische Freiheit: Dieser Cyborg möchte sich vom Menschsein befreien! Denn seine Menschlichkeit ist ihm eine Last – zu langsam ist sein Körper, zu beschränkt seine Intelligenz, zu schnell erschöpft sich die Konzentration. Und erst der Schlaf!" (Kaiser, Virchow, 2016, 10). Der Selfie soll seine Individualität – das wichtigste Ideologem neben der männlichen Souveränität (Richter, 2006, 9–14) – verlieren und in einen Hybrid-Cyborg als Netz-Werk mutieren und das Ende seiner Geschichte vollziehen, weil seine Gegenwart und Zukunft bestimmbar werden, weil er schlussendlich unsterblich wird? Und weil er nicht mehr trauern kann.

Thea Dorn hat in ihrem Roman ,Die Unglückseligen' fiktiv-utopisch den ,siebenten Weltkongress der Immortalisten' ablaufen lassen. Der König der Immortalisten begann seine Reden: „Freunde, ich spüre eure Wut... Richten wir sie auf das, was unsere Wut verdient: Tod dem Alter! Tod dem Sterben! Tod dem Tod! ...Betrachtet sie ein letztes Mal, diese grausamen Bilder, diese unmenschlichen Bilder, von denen uns die Fatalisten, die Morbiden, die Todesanbeter einreden wollen, sie seien unabänderlich, weil sie den ,Lauf der Natur' zeigten. Doch wir, die Transhumanisten, die Lebensfreunde, die Todfeinde, wir wissen es besser... Drum lasst die Unwissenden da draußen ruhig schreien, spotten, drohen! Wir wissen, dass der Mensch alles vermag, wenn er seinen Kampf gegen das vermeintlich Unvermeidliche nur entschieden genug führt. Und also, Freunde, lasst uns angenehmere Bilder betrachten und freudenvollere! Bilder, von denen wir wissen, dass sie die Zukunft zeigen!" (2016, 189f.).

Was also wird in den nächsten Jahren und Jahrzehnten mit dem Menschen geschehen: Wird sich das spätmoderne Subjekt in eine solche conditio cyborgiana bzw. ‚chthuluzän'verwandeln (lassen), und wird er sich dadurch insofern selbst beenden, als alle Selfies sich als Einheitscyborgs in das Gattungsexemplar Cyborg verwandeln werden? Oder wird er sich in eine modifizierte conditio humana (im Sinne von ‚humanistisch') transformieren in einer zweiten Renaissance und Reformation mit ‚klassischen' humanistischen Werten (so wie der Historiker Heinrich Winkler die Rettung der EU allein durch eine Wertegemeinschaft annimmt)? Oder wird er sein Selfie-Sein digital und gentechnisch perfektionieren, indem er die Metamorphose zu einem Informations-Konstrukt in dem sich selbst regulierenden Netz bei möglichst weitgehender genetischer Gleichschaltung vollzieht? Oder werden sich ganz andere Menschen- und Gesellschafts-Bilder auftun, die wir jetzt noch nicht ausmachen können?

Gentechnologie vor allem mit der (CRISPR-Cas9-) Genomchirurgie (Nationale Akademie, 2015), Hirnforschung, Synthetische Biologie, Human Enhancement, nano- und makrogebildete Optimierungs- und Transformationsmittel versprechen, je auf ihre Art als Start-up(s), den Selfie nach individuellen Vorstellungen in künstliche Wesen zu verwandeln und täuschen darüber hinweg, dass immer die Apotheose des idealen Menschen, also gerade die Auslöschung der Individualität Pate steht. So wie in dem Menschenbild der griechischen Metaphysik die Einzelnen körperlich individuiert und voneinander getrennt, aber in der Geist-Seele identisch und vereint und ‚idealer Mensch' waren, so soll heute der körperlich imperfekte individuelle Mensch zu dem Muster des einheitlichen ‚Idealmenschen' entwickelt werden. Dies wäre das Ende individuellen Menschseins.

Die Debatte geht um die kulturelle, soziale, religiöse Idealität – als Projektionsplattform des Fortschrittszwangs – und um die Selbstermächtigung des Menschen in Autonomie und Unabhängigkeit, die man sich nimmt oder auch nicht nimmt, ohne Zugriff oder Verzicht begründen und rechtfertigen zu müssen. Wie Horst-Eberhard Richter und andere sozialphilosophische und -psychologische Expertinnen und Experten gezeigt haben (Richter, 2005; Neiman, 2006; Ehrenberg, 2011 u.a.), wollte schon der in die Neuzeit startende ‚Macher' aus Renaissance-Tagen und wollten die folgenden Gestalter von Mensch,

Gesellschaft und Welt und schließlich in extremer Weise der inzwischen post-moderne, wahrscheinlich post-faktische Selfie ihre geburtliche Herkunft instrumentalisieren und biopolitisch kanalisieren, ihre extrauterine Hilflosigkeit in den Griff bekommen durch Eingrenzen auf infantile Freiheitsvorstellungen, und sie wollten ihre individuelle wie gesellschaftliche Zukunft als Paradies selbst planen, herstellen und kontrollieren. So wird z.b. ein Buch des Hobby-Philosophen Richard David Precht angekündigt: „Die Zukunft kommt nicht, sie wird von uns gemacht". Solche wahrsagerischen Begehrensbilder und projizierenden (Allmachts-)Phantasien halten die ständige Selbstermunterung und Ego-Motivierung des Selfies wach und suggerieren ihm Freiheitspotentiale, und sie sind zugleich bei jedem im Ansatz eingeschriebenen Scheitern sein tiefstes (narzisstisches) Leiden (Liessmann, 2007). Mit diesem Leiden, das dem Individuum widerfährt und dieses in der Paradoxie von Ausgeliefertsein und Selbstsorge als Subjekt konstituiert, will und kann der Selfie nicht umgehen, weil er in seinem narzisstischen und allmachtsbezogenen kindlichen Selbstbezug leidens- und trauerunfähig geworden ist. Er überspielt in Todesverachtung das Leiden hysterisch in Partys, Events, enthemmenden Erregungs- und Gewaltorgien und in Therapie- und Selbsthilfezirkeln mit religiösen Versatzstücken – und kommt dennoch nicht aus seiner incurvatio heraus. Oder er spaltet das Leiden ab, damit es in religiösen Ritualen, Therapien und Body-building-Lagern, wie Giorgio Agamben spitzig sagen würde, verwaltet wird. Oder das Leiden tobt sich mehr oder weniger blutig aus in „projektivem Hass" auf Andersgläubige, alte und moderne Hexen, auf Fremde, Parasiten, Risikofaktoren, auf die unbeherrschbare Natur (Richter, 2005, 127ff.). Hier will der Transhumanismus als „Ideologie der Optimierungsgesellschaft" ein für alle Mal Eindeutigkeit herstellen (Spreen u.a., 2018).

All dessen eingedenk, gibt es aber auch andere säkulare und religiöse Bilder von Leben, von anderen und widersprechenden Lebensstilen, und könnten andere Wunschlisten in Politik und Gesellschaft lanciert werden. Es könnte doch auch so sein, dass der Selfie-Mensch seine bisherigen technokratischen, sozial-utopischen, legalistischen, asketischen, mystischen, sakramentalen, doktrinalen und sonstigen Wege der fortschrittsgetriebenen Selbsterlösung als Erlösung vom Zwang seiner Erlösung in einem auf alle zukommenden Jenseits hier auf Erden aufgibt und „sich der Vorläufigkeit und nicht der Endgültigkeit verschreibt" (Gross, 2007, 10), sich in seinem Leben mit Leiden und Freuden, mit Ängsten und Freiheiten als Mensch, als Partner und Partnerin, als Humanist, als Christin u.a. erlebt und engagiert (Liebsch, 2014)? Könnten damit nicht sowohl die Individualisierungsdynamik in ihren zerstörerischen Formen als auch die Perfektionierungsmaschinerie(n), die beide die westliche, inzwischen globalisierte (Un-)

Kultur scheinbar unumkehrbar bestimmen, gebrochen werden zugunsten neuer, alternativer Vergemeinschaftungsinitiativen?

Und was geschieht mit religiösen Widerfahrnissen und Praktiken? Ein Glaube an einen Gott wird nicht ausgeschlossen, zumal das Bedürfnis „nach strenger religiöser Verankerung des Lebens" im Schwange ist (Demuth, 2018, 35f.). Aber ein solcher Gottesglaube eines humantechnologisch neu geschaffenen Trans- oder Post-Subjektes inmitten einer humantechnologisch neu kreierten Gesellschaft ist nur möglich als „eine Angelegenheit von persönlichem seelischem Komfort, mit dem es sich individuell leichter und tröstlich leben lässt… Die Performanz eines absoluten Glaubens, die den religiösen Terror einschließt, bietet keine attraktive Alternative zum offenen Wettbewerb der Möglichkeiten, der Glaubensüberzeugungen pluralistisch zulässt" (Demuth, 2018, 36). Wissen schlägt Glauben, und wer dennoch rein persönlich und individuell religiös sein möchte, dem setzen fundamentalistische Transhumanisten und religiöse Vertreter absoluter Glaubenswahrheiten und kirchliches Glaubenserhaltungspersonal hart zu. Alle drei Sinn- und Gestaltungsanbieter vollziehen, wie Walter Benjamin den Kapitalismus als Religion beschrieben hat, die „Sprengung des Himmels durch gesteigerte Menschhaftigkeit" (Benjamin, 1991, 101). Das Subjekt bleibt außen vor.

(4.10.) Vereinzelung in entsichernder Glaubensentscheidung contra vereindeutigenden Fundamentalismus

Von der derzeitigen krisenhaften Situation des Selfies und seiner egozentrisch instrumentalisierten Vergemeinschaftungsformen geht der Blick nochmals auf die religiösen, vor allem protestantischen Individualisierungsschübe in der Neuzeit. Religion(en) wird jetzt auf das persönliche Verhältnis zwischen Gott und dem einzelnen Menschen fokussiert und getrennt vom Staat, der sich – noch als Monarchie aus des Schöpfergottes Gnaden – aufgeklärt-monarchisch, vertragsgebunden, humanistisch z.B. mit den Werten Freiheit, Gleichheit, Brüderlichkeit der Französischen Revolution, fortschreitend säkular um seine Bürgerinnen und Bürger als Individuen kümmert. Vorausgegangen waren auch umgekehrte Versuche von ‚linken' religiösen Reformern vor allem in der Schwärmer-Szene, perfekte Ableger des Himmelreiches auf Erden zu schaffen und sich als Auserwählt-Geheiligte von der bösen Welt radikal zu distanzieren. Im Gegensatz zu der sich ebenfalls als irdisches Abbild (societas imperfecta) des Himmels (societas perfecta) definierenden und organisierenden römisch-katholischen Kirche förderten solche sich enthusiastisch auf Gottes Geist berufende ‚Gemeinschaften' die Individualisierung insofern wirksam, als sie auf die individuelle

Geist-Begabung der Glaubenden und deren ‚Zeugnis' (nämlich von ihrer Bekehrung) größten Wert legten.

In diese Richtung Individualisierung tendierte auch das sogenannte Täufertum, das sich seit 1525 in Deutschland, der Schweiz, in Teilen Frankreichs von Straßburg ausgehend, in den Niederlanden ausbreitete. Diese spiritualistisch angehauchte Bewegung trieb die Betonung des Einzelnen voran, indem sie auf die persönliche und freie Glaubensentscheidung, auf die individuelle Geist-Erfahrung, die Bekehrung und auf den persönlichen Lebenswandel setzte. Zugleich blieben diese ‚ketzerischen' Bewegungen insofern im mittelalterlichen Reformrahmen, als sie von den Bußfertigen und persönlich Bekehrten einen vordefinierten, geistbetonten Glauben und einen rigoristischen Lebenswandel gemäß dem vorreformatorischen Ideal der ‚Nachfolge Christi' (imitatio Christi) abverlangten, oft verbunden mit Absolutheits- und Exklusivansprüchen eines fundamentalistischen, meistens biblizistischen Christentums. Die Wirkung solcher Außenseitergruppen blieb lebendig bei Reformgruppen wie z.B. den Mennoniten, Quäkern, Pietisten, die im Trend der Neuzeit beinahe existenztheologisch die persönliche Glaubensentscheidung forderten. Zugleich setzten sie sich, oft in Verfolgungssituationen, aktiv für die persönliche Religionsfreiheit ein im Zuge der 1648 im Westfälischen Frieden politisch bestimmten Freiheit des Glaubens (im jeweiligen Landesgebiet). In ihren Glaubenslehren und vor allem in ihrem Umgang mit der Bibel bewegten sie sich oft am Rande des Fundamentalismus (Gerber, 2015, 47ff., 59ff.). Im Unterschied zu Luthers Freiheitsverständnis, das das weltliche Gestalten der Glaubenden im Erfinden von ‚Dekalogen' durch den Glaubenden manifestierte, ging es in den Bekehrungszirkeln um das Akzeptieren vorgegebener (meistens fundamentalistisch verstandener) Wahrheiten und Handlungsanleitungen auch für das Welt-Verhalten. Erst in der Romantik trat das Modell Luthers wieder hervor – allerdings ohne die geistliche Rückbindung an das Evangelium und an den Nächsten –, dass der Einzelne nicht einem Gebots- und Verbotskanon oder einem Kategorischen Imperativ zu folgen habe, sondern sein Leben selbst entwerfe.

Hier ist es hilfreich, wenn man unterscheidet zwischen einem vorneuzeitlichen Fundamentalismus in einer hellenistisch geprägten, theistisch-metaphysisch argumentierenden christlichen Mono-Kultur mit einer zentralistischen Kirche in Rom einerseits und einem neuzeitlichen Fundamentalismus andererseits, der eine regressive Antwort des einzelnen Glaubenden auf den Individualisierungs-, Pluralisierungs- und Komplexitätsschub der Moderne darstellt (Gerber, 2015, 27ff.). Der Begriff ‚Fundamentalismus' geht auf die christliche Schriftenreihe ‚The Fundamentals' zurück, erschienen in den USA von 1910–1915. Er wird meistens negativ verwendet im Sinne von evangelikal, rückständig bis hin zu rechthaberisch, gesinnungsterroristisch, auf Exklusivität, Alleinanspruch und Vereindeutigung pochend, also fundamentalistisch (Gerber, 2008, 153–189). Ging es den USA-Fundamentalisten vornehmlich um die Ablehnung wissenschaftlicher Theorien wie z.b. der Evolutionstheorie, so ist der Begriff ab den 1960er Jahren aus seiner ursprünglich christlichen Anwendung ausgeweitet worden und entwickelte sich zu einem wissenschaftlichen Fachbegriff zur strukturellen Beschreibung für Bewegungen, die absolute Wahrheitsansprüche und exklusiven Zugang vertreten, also auch politische, weltanschauliche, wissenschaftliche Verabsolutierungen (Türcke, 1992, 11–26; Graf, 2014, 238–241). Mit dem Begriff des vorneuzeitlichen Fundamentalismus werden hierarchisch strukturierte Institutionen mit exklusiven Wahrheitsansprüchen beschrieben, die das Individuum als gehorsamen, alternativlosen Teilnehmer ‚von oben' behandeln. Das Individuum wird als Ausführender exklusiv gültiger, metaphysischer Wahrheiten und Verhaltensnormen in der vorgegebenen ‚Gemeinschaft im Geiste' gerade seiner Einzigartigkeit und Verantwortlichkeit beraubt und kommunikativ und dogmatisch gleichgestaltet. Man könnte von einem gesellschaftlich-sozialen und gläubig-doktrinalen Fundamentalismus sprechen, so z.B. im traditionellen römischen Katholizismus. Etwas anderes stellt der bereits erwähnte, aus den USA bekannte neuzeitliche Fundamentalismus dar, der in paradoxer Weise im Zuge der Neuzeit gerade auf das Individuum setzt, dieses aber zugleich dem Exklusivanspruch absolut gültiger Wahrheiten einer Religion, einer Staatsideologie, einer Weltanschauung, eines Wissenschaftspositivismus unterwirft. „Fundamentalisierende Tendenzen und offener Fundamentalismus treten in Deutschland, europaweit und weltweit als sich immunisierende Macht- und autoritäre Gewaltprozesse in allen Lebensbereichen auf mit der ‚Faszination von Sicherheit und Verbindlichkeit' (Graf, 2014, 241–243) und einer hohen Attraktivität des Autoritären" (Gerber, 2015, 28f.). Das doppelt Paradoxe dieses Fundamentalismus, das freilich für den Fundamentalisten aufgrund seiner ‚Brille' gar nicht wahrnehmbar ist, besteht einmal in der Abwehr der individualisierenden, pluralistischen, komplexen Moderne und deren Selfie-(Un-)Kultur aus einer Haltung heraus, die auf genau dieses sich entscheidende, emotionalisierte, geist-erregte ‚Ich' setzt. Und zum anderen hat sich dieser geistliche Selfie persönlich-innerlich zu entscheiden, indem er die Vorgaben fundamentalistisch akzeptiert oder verworfen werden wird.

Dieser fundamentalistisch orientierte Selfie befindet sich wie alle Modernen insofern in einer permanenten Krise, als er mit seinen religiösen und wissenschaftlichen Wahrheiten beim Gebrauch seiner Vernunft unvermutet an eine

Grenze stößt, durch die ihm etwas zustößt, was jenseits seiner bisherigen Ordnung liegt und jenseits seines bisher sicheren fundamentum entspringt. Dieses Widerfahrnis ‚von außen‘, von außerhalb der gewohnten Vorgaben lässt sich als Fremdes nicht mehr mit dem bislang funktionierenden Vorsehungsglauben vereinbaren und nicht mehr mittels theologischer und philosophischer Reflexionen und naturwissenschaftlicher Annäherungen fassen (Liebsch, 2010, 61–70). Solche Verunsicherungen – die sowohl Neues bringen als auch die bisherige Kontrolle aufzulösen drohen –, die sich mit dem Umbruch in die Neuzeit und nochmals in der selbstreflexiven Moderne steigerten, führten manchen in den Fundamentalismus. Ein Beispiel für die nach außen wie nach innen radikal entgrenzende und dadurch zutiefst beunruhigende und verunsichernde Moderne stellt die damals unfassbare Katastrophe des Erdbebens von Lissabon 1755 dar, mit der Susan Neiman den Beginn der Moderne gegeben sieht (Neiman, 2006, 18). Jetzt kann sich der Einzelne nicht mehr einfach auf die seitherige Erklärung durch die Vorhersehung Gottes und dessen pädagogischen und sonstigen Absichten, auf die sogenannte Theodizee, als Lösung für erlittene Schicksalsschläge und Naturkatastrophen berufen. „Schicksalhaftes kann man nur zeigen, nicht erklären" (Sloterdijk, 2017, 20). Solche Widerfahrnisse sind – wie Glaubenssysteme – in ihrer Wurzel und in ihrer Praxis immer paradox und nicht auflösbar. Die kindliche Einheitswelt mit ihren mythologischen und magischen Kausalitäten ist zu verabschieden, und es gilt, erwachsen und ein eigens verantwortliches ‚Ich‘ zu werden, selbst produzierte Niederlagen auch selbst zu verantworten und unverschuldet geschehende Katastrophen wie z.B. das Erdbeben in Trauer und Solidarität zu verarbeiten (Lempp, 1996, 161ff.). Wurden Gemeinschaften wie Kirche(n) und Staat(en) auf ihrem Weg vom „Christenheitseuropa zum Europa der Staaten" in ihren jeweiligen kollektiven Plausibilisierungs- und Legitimierungsmustern erschüttert (Schilling, 1999), so steht jetzt ebenso pointiert der emanzipatorische Einzelne auf dem Prüfstand der Sinn- und Gestaltungsfrage. Woran soll und kann sich der Verunsicherte und Freigesetzte halten? Woran soll er sich persönlich orientieren und eine eigene Lebensgestaltung finden? Der Mensch muss eigenverantwortlich und sorgenvoll um Sinngebung ringen – bis heute. Er kann sich verlieren, mit oder ohne Religion, Events, Konsum, Drogen, Therapie. Er kann sich fundamentalistisch um ein eigenes Leben bringen. Er kann sich mit anderen zusammen auf die Gratwanderung einer eigenen Lebensgestaltung begeben. Immer geht es um die Rettung des Ichs, die nur dann nicht schon im Ansatz scheitert, wenn der Weg des Ich die Gratwanderung sein kann.

(4.11.) Der, die, das ‚Selfie'-Subjekt in seinen spätmodernen Konturen

Den spätmodernen Startblock für das sich auf der „Ich-Jagd" selbst suchende Ich haben in Deutschland nach 1945 verschiedene Dynamiken vorbereitet: Nach den Wirren des Nationalsozialismus sorgte die Versorgungsgesellschaft in den Nachkriegsjahren für eine am Gesamtaufbau orientierte Gemeinschaftsleistung. Diese brachte in den 1960er Jahren die sogenannte Wirtschaftswundergesellschaft auf den Weg und vor allem ab dem Symboljahr 1968 eine Umgestaltung in politisch-demokratische und gesellschaftlich-soziale Strukturen seitens der Volksparteien. Mit ausgelöst durch die 1968er-Bewegung wurde einerseits als späte, mehr oder weniger erzwungene Reaktion auf die Hitler-Diktatur eine Liberalisierung und Demokratisierung als Volksbeteiligung vor allem dann durch Willi Brandts „Mehr Demokratie wagen" auf den Weg gebracht und eine gewisse Wohlstands-garantie für alle inszeniert, etwa in Form von Minister Blüms ‚sicherer Rente' für den Einzelnen. Dadurch haben andererseits paradox in der Wohlstandsgesell-schaft der 1970er Jahre verschiedene Prozesse den „Aufstieg des Individualis-mus" vorangetrieben, etwa: Der „Verfall und (das) Ende des öffentlichen Lebens" durch Privatisierungsschübe als narzisstisch erfahrene „Tyrannei der Intimität" (Sennett, 1983) und die damit verstärkte „Emanzipation der Sitten" einschließ-lich einer dann im Neoliberalismus der 1990er Jahre gipfelnden Entsicherung der Bürger und Bürgerinnen (Ehrenberg, 2011, 15). Die einsetzenden Wand-lungen der Organisation von Unternehmen und Krisen der Arbeitssicherung und des Systems der sozialen Absicherungen brachten gesamtgesellschaftlich produzierte „Ermüdungen" der zu Höchstleistungen Angestachelten und indi-viduelle „Erschöpfungen" durch permanente Liberalisierungsaktionen (Han, 2010). Die dadurch forcierte ‚Autonomisierung', die Verschiebung von der „Disziplinargesellschaft" zur Pflicht des Individuums zu seiner Selbstgestaltung einschließlich seiner therapeutischen Auferbauungen förderten gleichzeitig die Folgen zutage, dass viele Bürgerinnen und Bürger sowohl dem in Nächstenliebe verantwortungsvoll engagierten Glauben als auch „den wichtigen Bereichen des bürgerschaftlichen Engagements und der Politik den Rücken kehrten" (Illouz, 2009, 11f.). Diese Prozesse trieben die Individualisierung und Egozentrik unter-schwellig so stark voran, dass Politik und Wirtschaft im Zuge der Überfluss- und Wegwerfgesellschaft der 1980er Jahre ab etwa 1990, mit hervorgerufen durch die Vereinigung von Ost- und Westdeutschland, aus der Not der Individuali-sierung der Bürger und Bürgerinnen die Tugend von deren zugespitzter Selbst-verantwortung als Ich-AG in der neoliberalen Turbogesellschaft machten. Ab jetzt ist jede und jeder für seine Lebensgestaltung selbst verantwortlich. Und wer nicht mitkommt, der und die nehmen Pillen und Drogen und danken damit als (angeblich) mündiger Souverän vollends ab. Fragte der moderne Individualist sich und die Gesellschaft: ‚Was muss und darf ich tun?', so fragt der postmoderne Selfie: ‚Für welchen Weg der Selbstverwirklichung habe ich Fähigkeit, Kompetenz und Fitness?' Diese Phase ab etwa 1989/1990, die mit Personen wie Ronald Reagan in den USA, mit Margret Thatcher in Großbritannien und mit Bundeskanzler Gerhard Schröder (1998–2005) und seit dem Brexit in 2016 mit Premierministerin Theresa May und ihrem scheinbar abmildernden, aber gerade in die (neoliberale) Psycho-Falle tappenden „mitfühlenden Konservatismus" verbunden ist, wird als postmoderner Neoliberalismus mit seinem Menschensubstrat des Ich-Menschen oder Selfie bezeichnet. Man kann als Motto Schillers Wilhelm Tell zitieren: „Der Starke ist am mächtigsten allein" – und merkt nicht, dass er gelebt wird nach dem Motto: ‚Unsere Gesellschaft sorgt dafür, dass wir tun wollen, was wir tun sollen'.

So wie sich in der Umbruchzeit vom 10. bis zum 14. Jahrhundert und mit der Ausgestaltung der Konturen der Neuzeit zwischen 1400 und 1600 eine Konzentrierung auf das Individuum in der unendlich gewordenen Welt ereignete (Bosl, 1980), so veränderten zwei gegensätzliche, aber sich bedingende Fliehkräfte den ‚Flickenteppich' Europa gegen Ende des 20. Jahrhunderts: Auf der einen Seite schritt die integrative Gestaltung einer wie auch immer gewollten europäischen Gemeinschaft bis zur sogenannten Banken- und Flüchtlingskrise voran und zugleich dynamisierte sich die „Rückkehr des Akteurs" jetzt in den Gestalten des Politikers bzw. der Politikerin, des Managers und des Therapeuten zugleich als Entwicklung des sich selbst inszenierenden und zur Ich-AG stilisierten Individuums. Für den Einzelnen geht es um die „seelische Gesundheit", um Fitness und Wohlfühlen. Der politische, soziale und rechtliche Individualismus schlägt sich jetzt nieder in einer personalen Wende: von der Disziplin zur Autonomie, vom ‚dürfen' zum ‚können' des freischwebend sich selbst verpflichteten Selfies (Ehrenberg, 2011, 17). Diese Doppelbewegung zeichnete sich z.B. in der Kunst ab, als Künstler wie Cindy Sherman Ausstellungen ausschließlich mit Selbstporträts bestückten. Joseph Beuys beförderte in seiner gesellschaftskritischen Absicht jeden zum Künstler, und Andy Warhol prophezeite: „In der Zukunft wird jeder für 15 Minuten weltberühmt sein", womit er die Sehnsucht der Modernen nach geglückter öffentlicher Selbstinszenierung artikulierte und ungewollt den Ich-Überschätzungskult in Talkshows und Casting-Events gleichsam vorweg erblickte. In der Kunst verschob sich der Fokus weg vom darzustellenden Objekt hin zum Künstler: „Das Motiv ist für mich nicht mehr wesentlich. Was ich wiedergeben will, ist das, was sich zwischen mir und dem Motiv abspielt" (Claude Monet, 1895), und heute ist es das, was sich im Künstler und der Künstlerin abspielt. Aufseiten des Betrachters nennt man diese Einstellung Rezeptionsästhetik. Und die moderne Kunstform der Körper-Kunst z.b. des Tätowierens „ist sicher ein starkes Mittel, um ein individuelles Erscheinungsbild zu erzeugen". Auch in der Medizin wird die individuelle Diagnostik und Versorgung forciert. Individualisierung allerorten mit entsprechender Pluralisierung der Remedien.

Die politische Ikone des Egoismus und des nahezu manischen Blickes auf sich selbst war die bereits genannte ‚Ergokratin' Margret Thatcher, die 1979 erste Premierministerin Großbritanniens wurde. Sie pochte auf die Unabhängigkeit und Freiheit der Bürgerinnen und Bürger und untergrub durch ihre entsprechende Politik den Gemeinschaftsgedanken der englischen und überhaupt der ‚westlichen' Gesellschaft zugunsten einer extrem utilitaristischen Konkurrenzwirtschaft und des „unternehmerischen Selbst". Für Führungskräfte und Arbeit-Nehmer gilt „die gleiche Beschwörung von Selbstverantwortung, Kreativität, Eigeninitiative, Durchsetzungsvermögen und Teamfähigkeit, die gleiche Aktivierungsrhetorik, das gleiche Gebot kontinuierlicher Verbesserung und der gleiche nahezu unbeschränkte Glauben an die Macht des Glaubens an sich selbst. Hier wie dort schließlich fungiert der Markt als oberster Richter" (Bröckling, 2007, 75). Dieses von Thatcher vorpraktizierte Gesellschafts- und Menschenbild wurde so populär, „dass es sich die gesamte westliche Welt zum Vorbild nahm. Ihre Politik, die von dem britischen Psychologen und Autor Oliver James in seinem gleichnamigen Buch als ‚The Selfish Capitalist' bezeichnet wurde, veränderte die Wertevorstellungen der britischen Bevölkerung und ebnete den Weg für die heutige vom Kapitalismus regierte und eigennützig gesteuerte Gesellschaft, in der wir leben" (Khayyer, 2016, 48).

Als in Deutschland 1998 die rot-grüne Koalition unter Bundeskanzler Gerhard Schröder an die Macht kam, nahmen die meisten Bürger und Bürgerinnen an, dass Rot-Grün die klassische SPD-Sozial- und Gesellschaftspolitik mit grün-ökologischen Einsprengseln weiterführen und nicht den pragmatischen Neoliberalismus von Thatcher übernehmen werde. Der anglo-amerikanische moralfreie, bestenfalls utilitaristische Neoliberalismus galt im kantianisch geprägten Mitteleuropa als kalt, rein utilitaristisch und unsozial, als individualistisch, egoistisch und gewissenlos. Aber es kam anders: Mit dem Programm des ‚fördern und fordern' in seiner Umkehrung zum ‚fordern und fördern', mit Hartz IV und ersten Entsolidarisierungen, z.B. in den Krankenkassenbeiträgen ohne gleiche Beteiligung von Arbeitgeber und Arbeitnehmer (und deren Revidierung 2018), wurde an den Errungenschaften des bisherigen Sozialstaates mit der sozialen Marktwirtschaft gerüttelt und eine radikale Konzentrierung auf den einzelnen Überlebenskämpfer als Ich-AG vollzogen.

Wer nicht auf der Strecke bleiben und ins Prekariat abgleiten möchte, muss sich gut verkaufen, muss seinen Körper trainieren und modellieren, seine Gefühle auf Fitness trimmen und möglichst gegen infrage stellende Gefühlserregungen abschotten – und das alles versammelt im ‚Profil'. Jede und jeder kann erfolgreich sein und Promi werden, weil jede und jeder erfolgreich sein und Promi werden will. Jeder will Promi werden, zur Elite gehören, mit welchen Mitteln und welchem Verhalten auch immer, am besten durch hartes Arbeiten und professionelles Sich-Vermarkten und mittels des hart erarbeiteten Kapitals und der Vernetzung als Schlüssel zur Erfüllung der persönlichsten Wünsche (für viele verwirklicht im Fußball-, Sänger- und Schauspielerstar). Wem dies gelingt, der und die haben den Weg aus der anonymen Tellerwäscher-Liga und -Biographie geschafft zum bildschirm-veröffentlichten Erfolgsstar. Man könnte paradox von einem nach außen gewandten, extrovertierten Narzissmus sprechen, der permanent genährt und gesteigert wird durch Beratungs- und Medienangebote wie ab 2006 Facebook als (im wahren Sinn des Wortes) Plattform für alle User und ab 2010 Instagram als Selbstinszenierungsprogramm für Renommierte, Pseudorenommierte, Sehnsüchtige, Möchtegerne, Perverse. Wem die ‚reale Wirklichkeit' zu anstrengend wird, wer lieber Facebook statt Fakten möchte und so in seiner kindlichen Cyber-Welt gegen drängendes Erwachsenwerden verweilen möchte, pflegt sein Heil in der Fluchtburg einer virtuell-öffentlichen Parallelwelt (Illouz, 2006, 115ff.). Die Produkte sollen den biederen, anstrengenden Alltag des Vereinzelten wichtig machen, für ihn allein. Wenn der Flüchtling ein Selfie mit der Bundeskanzlerin erhascht, dann signalisiert er damit nicht nur ein Erinnerungsfoto, sondern er symbolisiert einen Heilsaugenblick, den er in diesem Augenblick ganz allein für sich und bei sich erfährt, was danach auch immer kommen mag (bis hin zu Beleidigungen des Selfie-Urhebers). So ziehen sich Lebensgeschichten zu digital verewigten Erlösungspunkten zusammen, ohne erinnernde Vergangenheit und unabgegoltene Zukunft. Man kann sich jederzeit, an jedem Ort, für jeden Adressaten präsentieren. Wir haben keine gemeinsame Zeit(en) mehr und verlieren unsere Erinnerungskultur (en), das Ich in seiner gefühlten Jetzt-Zeit bestimmt Rezeption und Deutung der Geschichte. Der ehemals gemeinsame Horizont des vorprotestantischen Christentums ist in den vergangenen 500 Jahren in individuelle Horizonte aufgelöst worden, und mit diesem Pluralisierungsprozess ist auch die Vertikale eines metaphysischen Logos oder Gottes oder Seins verschwunden.

Wie kann der Einzelne sich dann noch sammeln, um auch dem neoliberalen gesellschaftlichen Stress zu entgehen? Wenn vertikale Vergewisserung und horizontale Kommunikation verlorengehen und wenn Gleichgültigkeit nicht mehr ausreicht, dann muss sich der Individualist in seinem Allerinnersten

aktivieren und bedient sich dazu z.B. der beliebten körperlichen und spirituellen Konzentrationsübung des Yoga. Aber: „Yoga sieht zwar sozial und rosa aus,
ist aber in Wahrheit ein brutaler, systemerhaltender Vereinzelungssport. Das
Individuum entspannt sich hart und ehrgeizig, um danach wieder ausgeruht
durchs Büro rennen zu können" (ZEIT-Magazin vom 06.09.2018, 17). Die Suche
nach dem Vertikalen und Horizontalen des Selbst läuft einmal wieder ins Leere,
indem es den Büro-Stress auf individueller Ebene reproduziert.

Oder hilft hier eine Religion des Glaubens an sich selbst, wenn der spätmoderne Selbst-Glaubende und Selbst-Erlöser doch inzwischen vergessen hat, dass
er Gott, selbst den toten Gott eines Nietzsche, vergessen hat? Bringt anstelle
eines Monotheismus, der die Abwesenheit Gottes als dessen Gegenwartsweise
unter den Bedingungen der Moderne akzeptiert, ein Monohumanismus etwa
im Sinne von Peter Sloterdijk weiter: „Nicht nur der ermattete *homo faber,* der
die Welt im Modus ‚Machen' vergegenständlicht, hat seinen Platz im Zentrum
der logischen Bühne zu räumen, auch der *homo religiosus,* der sich mit surrealen
Riten an die Überwelt wendet, darf den verdienten Abschied nehmen. Gemeinsam treten Arbeitende und Gläubige unter einen neuen Oberbegriff. Es ist an der
Zeit, den Menschen als das Lebewesen zu enthüllen, das aus der Wiederholung
entsteht" (Sloterdijk, 2009, 14, 353ff.). Aus der ewigen Wiederkehr des Gleichen,
wie Nietzsches Rest-Metaphysik lautete? Eine Religion der permanenten Selbsterfindung und des Ego-Trainings unter Aufsicht von Peter Sloterdijk?

(V) Manifestationen neoliberaler Selbst(er)findungsreligion(en) und deren Kritik

(5.1.) Religion als Kitt auseinanderdriftender Selfies?

Religion ist stets im Fluss, schwankt zwischen „Friedensfähigkeit und Gewaltpotential" (Beck, 2008, 68ff.), wehrt sich gegen Sinngebungs- und Identitätsversprechen und entzieht das Einigende (das heute neben Kapitalismus und Digitalismus darin besteht, dass jede und jeder für sein Leben exklusiv selbst verantwortlich ist). Gleichzeitig spiegeln Praktiken, Dogmen und Selbstorganisationsformen der Religionen deren gesellschaftlichen Kontext wider, sei es unkritisch bejahend, sei es politisch instrumentalisierend, sei es unkritisch ablehnend in einem rückwärtsgewandten Fundamentalisieren oder alternativ in kritischem Dialogisieren, meistens in einem Gemisch dieser Einstellungen. Religion schwankt, wie jede offene Gesellschaft und wie jeder mündige Mensch, stets zwischen Friedfertigkeit und Gewaltanwendung, zwischen Treue und exklusiver Wahrheit (Beck, 2008, 68ff.; Assmann, 2014; d'Arcais, 2006, 98), zwischen Exodus und Fundamentalismus (Schieder, 2014, 15ff.), zwischen Befreiung und Unterwerfung (Gerber, 2015, 139ff.), zwischen exzessiver individueller Freiheit und sanft kolonialisierendem Kapital (Han, 2014, 13). Dennoch wird den Religionen vom Staat, von der Gesellschaft und von ihren je eigenen Institutionen wie Kirchen, Synagogen, Moscheen, Islamvereinen und von vielen Bürgern und Bürgerinnen die Funktion der klaren Orientierungen, Antworten und Lösungen, der stabilen Verhältnisse und der kulturellen Integration zugeschrieben – eine Zuschreibung mit der Gefahr populistischer Vereinfachung. Mit einer wertebestückten Leitkultur sollen Zusammenhalt, Eingliederung und Prophylaxe gelingen gegen Parallelgesellschaften und gegen gewalttätige Auseinandersetzungen, wie man sie z.B. aus Pariser Vororten kennt. Religion soll das Zusammenleben regulieren helfen. Sie soll das Kommunizieren der Bürger und Bürgerinnen mittels Religionsdialogen und Kulturfesten erleichtern und das Miteinanderleben durch soziale Aktivitäten von Institutionen wie Caritas, Diakonie und Maßnahmen von Synagogen und Moscheen fördern. Religion soll den Einzelnen im Rahmen des Grundgesetzes (Artikel 4, Abs. 1 und 2, zur Religionsfreiheit) auf gegenseitige Achtung, auf Solidarität und Nächstenliebe verpflichten und entsprechend für Moralität sorgen, z.B. durch das allen in Deutschland zugelassenen Religionsgemeinschaften zustehende schulische Pflichtfach Religionsunterricht bzw. dessen Ethik-Ersatzfach (Grundgesetz Artikel 7, 3). Sie soll die freilich nie exakt kodierten christlichen Grundwerte in der Gesellschaft wach halten und gegenseitige Anerkennung anmahnen und fördern. Aber selten wird zugleich darauf hingewiesen, dass solche Integration lediglich Anpassung an eine (vermeintlich) feststehende Gesellschaft sein kann und nicht prozedurale Inklusion in einem gemeinsamen Demokratie-Projekt anstrebt, in dem sich alle Beteiligten und die Institutionen ändern und in offener Zusammenarbeit das ‚gute Leben', die ‚bessere Gesellschaft', die ‚befreiende Religiosität' als Prozesse vereinbaren und praktizieren.

Religion schwankt zwischen den beiden Extremen einer vorauseilenden Identifizierung mit dem politischen Apparat einerseits und der Verweigerung der Kooperation mit dem Staat andererseits, wie z.B. durch die Bekennende Kirche im Dritten Reich unter Lebensgefahr gegen die ideologisch geprägte Politisierung seitens Hitlers (der seinerseits nie aus der katholischen Kirche austrat). Eine andere Situation besteht z.B. in dem laizistischen Frankreich, wo in demokratischer Absicht eine totale Trennung von säkularer Öffentlichkeit und privater Religionszugehörigkeit und Religionsausübung herrscht, die seitens der Regierung immer wieder durch Religions-Gespräche durchlässig gemacht wird. Und als dritte Möglichkeit gibt es eine kooperative Trennung von Staat und Religions- und Weltanschauungsgemeinschaften wie in Deutschland, sodass es weder eine totale Säkularisierung der Gesellschaft als Öffentlichkeit noch eine Staatsreligion als religiöse Sanktionierungsinstitution des Staates geben kann. Dieses kooperative Modell einer offenen Beziehung zwischen dem säkularen, sich also ständig selbst säkularisierenden Staat und den rechtlich anerkannten und ihrerseits die Prinzipien der säkularen staatlichen Ordnung anerkennenden Religions- und Weltanschauungsgemeinschaften hat sich in Deutschland seit 1949 bewährt. Aber man muss stets des Hinweises eingedenk bleiben, dass sich der säkulare Staat zwar auf Religionen und Weltanschauungen in Form von deren rechtlicher Regelung bezieht und deren Einbeziehung in staatlich-säkulare Aufgaben wie z.B. Kindergärten, Krankenhäuser, Militärseelsorge, Film-, Fernseh- und weitere Kulturbereiche anbietet und regelt, dass er selbst dabei aber keine religiöse Legitimierung in Anspruch nehmen darf (Böckenförde, 2006, 180–183). Die Deutschen als Volk beziehen sich insofern auf Gott, als es in der Präambel des Grundgesetzes von 1949 heißt: „Im Bewußtsein seiner Verantwortung vor Gott und den Menschen ... hat das Deutsche Volk ... dieses Grundgesetz der Bundesrepublik Deutschland beschlossen".

Und die Religion schwankt in sich selbst zwischen einerseits ihrer Institutionalität, Organisiertheit und ihrem kollektiven Wahrheitsanspruch auf der Seite ihrer auch juristischen Verbindlichkeit, z.B. Einzug einer Steuer, und andererseits der persönlichen Glaubensüberzeugung und -entscheidung. Die Zahl derer nimmt zu, die sich in ihrer Religionsausübung nicht mehr institutionell binden, wohl aber punktuell an den Sakramenten, an religiösen Events, Festen und als Kinder und Jugendliche am schulischen Religionsunterricht teilnehmen. Und es gibt eine nicht geringe Anzahl an Konfessionslosen, die sich auf eine ernsthafte Gratwanderung einlassen zwischen institutioneller Religiosität und Areligiosität, zwischen expliziter Religiosität und Säkularität (Barth, 2013, 224ff.; Rose, Wermke, 2013; Gerber, 2013, 37ff.).

In ihrer Absicht, dem Einzelnen sein gerechtfertigtes Selbst zuzuspielen, kann sich Religion, vorab der Protestantismus, durch die Erzeugung eines verinnerlichten Selbst zum unbewussten Disziplinierungsinstrument machen und sich in eine „Kultur der Selbsthilfe" verändern. Mit Eva Illouz lässt sich ihre Analyse der Befindlichkeit der modernen Seele auf die Erscheinung einer Selbstfindungsreligion übertragen: „Durch ihre Aufforderung, uns in uns selbst zu versenken, hat die therapeutische (sc. und religiöse) Überzeugung uns dazu gebracht, den wichtigen Bereichen des bürgerschaftlichen Engagements und der Politik den Rücken zu kehren" (Illouz, 2009, 11f.). Mag die Erregungswelle angesichts der Schutz und Hilfe suchenden Flüchtlinge und der teilweise versagenden Flüchtlingspolitik manche zum ungeahnten Ausleben eines narzisstischen Helfersyndroms hochgeschaukelt haben – als Form der Selbsthilfe der hilflosen Helfer (Schmidbauer, 2015, 208–222) -, so hat sich in den letzten Jahren eine deutliche Abstinenz von Politik, Vereinsarbeit und Ehrenamt abgezeichnet (außer vom Volkssport Fußball als erträumter Karriereleiter). Das Selbst lässt sich in unserer suizidär angehauchten „Müdigkeitsgesellschaft", wie Byung-Chul Han die gegenwärtige (westliche) neoliberale Gesellschaft charakterisiert, auf Erleichterungspfaden und auf Beratungs- und Therapiewegen zu einer individuellen Wohlfühloase locken, die als leidens- und angstfreies Paradies angeboten, gebucht und verinnerlicht wird, wie Eva Illouz in „Die Errettung der modernen Seele" mittels Therapien, Gefühlen und einer Kultur der Selbsthilfe beschrieben hat (Illouz, 2009). Das in Gestalt des Katholizismus und des Protestantismus in Europa (noch) überwiegende Christentum und der zunehmende Islam setzen weiterhin auf ihre überlieferte „Schuld- und Heilsbotschaft, Endgültigkeitsvorstellungen und Endlösungsprogramme" (Gross, 2007, 9). Aber der moderne Religiöse möchte die in unsere Kultur immer noch eingeschriebene Verdopplung der Erde in eine sündige, von uns Bewohnern beschädigte Schöpfung und in die dereinst vollendet-perfekte Neuschöpfung nicht mehr glaubend annehmen, er möchte die Verdopplung seines Lebens in ein endliches Leidens- und Trauerspiel und ein himmlisches Heilsrefugium hinter sich lassen. Viele wenden sich von den etablierten, dem Jenseits verschriebenen Religionen ab und suchen individuelles Heil, persönliche

Erlösung, subjektive Vollendung hier auf Erden schon. Aber lockt hier nicht eine tragische Falle: Statt zu helfen, die Ambivalenzen, Widersprüche, Brüche und Ängste, theologisch gesprochen: die Sünden der modernen Biografien wahrzunehmen, zu benennen und damit umgehen zu lernen, vertiefen die etablierten Jenseitsreligionen und die Varianten der Selbstfindungsreligion diese, indem sie sie überspielen und Leidens- und Angstfreiheit zum alternativlosen Lebensziel erheben? Der Moderne will nicht mehr warten auf sein leidensfreies Heil, sondern es im neoliberalen Handstreich einer Selbstermächtigung hier und jetzt individuell herbeiinszenieren und sich selbst zum autonomen Subjekt küren. Solche Visionen und Allmachtsphantasien von einem autonomen Selbst, von einem integren, theologisch gesprochen: von einem paradiesischen, schon einmal vor dem Sündenfall als status integritatis gelebten Menschsein gehen an den konkreten Problemen vorbei, „weil sie Selbst- und Weltkonzeptionen voraussetzen, die keinen Ort finden in geschichtlichen Konstellationen, deren Krisen und Konflikte ein globales Ausmaß aufweisen. Sie entwickeln eine tröstende, aber keine kritische Bedeutung" (Meyer-Drawe, 1990, 9f.). Alternativ sowohl zum Weg der Jenseitsreligion(en) als auch zum Weg der pseudoreligiösen Selbstfindung könnte der moderne Mensch „seinen Mangel als unverfügbaren Grund" bejahen und annehmen, ohne sich „als aus dem Paradies Vertriebener" zu fühlen (Gross, 2007, 9)? Schiller und andere Große haben den neuzeitlichen Menschen schon einmal zum „Paradiesflüchtling" erkoren (Gerber 2015, 58–61). So macht z.B. der Schriftsteller Peter Handke auf das Paradoxe menschlichen Lebens und dessen Lebens-Welt aufmerksam, ohne deren Zeit und Raum zu einem Heilspunkt erlösender Selbstfindung zu machen: „Die Andere Welt, die Andere Zeit, die ‚jenseitige', ist jetzt, und jetzt, und hier und hier" (Handke 2016, 129). Eine Kairologie der Anderen Welt?

Religion ist mit der Pluralität der Lebens- und Glaubensstile vielgestaltig geworden. Hatte z.B. Emile Durkheim der Religion „Wärme, Leben, Begeisterung, die Anstrengung aller mentalen Kräfte, den Transport des Individuums über sich selbst hinaus" zugeschrieben, so wendet sich Religion in der neoliberalen Moderne geradezu um in den implodierenden Transport des Individuums in sich selbst hinein. Peter Gross hat Ähnliches berichtet in seinem „Schreib-Versuch …über das gottverlassene, freigesetzte und sich freisetzende Ich auf der Jagd nach seinem *missing link,* nach sich selbst in sich selbst, das Ich auf *Ich-Jagd* (nach dem oder der Phantomgefährten(in)), das Ich als *Post-Ich*" (Peter Gross, 1999, 11). Und Ulrich Beck hat in seinem Religions-Buch „Der eigene Gott" Teile aus dem Tagebuch der niederländischen Jüdin Etty Hillesum zitiert: „Ich will Dir helfen, Gott, daß Du mich nicht verläßt, aber ich kann mich von vornherein für nichts verbürgen. Nur dies eine wird mir immer deutlicher: daß Du uns nicht helfen kannst, sondern daß wir Dir helfen müssen, und dadurch helfen wir uns letzten Endes selbst. Es ist das einzige, auf das es ankommt: ein Stück von Dir in uns selbst zu retten, Gott" (Beck, 2008, 17). Und er kommentiert: „Sie (sc. Etty Hillesum) findet Trost und Würde (nicht Sicherheit!) in der Intimität des eigenen, hilflosen Gottes, in der Gott selbst zum Fragenden wird, der keine Antwort weiß" (Beck, 2008, 23). Das gelebte Religiöse lässt hier die Religion hinter sich, sofern diese institutionalisierte Religion die Ebene der rituellen und dogmatischen Verbindlichkeiten besetzt hält.

Das Gegenteil zum „eigenen Gott" stellt der moderne Fundamentalismus dar, sofern er sich ebenfalls zwar durch das Nadelöhr der Wahl und Entscheidung in das Glaubenszentrum einschreibt, aber eben in das Zentrum des Auserwählt-Geretteten auf der phantasierten sicheren Seite und nicht des zweifelnd Glaubenden als des Repräsentanten der religiösen Gratwanderung. Der Fundamentalist hat einen zeitlos gültigen Schatz von Dogmen zur Verfügung und nicht nur ständig neu zu interpretierende Widerfahrnisse als Durchbrechungen des vorgegebenen Eigenen und Vorgegebenen. Für den Fundamentalisten fallen seine Form der gläubigen Aneignung und der dogmatische Inhalt, also die selbst zu vollziehende Glaubensentscheidung und das ‚objektiv' feststehende Gebäude der Glaubenswahrheiten einerseits auseinander und zugleich ineinander, ist doch die Sicherheit des Glaubens das fraglose Annehmen des fundamentum. So bleiben das Fundamentaldokument der verbalinspirierten Bibel und die daraus gezogenen, durch den Heiligen Geist eingegebenen ‚frommen' Schlüsse der Gottesmänner gesichert (Gerber, 2015, 65ff.). So ist der reine Glauben sicher geschützt gegen religiöse Patchworktendenzen und „Flickenteppich-Religion", gegen „Bastel-Religion" mit zunehmenden Auflösungserscheinungen in subjektive, willkürliche Häresien (Berger, 2006, VII–XI).

Auf einen aufschlussreichen Transformations- und Verinnerlichungsprozess von jüdisch-christlichen Bildern in die neoliberale Selbstverwaltung des modernen Menschen hat Christoph Bartmann – ganz im Sinne der nach-religiösen Therapiekultur von Eva Illouz und der Ich-Jagd von Peter Gross – aufmerksam gemacht. Er setzt ein mit Psalm 23: „Der Herr ist mein Hirte; mir wird nichts mangeln. Er weidet mich auf grüner Aue und führet mich zum frischen Wasser. Er erquicket meine Seele und führet mich auf rechter Straße um seines Namens willen ... Gutes und Barmherzigkeit werden mir folgen mein Leben lang, und ich werde bleiben im Hause des Herrn immerdar". Dieses Bild vom Guten Hirten aus Psalm 23, das durch eine typologische Deutung auf Jesus als den Christus wirksam in das Christentum eingegangen ist, sei der „Urtext für das christliche ‚Pastorat der Seelen', für die Pastoralmacht, die sich im Zuge der Säkularisierung und Aufklärung keinesfalls verflüchtigt, sondern nur subjektiviert hat. Hirte und Herde sind nun eins; ich selbst führe mich auf rechter Straße um meines eigenen Namens willen" (Bartmann, 2012, 138). Schon Michel Foucault hatte darauf aufmerksam gemacht, dass sich in der westlichen Welt „innerhalb der politischen Strukturen eine so komplexe Verbindung zwischen Techniken der Individualisierung und totalisierenden Verfahren" vollzogen hat (Foucault, 2005, 275). Das jüdisch-christliche Gedankengut und mit ihm die in christliche Institutionen eingeschriebenen Machttechniken seien nie verschwunden, sondern diese seien als „Pastoralmacht" transformiert – Foucault: „transplantiert" – worden in die selbstdisziplinarische Bewältigung des Alltagslebens. Und Bartmann hat die Verbindung in die individualisierende Reformation hergestellt: „Das Management, unter dem wir leben, ist ein Kind der ehemals christlichen Machttechniken. Vor allem im Vollzug der lutherischen Reformation, der Mutter aller Umstrukturierungen und Change-Prozesse, haben sie das Pastorat der Seelen in den Seelen selbst verankert" (Bartmann, 2012, 139). Wie es kein Entrinnen aus der christlich-geistlichen Macht gab, so wenig entlässt der aufgeklärt-demokratische Staat den Einzelnen aus seiner Macht – übrigens im deutschen Kooperationsmodell von Staat und Religionsgemeinschaften auch nicht die Religion des Einzelnen: „Die Wirtschaft mag eindeutig atheistisch sein, aber der Staat, der über sie wacht, hat den Glauben nach wie vor nötig. Nicht unbedingt einen religiösen Glauben, aber er braucht die Berufung auf eine gewisse unveränderliche Moral und auf politische Wahrheiten, die nicht einfach aus der Größe des Staatsdefizits oder der Arbeitslosenquote abgeleitet werden können" (Eagleton, 2015, 240). Und diese politische, moralische, religiöse ‚Herrschaft' betreibt der moderne Staat seit Beginn des 19. Jahrhunderts nicht frontal und rigide (blendet man 1933–1945 aus), sondern als „smarte Macht" (Han, 2014, 25–28). Und dieser Staat macht keinen Hehl daraus, die grundgesetzlich zugelassenen Religions- und Weltanschauungsgemeinschaften als Integrationshelfer – Stichwort: ‚Kitt' – einzubinden. Damit aber internalisieren diese die staatliche als partiell religiöse Herrschaft und Kontrollfunktion, um den Einzelnen integrativ zu ‚führen'. Religiöse wie politische Macht personalisiert und vereinzelt ‚oben' und ‚nach unten' zur Kontrolle der ‚Einzelgänger'. Deswegen darf das christliche Religionsverwaltungspersonal nicht pädagogisierend als Anpassungs- und Kompetenzerwerbungsagentur in religiösen Angelegenheiten agieren, nicht bieder moralisierend als Machthaber Ansprüche reklamierend auftreten, nicht belehrend auf eine Leitkultur pochen, nicht als Kulturträgerverein einsammelnd durch die Kommune ziehen und schließlich nicht integrierend als Ruhigsteller vorgehen (Zilleßen, Gerber, 1997, 7–14). Religion entgrenzt.

(5.2.) Religion als passgenau individualisierende Sinngebungsagentur?

Wie die Beanspruchung der Religion für gesellschaftliche Integration, für Leitkultur und gemeinsame Moral und Werte, fataler Weise auch für Ideologien wie Nationalsozialismus oder Kommunismus, für Heilige Kriege und Terrorismus, so ist auch die Reklamierung von Religion als Sinngebungsagentur eine Instrumentalisierung von Religion. Jede und jeder will ihren und seinen Sinn, der dann eigentlich für alle gelten sollte. Es ist wie beim Muster harmonisierenden Therapierens, dass der einzelne sich nach festem Sinn und tröstender Heilung Sehnende am Ende nicht Befreiung zu eigenem Antworten und zugemutetem Handeln erfährt, sondern Vorgaben und Anpassungsstrategien internalisiert und damit seine Subjektivität abgibt. Der atheistische Philosoph Paolo Flores d'Arcais hat in Gesprächen mit Papst Benedikt XVI. kritisch eingewandt: „Wir befinden uns mitten auf dem Jahrmarkt des Religiösen, auf dem das Geheimnis des Lebens als Fastfood und mit trostreichen Numinosa garniert feilgeboten wird. Glauben als ‚Pret-a-croire' einer Wegwerfreligiosität: heute Buddha, morgen pfingstbewegt und übermorgen Zeuge Jehovas oder Re-Konvertit der heiligen römisch-katholischen Kirche" (d'Arcais, 2006, 87). Und er fährt fort mit einer expliziten Kritik der Sinnfindungs- und Sinngebungsreligiosität: „Das Kriterium der Sinnfindung führt geradewegs zum radikalsten Subjektivismus, zum Glauben als bloßem Balsam für die Seele: Jedem sein religiöses Make-up, das nach Belieben verändert werden kann, Hauptsache, es hat im Moment eine wohltuende Wirkung auf die Haut des Daseins. Eine Religion der Sinnfindung (statt der Wahrheit) ist nicht mehr eine Religion von Menschen, sondern von Konsumenten (von Sinn) … Sie ist zur Religion erhobene Mode" (d'Arcais, 2006, 88f.). Religion der Sinngebung und des Gehorsams verbleibt als kulturelle Konstruktion im Horizont des Subjektes, nicht aber eine Religion der Treue, wie Jan Assmann und weitere Sachverständige in der Diskussion um Monotheismus gezeigt haben (Assmann, 2015, 11–17).

Hinter dem Glauben an die religiös gestiftete Sinn-Offenbarung und Sinn-Vorgabe steht wohl die Sehnsucht nach Identität, nach einem eindeutigen Sinn für das eigene Leben und für die Welt, der für den Einzelnen die Identifizierung mit Gott und Anderen bringen soll. Die unhintergehbare Differenz zwischen menschlich gestiftetem Sinn und dem Widerfahrnis Gottes soll aufgehoben werden, wodurch aber Vertrauen, Hoffen, Trösten, Lieben, Achten überflüssig werden. Gott, die Anderen, das entzogene Ich verwandeln sich in belegbare Größen, in feste, einheitliche Identität. Aber Sinn oder Identität ist erstens situativ, vielgestaltig, nie konfliktlos, ein ständiger Wechsel und eine komplexe

Identitätsmischung durch den Einzelnen. Manche sprechen vom ‚homo centonicus', dem Patchwork-Subjekt: „Den ganzen Kampf könnte man auch so beschreiben: Einerseits leiden … die entwurzelten Massen am Verlust ihrer Ganzheitlichkeit, andererseits ist diese nicht mehr möglich, und jeder Versuch, sie wiederherzustellen, führt zu Faschismus, Kommunismus und Terrorismus. Der Widerspruch ist unlösbar, weil der Homo centonicus aus unlösbaren Widersprüchen besteht" (FR vom 19.07.2017, 28). Sinn bzw. Identität hat der Einzelne in eigener Wahrnehmung und Setzung zu verantworten, auch in den Diskursen mit anderen Ansprüchen. Zweitens: Wir Menschen sind in unser jeweiliges Leben geworfen, ohne dass wir auf eine vorgängige Vernunft oder Weltordnung oder einen irgendwie metaphysisch verbürgten Lebenssinn rekurrieren könnten. Insofern sind wir ‚Selfies' oder Flüchtlinge. Aber an dieser Stelle hat z.B. der (atheistische) Philosoph d'Arcais eine Warntafel vor einer allgemein gültigen Religion oder Moral oder Sinnfülle in den Weg unserer Wünsche und Ausflüge gestellt mit der Entscheidung: „Entweder für das Du und die Solidarität, das heißt für das Individuum, das einzigartig, aber an Würde gleich ist, oder für die Übergröße des Ich und das Gewicht des Privilegs, das heißt, für das Individuum, das nur am Erfolg bemessen und daher austauschbar ist" (d'Arcais, 2006, 98). Religion darf weder in einen Vernunft-Glauben einer Neuen Sinn-Metaphysik als Verleugnung des empirischen Individuums transformiert werden noch darf sie in der Gefühls-Betroffenheit als narzisstischer Überbetonung des Individuums in „egoistische Borniertheit" aufgehen. Die Differenzierung von Gott und Mensch impliziert die Entdeckung der Einzigartigkeit eines jeden Menschen in seinen Beziehungen. Eigenverantwortlich gesetzter Sinn oder kontingent unterstellte Identität verdanken sich der Befreiung durch den Anderen und der gleichzeitigen Verpflichtung durch den Anderen, weshalb jeder Sinn schon immer durch einen Überschuss, durch etwas Unabgegoltenes Sinn macht. Aber Glauben trägt nicht einen festen Sinn in sich, wie manche hoffen.

(5.3.) Das Subjekt in der neueren Theologie an den Beispielen der Existenztheologie Rudolf Bultmanns, der Offenbarungstheologie Karl Barths und der Diskussion um „Verinnerlichungstendenzen" in der protestantischen Ethik

Ganz anders als Theologien des christlichen Sinns war und ist der Ansatz der Dialektischen Theologie, dessen erster Exponent, der Basler Theologe Karl Barth (1886–1968), jegliche Vermischung von Gott und Welt, von Glauben und Vernunft, von Gottes Offenbarung und menschlicher Religion ausschloss. Gott und

Mensch sind radikal unterschieden in einer vom Menschen aus nicht über-
brückbaren asymmetrischen Distanz. Mit diesem theologischen Schnitt ver-
abschiedete Barth Ansätze von theistisch-metaphysischen, bewusstseins- oder
erfahrungsgenerierten, einen Anknüpfungspunkt oder Schöpfungsordnungen
implizierende Theologien zugunsten einer christologisch ansetzenden Theologie der absoluten Souveränität und Selbstoffenbarung des ‚ganz anderen‘ Gottes
gegenüber dem einzelnen Menschen. Hat Barth dadurch die Individualisierung
insofern mitgeprägt, als er die Zuspitzung auf das Individuum in den Nachkriegsjahren vor allem in der protestantischen Ethik mitvollzogen hat?

Rudolf Bultmann (1884–1976) teilte anfänglich diesen Weg einer „Theologie der Krise", um die radikale Andersheit und Unverfügbarkeit Gottes bzw. des
Wortes Gottes zu wahren. Dieses Anliegen wurde von Barth und Bultmann als
Diskussion um die Anthropologie zwischen Autonomie – so der Vorwurf Barths
an Bultmanns Entmythologisierung und Existentiale Interpretation – und Hete-
ronomie – so der Vorwurf Bultmanns und z.B. auch Bonhoeffers an Barths
‚Friß, Vogel, oder stirb‘-Offenbarungspositivismus (Kuschel, 1986, 12–15; Bonhoeffer, 1951, 179, 183f.). Für beide Theologen bedeutete das Ende des Ersten
Weltkrieges 1918 den großen Umbruch und den „Bruch des Vertrauens in eine
Versöhnbarkeit von Christentum und Kultur, Kirche und Gesellschaft, Thron
und Altar, wie sie das wilhelminische Reich verkörperte und die Theologie des
protestantischen Liberalismus legitimierte" (Kuschel, 1986, 12; Gerber, 1999,
49ff. zu Bultmann; Kantzenbach, 1978, 170ff. zu Barth, 202ff. zu Bultmann). Die
„Theologie der Krise" ist eine kultur- und gesellschaftskritische Theologie und
zugleich eine religions-, theologie- und kirchenkritische Dialektische Theologie,
die sich von jeglichen anthropologischen, bewusstseins- und subjektivitätstheo-
logischen Vermittlungsversuchen absetzt und die sich exzentrisch allein von der
Selbstoffenbarung Gottes in Jesus Christus her begründet, was nur dialektisch
geht: Der Mensch steht vor der unmöglichen Möglichkeit, von Gott reden zu
müssen und eben dies nicht zu können (Barth, 1966, 199; Bultmann, 1958, 37).
Dieses Unvermögen liegt nicht am Versagen der Menschen, sondern diese Krise
hat mit der ‚Sache‘ zu tun: mit dem unbegreiflichen Gott, „dessen Angebot der
Vergebung und Versöhnung in Jesus Christus vom Menschen nie ‚verstanden‘,
wohl aber dankbar vertrauend angenommen werden kann" (Kuschel, 1986, 13).

(5.3.a.) Rudolf Bultmann wollte den modernen Menschen theologisch in seinem Selbstverständnis treffen

Rudolf Bultmann ging es um eine von Weltbildbedingungen befreite ‚existentiale‘ Interpretation der Verkündigung des Evangeliums (Kerygma). Sowohl

die kritische Rezeption des heutigen naturwissenschaftlich bestimmten Welt-
bildes als auch die Kritik, die aus dem Selbstverständnis des modernen Menschen erwächst, dienen dem Anliegen, „den Glauben rein (zu) halten von allen
Absicherungen, pur als Existenzvollzug, als Entscheidung im Hier und Jetzt
ohne Begründungen aus Vorgegebenem und ohne verlängernden Blick in die
Zukunft. Diesen ‚Dezisionismus' teilte Bultmann formal mit Existenzphiloso-
phen wie Heidegger oder auch Sartre und ebenso mit Bekehrungstheologen,
die den Glauben als allerdings einmalige Entscheidung für Gott verstehen. Hier
kommt der ‚neuzeitlich-westliche' Subjektivismus auf verschiedene Weise zum
Vorschein: als Geworfensein der Existenz, als persönliches Bekehrungserlebnis, als das durch die Christus-Verkündigung stets neu geschenkte ‚eigentliche'
Selbstverständnis" (Gerber, 1999, 50f.). Deswegen haben Kritiker eine Veren-
gung und Verkürzung des Glaubensverständnisses und des Theologisierens auf
das individuelle innere Ich-Subjekt angemahnt, was gleichzeitig eine (typisch
bürgerliche) Privatisierung und Entpolitisierung bedeute (Sölle, 1971, 55–61, 93
u.ö.). Andere haben mit Sölle zusammen den Ausfall der Weltdimension, der
Sozialität und der grundsätzlich politischen Verfasstheit des glaubenden Menschen kritisiert. Bultmann enthebe den Glaubenden radikal der Welt, versetze
ihn aber nicht in die tautologische Gottes-Offenbarung im Sinne von Barths
‚transzendentaler Subjektivität Gottes' (Moltmann; Ohly, 2018, 23f.), sondern
auf die kerygmatische Gabe des nicht definierbaren eigentlichen Existierens.
Deswegen sei dieser existentiale Ansatz nahe an einem kerygma-theologischen
Doketismus (Dahl, 1954), der von der aktualistischen Interpretation des Per-
son-Begriffs als ‚Ereignis' ohne Kommunikation herrühre, was manche als
ungewollten Existenz-Mythos im Entmythologisierungsprogramm Bultmanns
kritisieren (Marlé, 1959, 177f., 182f.). Dies zeige sich deutlich an Bultmanns
Interpretation des Begriffs ‚Leib' (soma) in der paulinischen Theologie, der über
das bloße Selbstverständnis hinausgehe und die ‚kommunikativ-leibliche' Existenz des Menschen mit einbeziehe (Käsemann, 1961). Und Jürgen Moltmann
hat diese ‚Theologie der transzendentalen Subjektivität des Menschen' kritisiert,
weil diese auch Geschichte auf rein präsentische Eschatologie reduziere, ähnlich
der postmodernen Implosion der Geschichte und ihres Endes in dem kairolo-
gischen Augenblick für den je Einzelnen (Gerber, 1969, 26–29, zu den verschiedenen Kritiken; Rosa, 2005, 460ff.: Ende der Geschichte). Es lassen sich bei
Bultmann auch Parallelen z.B. mit Martin Bubers Dialogischem Personalismus
finden. Aber Bultmann radikalisierte die Ich-Du-Beziehung in dem Sinne, dass
er jegliche Moralisierung, Pädagogisierung, Historisierung und Ästhetisierung
der Gott-Mensch-Beziehung ebenso ausschloss wie ‚weltliche' Beschreibun-
gen und Verifizierungen. Aber: Dadurch führte Bultmann „die mit Descartes

deutlich werdende und von der Aufklärung vorangetriebene Anthropozentrik fort als Verschwindenmachen von Körper und Natur aus der Theologie" (Gerber, 1999, 52). Bleibt bei Bultmann auf der Rückseite nicht darin ein metaphysisch-theistischer Rest oder Mythos (wie in seiner Anthropologie), dass er vom ‚Handeln Gottes' sprach? Bultmann hat darauf geantwortet, dass Gott in Gestalt der unverfügbaren, aus dem grundlosen ‚extra nos' uns Menschen angehenden Christus-Verkündigung vom Glaubenden als Voraus-Setzung erfahren werde und deswegen gerade nie in unserem Menschsein aufgehen könne.

Eine andere Anfrage, z.B. von dem Theologen Ernst Fuchs, lautete, ob Bultmann Menschsein im Rückgriff auf Heidegger nicht auf einige und dann auch noch ‚gesenkte' Grunderfahrungen (Existentiale) reduziere wie z.B. sich sorgen, sich entwerfen müssen, auf den Tod hin existieren? Gehören nicht auch Freuen, Hoffen, Lachen zu unseren Lebensmöglichkeiten? Wo bleiben unsere mystischen, meditativen, phantasierenden Fähigkeiten? (Und lassen sich Technik und Mythologie so klar auseinanderhalten – als typisch liberale Aktion laut Dietrich Bonhoeffer (Bonhoeffer, 1951, 183, 220f.) –, wenn Technik ambivalent geworden ist und selbst mythologische und bisweilen magische Züge annimmt?) Bultmanns Selbstverteidigung war konsequent: Wir Menschen müssen und können von Gott nur so reden, dass wir von uns reden (Bultmann, 1958, 33). Dieser Glaubenssatz beinhaltet, dass Gott „uns die Freiheit gibt, aus Gott zu reden und zu handeln. Denn nur im Tun als der freien Äußerung einer Person, nein vielmehr als dem, worin eine Person überhaupt existiert, kann Person zu Person in Beziehung treten" (Bultmann, 1958, 36). Menschliches Existieren wird exzentrisch konstituiert im kerygmatischen Handeln Gottes. Dies können wir aber nicht wissen; „wir *wissen* nie von unserer eigenen Wirklichkeit (sc. weil diese nur geglaubt werden kann); wir haben beides (sc. Gottes Handeln und unsere Existenz) nur im Glauben an Gottes Gnade" (Bultmann, 1958, 37). Theologen wie Ingolf Dalferth haben von Bultmanns „Glaubenstheologie" gesprochen, in der die Subjektwerdung des sündigen Menschen als sein vom Kerygma geschenktes gehorsam-glaubendes Antworten auf dieses grundlose und unbegründbare Christus-Kerygma geschieht (Dalferth, 2010, 219–223). Eigentliche Existenz ist exzentrische, kerygmatisch evozierte Glaubens-Existenz.

(5.3.b.) Karl Barth feierte ‚offenbarungspositivistisch' den „Triumph der Gnade" und vergaß ein wenig uns Menschen

Charles Taylor hat sich in seinen religionsphilosophischen Beiträgen wiederholt auf Barths Gottes-Vorstellung bezogen: „der (sc. Gott) dem Einzelnen in radikaler Freiheit seine Gnade schenkende Offenbarer", und er hat an dieser diastatischen Gottes-Vorstellung gezeigt, dass diese „auf den einzelnen gerichtete moderne Religionsdeutung" mit ihrer Zuspitzung auf die Innerlichkeit des entscheidenden Subjektes keine unmittelbare Anerkennung der umfassenderen Ordnung, also auch der Kirche, impliziert. Dieselbe Anfrage wie an Bultmanns anthropologisch elaborierte ‚Glaubenstheologie' wird hier auf der Ebene einer Gottes-Vorstellung gestellt, die in ihrer Selbstgenügsamkeit die Welt auszuklammern scheint? Paolo Flores d'Arcais sieht bei Barth die Tendenz zu einem „reinen Glauben", der sich jeder rationalen Begründung verweigert: „Im letzten Jahrhundert hat vielleicht nur Karl Barth dies ernsthaft versucht und einem Glauben das Wort geredet, der der Vernunft im weitesten Sinn nichts zu sagen hat", sodass das gläubige Subjekt total von Gott beschlagnahmt ist (d'Arcais, 2006, 91). Und manche gehen noch eine Schritt weiter und fragen, ob die Offenbarungstheologie Barths nicht verkappte Anthropologie sei? Man kann dann auch fragen, ob ein solches Theologisieren in Tautologien nicht dem modernen Paradigma eines von der materiellen Welt unabhängigen, punktförmigen Subjektes entspricht, das zugleich seine Welt verobjektiviert, ganz im „Sinne der cartesianischen Subjektivitätsmetaphysik mit einer dezisionistischen Anerkennungsstruktur" (Härle, 1975, 319)? Wird also von Barth das aufklärerische Phänomen des ‚selbstbestimmenden Selbstbewußtseins' vom Menschen weggenommen und auf die Gottes-Vorstellung angewandt, sodass nicht der Mensch das freie autonome Subjekt ist, sondern allein Gott (Rendtorff, 1975)? Dagegen hat z.B. Dietrich Korsch argumentiert, dass der Freiheitsbegriff Barths nicht so eindeutig und normativ sei, sondern als problematischer und problematisierender Orientierungsbegriff zu verstehen sei (Korsch, 1981, 162). Barth habe den Freiheitsbegriff in der spezifischen Form entfaltet, dass die „radikale Autonomie" Gottes für alle Freiheit in dem von Gott Verschiedenen konstitutiv sei. Man könne nicht das Paradigma des „absoluten Selbstbewusstseins" auf Barths Theologie legen und behaupten, dass die „radikale Autonomie" Gottes „negativ bestimmt" sei von dem von ihm Verschiedenen, nämlich dem Menschen (Nielsen, 1988, 151–155). Zwar hat Barth mit dem Begriff der „Selbstbestimmung" (KD I/1, 209f.) den neuzeitlichen Freiheitsbegriff aufgenommen, aber er hat ihn in der alle Freiheit gewährenden Freiheit Gottes verankert. Der dem Menschen entzogene trinitarische Gott in seiner Aseität und Absolutheit steht ‚an sich' für die damit gesetzte Freiheit seiner Geschöpfe, die als „übergreifende Bestimmung durch Gott" schon immer wirksam ist (KD I/1, 209f.; II/1, 339, 346ff.). Gott kommt absolute, unbedingte Freiheit und Subjektivität zu, uns Menschen kommt Freiheit als Beziehung zu, nämlich als von Gott gesetzte und damit für uns Menschen freiheitlich anzuerkennende Beziehung.

Menschliches Subjektsein gründet in Gottes Subjektivität im Akt seiner Offenbarung, dies ist Barths Antwort auf das neuzeitliche Subjekt-Problem: „daß mein Anfang, mein Zentrum, mein Ziel außerhalb meiner selbst liegen" (Nielsen, 1988, 59). „Daß das Wort Gottes menschlich nur als Anerkennung ‚gehört' werden kann, weshalb diese prinzipiell als ‚Erfahrung des Wortes Gottes' bestimmt werden kann, daß aber *diese* ‚Erfahrung' selbst den Charakter einer menschlichen Tat der Selbstbestimmung hat – dies ist unseres Erachtens eine Grundauffassung, die hinter der gesamten KD steht" (Nielsen, 1988, 62).

Wie in Bultmanns dezisionistischer Glaubenstheologie stellt sich auch an Barth die Frage, ob das (glaubende) Subjekt in dieser Offenbarungstheologie überhaupt noch an der sozialen Welt Teil hat, wie also z.B. seine kirchliche Organisiertheit zu beschreiben sei (Bonhoeffer, 1960, 118f.)? In der Tradition reformatorischer Theologie wurde das „eigentümliche Ineinander von Statik und Dynamik" (Anselm 2013, 98), von Verantwortung und Tradition ausgemacht, von individuellem Glaubensstil und landeskirchlich- gemeindlicher Gemeinschaft, von subjektiver Glaubensentscheidung des Protestanten und parochialer Kontextualität, von Individualität und Sozialität immer diskutiert. Entsprechend gestaltet sich die Abwehr nach ‚links' zu den ins beliebig Fundamentale abgleitenden Schwärmern und nach ‚rechts' zu den orthodoxierenden Ordnungs- und Identitätstheologen (Gerber, 2015, 59ff., 65ff.). Luthers Anthropozentrierung auf die Gottes-Beziehung des Einzelnen wurde in der Folgezeit mehrheitlich durch landeskirchliche und national begründete Vergemeinschaftungsschübe überlagert. Das Individuum mit seinen protestantischen, kirchenkritischen, gesellschaftspolitisch-emanzipatorischen, aufklärerischen und zugleich selbstkritischen Anliegen und teilweise revolutionären Inszenierungen wurde gedrosselt (Schilling, 1999), bis in der zweiten Hälfte des 20. Jahrhunderts, in der Moderne, sich die stets unterschwellig wirksame Individualisierung vehement durchsetzte. Ambivalente Phänomene und dringliche Problemkomplexe wie die Subjektivierung, Pluralisierung, Modernisierung, die Frage nach einer nicht nur nationalen und gar völkischen Identität jenseits des ‚dialektischen' Christentums forderten Kirche(n) und Theologie(n) heraus (was der römische Katholizismus mit seinem Antimodernismus-Programm und seiner Scheu vor dem Individuum zu ignorieren versuchte).

In der Moderne erkannten Theologinnen wie Dorothee Sölle und ihre feministischen Mitgestalterinnen einer ‚Theologie der Beziehungen' und protestantische Theologen wie Karl Barth die ambivalenten Individualisierungsschübe, wie sie vor allem Ulrich Beck aus soziologischer Perspektive analysiert und weitergedacht hat: Es geht um die Freisetzung der Bürgerinnen und Bürger aus traditional-klassischen Sozialgebilden, Institutionen und Vereinigungen wie Familie,

Kirchengemeinden, Vereine. Diese Art Entsozialisierung haben viele als Entwurzelung und Vereinsamung, als das Zurückgeworfenwerden auf das entgleitende Ich erfahren, erlitten, durchkämpft. Deutlich wurde das Nachlassen und allmähliche Verschwinden der Bindungs- und Normierungskraft herkömmlicher Sozialformen und Sinngebungsautoritäten bei gleichzeitiger Einbindung in solche Sicherungssysteme, die ihrerseits das Individuum zwar einerseits durch Förderungen entlasten, aber dieses ‚geförderte' Subjekt andererseits restlos kontrollieren, letztlich entmachten und der eigenen, meistens überforderten Verantwortung überlassen (was im Neoliberalismus seinen ideologisierenden Ausdruck fand). In der Abwehr sogenannter existentialistischer, verinnerlichender Verkürzungen auch des theologischen Denkens auf den Existenzvollzug oder auf intuitives Wahrnehmen (oder in der Pädagogik auf den „fruchtbaren Augenblick") wandten und wenden sich die Genannten gegen Vereinzelungstendenzen und betonten und betonen die Einbindung in Gemeinschaft, Gemeinde und Gruppen (ohne genügend zu berücksichtigen, dass aus der gesellschaftlichen, politischen, kulturellen, religiösen Gemeinschaft Gemeinschaften und Bewegungen geworden waren, die an den Einzelnen wie an die Gesamtgesellschaft die Aufgabe der Integration und weitergehend der Inklusion stellen). In der Pädagogik kam angesichts des Paradoxes des nicht planbaren „fruchtbaren Augenblicks" prompt der Gegenschlag einer ‚empirischen' Bildungstheorie im Sinne einer Vermittlungstechnik von Kompetenzen (Wimmer, 2006, 9–33).

Die verbalen Aufrufe zu mehr Gemeinschaft waren z.B. bei Karl Barth theologisch derart in der asymmetrischen diastatischen Gottes-Beziehung verankert, dass bei genauem theologischen Hinsehen und wirkungsgeschichtlichem Betrachten gerade die Individualisierungsschübe unterstützt wurden. So hat Elisabeth Gebhardt am Beispiel Barths gezeigt, dass dieser zwar das Eingegliedertsein des Individuums betont habe, aber „etliche Entscheidungen nicht bei der Gemeinschaft oder bei Ethikern, sondern primär beim Individuum verortet" (Gebhardt, 2016, 207). „Auf der Suche nach Alternativen wendet sich Barth gegen die Verobjektivierbarkeit des Guten und statisch verstandene Normenkodizes. Stattdessen bindet er das Individuum in seiner ethischen Orientierung primär an die unmittelbare Gottesbeziehung. Dadurch stärkt er – neuzeitlich anschlussfähig – das einzelne Handlungssubjekt" (Gebhardt, 2016, 208). Barth lehnte Vorgaben wie Schöpfungsordnungen oder Stände oder ein System wie die römisch-katholische Seinsanalogie zwischen ‚Himmel' und Erde ab, aber ebenso auch jeglichen gebotsunabhängigen Dezisionismus. Daher wird sein Postulat verständlich, dass die durch Gottes Gebot bestimmte Freiheit sich im Freiheitsvollzug des einzelnen Glaubenden durchsetze. Gebot Gottes und Freiheit des Glaubenden fallen ineinander, wodurch der Phantasie von einem autonomen

Individuum, von einem ‚religiösen Selfie' und Selbstversorger ein Riegel vorgeschoben ist.

Barth habe „sehr feinfühlig die Phänomene und Veränderungsprozesse seiner Zeit und dabei auch die Ambivalenzen von Freiheit wahrgenommen". Er habe aber diese Ambivalenzen z.b. von Ereignishaftigkeit und gleichzeitig betonter Stetigkeit des Gebotes, von Unbedingtheitsgefühl und einer notwendigen Überprüfbarkeit, von aktualem Bindungsgefühl des Handlungssubjektes und einer Zeugnisgemeinschaft nicht integrieren können. Insofern sei die von Barth beschriebene christliche Freiheit „eine riskante Freiheit" im Sinne von Ulrich Becks „riskanten Freiheiten": „Nachtraditionale Gesellschaften können nur im Experiment ihrer Selbstdeutung, Selbstbeobachtung, Selbstöffnung, Selbstfindung, ja Selbsterfindung integrierbar werden. Ihre Zukunft, Zukunftsfähigkeit, Zukunftsgestaltung ist der Maßstab ihrer Integration. Ob dies gelingt, bleibt allerdings fraglich. Vielleicht erweist sich am Ende doch, daß Individualisierung und Integration einander tatsächlich ausschließen" (Beck; Beck-Gernsheim, 1994, 36). Barth habe seinerseits als Theologe, so Gebhardt, mit seiner Tendenz, den „einzelnen Handlungssubjekten mehr Entscheidungsspielräume zu eröffnen", die Individualisierung weiter vorangetrieben und verstärkt (Gebhardt, 2016, 210). Es ist Barth nicht gelungen, bei aller Abwehr existenzzentrierter Ansätze, die er exemplarisch in der Existenztheologie Rudolf Bultmanns und dessen Vorordnung der „Entscheidung des Einzelnen" vor den „Zusammenhang mit der Gemeinschaft der Kirche" verkörpert sah (Kantzenbach 1978, 227; Tödt, 1978, 39f., 110–112), seinerseits die Sozialgestalt des Glaubens und Handelns zu verdeutlichen (Gebhardt, 2016, 214–218). Dietrich Bonhoeffer hatte deswegen kritisch angefragt: „Soll ich denn letztlich doch wieder mit Gott allein in der Welt sein?" (Bonhoeffer, 1960, 118f.). Ganz in diesem Sinn hat Lukas Ohly in seiner Darstellung der Ethik Barths dessen tautologisches Argumentieren kritisch aufgezeigt: „Solange aber Barth die konkrete Gottesbegegnung unabhängig von allgemeinen Strukturen macht, die eine kommunikative Beziehung ausmachen, kann er dann auch nichts anderes entwickeln als Tautologien" (Ohly, 2018, 23).

Dieselbe Diskussion tut sich auf im Umgang mit der Ökumene: Die meisten Vertreterinnen und Vertreter der jüngeren protestantischen Theologengeneration „messen der innerchristlichen Ökumene für die gegenwärtige Relevanz des Christentums keine substantielle Bedeutung zu" (Leonhardt, 2008, 141f.). „Hinter der ökumenischen Skepsis steht … ein engagiertes Plädoyer für einen sowohl gesamtgesellschaftlichen als auch innerchristlichen, ja sogar innerkonfessionellen Pluralismus. Diese Sympathie für den Pluralismus impliziert zugleich ein Unbehagen an gegenwärtigen Transformationsgestalten des christlichen Leitkulturanspruchs" (Leonhardt, 2001, 142). Diese „Ökumeneskeptiker" fassen

„den christlichen Glauben primär als eine Form *individueller* Deutungskultur" auf: „Religion ist eine Möglichkeit des Nachdenkens über sich selbst, der Selbstdeutung oder der Selbstauslegung". Es ist ein theologischer Zugang zum ‚Selbst', „der an den durch Luther jedenfalls prinzipiell grundgelegten religiösen Individualismus anknüpft", und der sich schwer tut „mit einer direkten Ableitung sozialethischer Projekte aus christlichem Geist". Wenn man die Kluft zwischen gegenwärtiger Lebenswelt und christlicher Tradition nicht über abgeleitete Normen, Schöpfungsordnungen oder dogmatisierte Gebote aufheben möchte, dann geschieht dies eben „über das individuelle Interesse an Lebensorientierung". Dann legt man „die Leistungskraft des Glaubens primär in den Bereich der Individualitätsdeutung", was manche als „eine *Unterbestimmung* der Intention des seinem Wesen nach immer auch auf Gesellschaftsgestaltung orientierten christlichen Glaubens" kritisieren (Leonhardt, 2008, 142). Andere sehen darin eine reformatorische „Bescheidenheit", die auf jeglichen gesellschaftlichen Machtanspruch christlichen Glaubens und christliche Leitkulturvorgabe verzichtet und eine zeit- und sachgemäße Konzentration auf die „individuelle Existenz des Christen in der pluralistischen Gesellschaft" ermöglicht. Andere halten ökumenische Theologie für eine Illustration von Kompromissen.

(5.3.c.) Rationale, desengagierte Verobjektivierung contra geistgeleitete Verinnerlichung in der protestantischen Ethik?

In der Zeitschrift für Evangelische Ethik (ZEE) 2009 wurde zwischen den Theologen Johannes Fischer und Peter Wieck eine kurze Diskussion geführt um „Verinnerlichungstendenzen" evangelischer Ethik. Wie im Abschnitt zu Karl Barth (5.3.b.) angesprochen, geht es um die Frage, „ob die Moral ihre Grundlage in der Perzeption von Situationen, Handlungen oder Wesen hat oder in etwas anderem, das von der Perzeption unabhängig ist" (Fischer, 2009, 204). Ethik besteht demnach nicht in der ‚desengagierten' Erschließung ethischer Richtigkeit, „sondern im Aufweis der praktischen Lebenszusammenhänge, in denen sich die ethische Wahrheit selbst erschließt. Dieser Letzthorizont wird ‚Geist' oder ‚Geistkommunikation' genannt" (Ohly, 2015, 42). Moralisches Handeln erschließt sich nicht in Argumenten, das ist für Fischer desengagierter Rationalismus, auch nicht in blinden Gefühlen, das ist für Fischer subjektivistischer Emotivismus, sondern intuitiv in der jeweiligen Situation. Dabei sind Gefühle und Gedanken ineinander verflochten, weil Emotionen immer auch kognitiven Gehalt haben (Fischer, 2010, 13f.; Körtner, 2012, 58; Düwell, 2011, 205).

Der Begriff des desengagierten Standpunktes ist von Fischer übernommen und wird hier auf der Folie der „desengagierten und instrumentellen Weisen des Denkens und Handelns …, die ihren Einfluß auf das heutige Leben ständig gesteigert haben", von Charles Taylor verwendet (Taylor, 2016, 855; Fischer, 2010, 44; Körtner, 2012, 58; Düwell, 2011, 211). Taylor hat mit diesem Begriff die leib- und erfahrungsunabhängige Vernunft-Perspektive, vor allem bei Descartes, umschrieben (Taylor, 2016, 262ff.). Für Fischer scheiden ‚objektive' Kriterien und Begründungen aus, sofern diese von der leibgebundenen, individuellen, nicht rein ‚innerlichen' Perzeption abstrahieren. Ebenso bringen natürliche Eigenschaften nicht weiter, weil sich aus deskriptiven Sachverhalten keine Normen ableiten lassen. Ebenso scheidet der konsequentualistische Rekurs auf außermoralische Güter wie Glück aus, weil individuell-persönlich Wünschenswertes nicht auch gleich Pflichtgemäßes ist. Ebenso wenig sachgemäß ist die Verallgemeinerbarkeit von Maximen, weil dann wie z.B. von Kant die Pflicht vorausgesetzt werden muss. Aber auch die diskursethische und konsens- und kontraktbasierte Begründung einer moralischen Pflicht durch alle Betroffen-Beteiligten greift zu kurz, weil sich Wahrheit nicht durch Übereinkunft feststellen lässt. Wenn Fischer diese Begründungen von der Situation her gesehen als für die betroffene Person außengelenkte, objektivierende oder desengagierte Begründungen ethischen Handelns ansieht, die deren Verpflichtetsein gerade nicht aufzeigen können, dann erheben diese Positionen ihrerseits den Einwand gegen die induktive Plausibilisierung von Normen aus der Perzeption oder Vorstellung von konkreten Fällen bei Fischer, dass dieses Verfahren einem relativistischen Subjektivismus und den derzeit grassierenden, nahezu egomanen Verinnerlichungstendenzen das Wort rede (Fischer, 2009, 205). Fischer macht seinerseits dagegen geltend, dass Verpflichtung und Normativität in der Anerkennung in der sozialen Welt begründet seien als Akt der Perzeption der jeweiligen Situation, in der sich die ethische Wahrheit im Geist (sc. Gottes) selbst erschließt (Fischer, 2012; Ohly, 2018, 61–88). Abgekürzt geht es Fischer um die Abwehr rationalistisch-desengagierter, bewusstseinsphilosophischer, überhaupt objektivierender, auch pantheistisch-naturalistischer und biologistischer Ethik-Konzeptionen, die auf Vereindeutigung und Identität setzen und die Eigenentscheidungsfähigkeit des verpflichteten Subjekts ausgrenzen (Gerber, 2008, 153ff.; Bauer, 2018, 13–16). Fischer fasst sein Perzeption-Intuition-Geist-Konzept paradox: Er setzt auf „den Geist (sc. Gottes) als ethische Orientierung, die uns bereits orientiert, noch bevor wir nach Orientierung fragen. Ethische Orientierung gewinnen wir also in kommunikativen Kontexten, in denen wir eigentlich schon orientiert sind" (Ohly, 2018, 87). Dieses Schon-immer-Angegangen- und -Verpflichtetsein erinnert an die Vorordnung der Ethik vor die Ontologie bei Levinas (Brumlik, 1994, 96ff.), und an die „schonungslose Ausgesetztheit an das Verletztwerden durch die Transzendenz des Anderen" (Dungs, 2006, 143). Fischer betont, „dass auch das Konzept des ,Nächsten' in der Perzeption verankert ist" (Fischer, 2009, 207). Auch Levinas ging es um eine Kritik der Vernunft, auch er sah die ethische Situation als Beziehung in ihren scheiternden wie glückenden Manifestationen und entsprechend konfrontierte er das Bewusstsein nicht mit der eigenen Negativität bzw. mit unabhängigen Normen, sondern mit dem sinnlich-leiblichen anderen Menschen in der Begegnungssituation. Für (Levinas wie) Fischer wurzelt Subjektivität in vorlaufender, nie vor-stellbarer, zugleich entgrenzender Geist-Kommunikation; sie vollzieht sich intuitiv im Widerfahrnis des Geistes im Sinne „lebensweltlicher Orientierung", indem der Geist allererst Personalität schafft (Fischer, 2012, 71 u.ö.). „Mit diesem rational nicht erzwingbaren, anarchischen Charakter der Moral müssen wir leben" – können wir leben und scheitern (Fischer, 2012, 176). Subjekt-Sein ist Geschenk des Geistes Gottes je Situation und stellt sich gemäß Johannes Fischer nie auch argumentativ ein. Man kann von einer pneumatologischen Konstituierung des Subjekts sprechen, wobei Innerlichkeit und Situationsbehaftung, Subjektwerdung und Kommunikation paradox ineinander liegen.

(5.4.) Gegen die Illusion von Authentizität und Identität im Glauben

Wird jemand gefragt, wie er oder sie gerne leben möchte, dann fällt meistens die Antwort: ,authentisch'. Gemeint ist: selbstbestimmt, nach persönlichen Wünschen, Bedürfnissen und eigenen Vorstellungen von individuell gutem Leben, gleichsam aus der Fülle des eigenen Inneren heraus, als ob sich dieses Innen/Selbst entelechial vitalisieren und ausgestalten könnte ohne Orientierung an außerindividuellen Realitäten und Vorgaben (Personen, Geboten, Gesetzen, Bräuchen, Kirchen, Ideologien usw.), also letztlich als identisch sein mit sich selbst, was mit Wohl- und Glücksgefühlen verbunden ist (Gerber, 2008, 164–168; Rosa, 2012, 411f.). Manche sagen dazu Selbstverwirklichung, die ,Seele baumeln lassen', Selbstfindung, Identität, unverfälschtes Ausleben des (vermeintlich) reinen, ursprünglichen Person- oder jeweiligen Wesens-Kerns, ganz im Sinne von Rousseaus ,von Natur aus gutem Menschen' und gemäß der theologischen Vorstellung eines vorsündlichen Status des in Sünde gefallenen Menschen-Geschöpfes Gottes, der durch den Erlöser Jesus Christus wieder hergestellt werden muss. Die Außenwelt des Individuums ist derart komplex, rasant und zwanghaft geworden, dass es einerseits die Flucht ins Innere antritt, um dort im Prozess der Selbstfindung und Selbstidentifizierung Ruhe, Überblick, Distanz und Entscheidungsfreiheit zu gewinnen. Und andererseits wird vom Individuum verlangt, aus sich selbst heraus zu treten und sein moralisches, ästhetisches, religiöses

Inneres ‚authentisch' zu manifestieren, heutzutage zu allererst im digitalen ‚Profil' (Bernard, 2017, 7ff.).

In der Kunst gilt Authentizität als unerlässliche Form von Kreativität, indem der Künstler, die Autorin, der Komponist, die Designerin den persönlich-individuellen, subjektiven Stil verwirklicht, also sich selbst manifestiert im Medium ihrer und seiner Kunst. Wenn Kunst zur genuinen Selbstoffenbarung wird, dann gerät Kunst zum ‚reinen Anderen' gegenüber der gesellschaftlich bestimmten Kultur, die als Veranstaltung der Gesellschaft das Individuum verfälscht. Authentizität ist Kulturkritik, indem das Einzel-Ich sein eigentlich Eigenes dem Allgemeinen gegenüberstellt, und sie geschieht zugleich als individuelle Antwort auf die Angebote der Konsumgesellschaft, indem die Bedürfnisse im Feld der Befriedigung bleiben. Auf diese Spannung hat Thomas Bauer als kapitalistische Dynamik aufmerksam gemacht: „Allerdings läuft dieses wahre Selbst (und hier müssten Überlegungen zum Zusammenhang zwischen Authentizität und Kapitalismus ansetzen) auf ein Selbst als Konsument hinaus, auf den Menschen, der gerade dann er selbst ist, wenn er das konsumiert, was seinen ‚authentischen' Bedürfnissen entspricht und ihm damit zu seiner Identität verhilft (‚der individuelle Duft' in Millionenauflage ist dann kein Widerspruch in sich). Die Werbewirtschaft zielt genau auf diesen Konsumenten ab, der im Konsum von Massenware seine Identität findet" (Bauer, 2018, 67f.; Han, 2014, 59ff.).

In Glaubenssachen wird Authentizität als tiefe, ursprüngliche, vor- und außersündliche Frömmigkeit mit gleichsam bewahrheitendem Aufopferungscharakter verstanden und auch heute noch bewundert, etwa bei Mutter Theresa. Ein Beispiel findet sich in der EKD-Denkschrift „Identität und Verständigung" zum Religionsunterricht von 1994, wo von einer Basislager-Mentalität des sicheren persönlichen Glaubens als eines Fundamentes ausgegangen wird, von wo aus dann Schülerinnen und Schüler in interreligiöse und sonstige Dialoge eintreten können. „Aber im Blick auf unser Menschsein ist zu bezweifeln, ob dieses von vielen praktizierte ‚im Innern identisch und sicher' und ‚nach außen plural' möglich ist – oder eben verdrängt, dass unsere Identität eine Illusion ist" (Gerber, 2008, 166; Bernhardt, 2005, 275ff. zu differenzbetonenden theologischen Ansätzen). Wir können uns nicht unser selbst bemächtigen als identifizierende Subjekte, weil unser ‚Eigentliches' unbestimmt, unerreichbar bleibt, gar nichts Eigentliches ist, sondern die „irreduzible Lücke im Sein" (Gamm, 2002), theologisch: Gottes belebende Zuwendung zum sündigen Menschen. Eine Selbstidentifizierung als Authentizitätsgeschehen ist unmöglich, „da sich unser Ich schon immer an unserer leiblich-kontingenten Existenz bricht und auflöst – und deswegen dieses Ich eben die substantielle, essentielle Einheit (bisweilen zwangsneurotisch) garantiert und hergestellt haben möchte" (Gerber, 2008, 167f., mit

Verweis auf Foucault, Richter u.a.). Dieselbe illusionäre Täuschung geschieht, wenn Achtsamkeit und Resilienz als therapeutische Vorhaben auf den Plan gerufen werden und gleichsam von vorne imperativisch die Schwächen des leidenden Individuums lösen sollen ohne Beachtung von deren paradoxalem Charakter zwischen Unterstellen und Widerfahren, zwischen Mutmaßen und Zustoßen. Ebenso wenig lassen sich der paradoxale Charakter der Pädagogik und die Aporie jeglicher Erziehung empirisch vereindeutigen, weil für das Subjekt schon immer der Andere im Spiel ist. Deswegen muss man gegen die Stilllegung des Kontingenten, Unentscheidbaren, Vagen gerade die Ambiguität, die Erfahrung des Paradoxen, des performativen Widerspruches und des Widerstreits ins Feld führen (Wimmer, 2006, 381; Bauer, 2018). Ohne solchen Umgang mit dem Paradoxcharakter geraten pädagogische, therapeutische, religiöse Übungen des Einzelnen, wie sie Peter Sloterdijk als „Wiederverweltlichungen" anbietet (Sloterdijk, 2009, 493ff.), zu funktionalen Verfahren ohne Betroffenheit des Subjektes. Ein wie auch immer resilientes Selbstbewusstsein ohne Problembewusstsein und Selbstkritik, also ohne Beziehungen, und ein wie auch immer verbal oder sakramental gefestigter Glaube ohne Zweifel und Scheitern in der Gottes-, Nächsten- und Selbstliebe bleiben selbstermächtigte Errungenschaften mit der Illusion von Authentizität und Identität.

In Theater, Film, Musiktheater, Literatur muss alles authentisch herüberkommen, um hinter den kulturell geprägten Rollen und Performances das jeweilige Selbst/Ich in bestmöglicher Identität erscheinen zu lassen (Bauer, 2018, 63ff.). In der virtual reality kommt es exklusiv auf Authentizität der Realität an, soll doch die Virtualität die Authentizität als Eindeutigkeit dieser Realität garantieren: „Die Antwort des Films ist simpel: Die Romanze im Netz ist der Beziehung im echten Leben unvergleichlich überlegen, weil sie den Körper auslöscht und so einen scheinbar vollständigeren Ausdruck des eigenen authentischen Selbst ermöglicht. Das Internet wird eindeutig und positiv als eine Technologie der Entkörperlichung betrachtet. In diesem Sinne beruht der Film auf der Idee, daß sich das Selbst besser und authentischer offenbart, wenn es außerhalb der Zwänge körperlicher Interaktion präsentiert wird… Im Bereich des Cyber-Schreibens bezieht man sich auf den Körper häufig als ‚Fleisch', als das tote Fleisch, das den aktiven Geist umgibt, aus dem das ‚authentische' Selbst besteht" (Illouz, 2006, 114). So belebt das Internet den „alten cartesianischen Dualismus zwischen Geist und Körper, wobei der einzige echte Ort für das Denken und die Identität im Geist angesiedelt wird. Ein Internet selbst zu haben bedeutet, ein cartesianisches Ego zu haben und sich durch den Blick aus den Mauern des eigenen Bewußtseins auf Welt einzulassen" (Illouz, 2006, 122). In christlicher Tradition läuft der cartesianisch-platonische Geist-Fleisch-Dualismus gleichsam als heilsgeschichtlicher Film Gottes von der Errettung der unsterblichen Geist-Seele des einzelnen Glaubenden aus dem sündhaften Fleischeskörper heute noch ab unter individueller Beihilfe des Sünders und kirchlicher Kontrolle. Die protestantische Reformation hat dazu die auf den Einzelnen gemünzte paradoxe Gegendynamik induziert, dass der allein durch Gott und allein im Glauben ohne eigene Verdienste gerechtfertigte und wiederbelebte Sünder im gleichen Atemzug die Kraft und Phantasie zur „Bejahung der gewöhnlichen Welt" erhält und den theistischen wie digitalen Dualismus unterläuft (Taylor, 2016, 373ff.). Wenn überhaupt, dann könnte man diese individuell-persönliche Beziehung von widerfahrender göttlicher Gabe und menschlich anzupackender Aufgabe als Manifestation von geschenkter Authentizität bezeichnen.

Ein scheinbar entgegengesetztes Beispiel findet sich in der Politik, wenn sie sich im Zuge einer Renaissance des Nationalismus in Europa populistischer Methoden bedient, „um das Individuum einer ausschließlich kollektiven Identität zu unterwerfen. Deshalb ist ein individualistisches Demokratieverständnis auch für den weiteren Ausbau demokratischer Mitwirkung in der Europäischen Union von Bedeutung", so Gret Haller, ehemalige Präsidentin des Schweizerischen Parlaments (FR 27.07.2018, 10). Authentizität als individualisierte Expression des jeweils subjektiven Inneren und als kollektive (nationale, gruppenbezogene u.a.) Vereinheitlichung sind sich bedingende Formen von Vereindeutigung in den beiden Dimensionen des Individuellen und des Kollektiven (Gerber, 2008, 153ff.). Es kommt auf die Art und Weise der Individualisierung an, ob sich nämlich die Einzelnen in einem als aggressiv erfahrenen Globalisierungsklima auf sich selbst und ihre emotional prägendste Gruppe konzentrieren und sich ohne echte Kommunikation vereinzeln, um ihre authentischen Bedürfnisse zwecks eigener Identität befriedigen zu können. Oder ob der Einzelne die Offenheit der Gesellschaft in der Weise mitgestaltet, dass er oder sie dabei die eigenen Interessen im pluralen Chor auf demokratische Weise vertreten kann. In diesem Fall geht es nicht um eindeutige Identität und Authentizität, sondern um den kommunikativ-demokratischen Prozess gemeinsamen Gestaltens der Gesellschaft ohne unumstößlich vorgegebene Wahrheiten, was Gret Haller unter ‚individualistischer Demokratie' versteht und was ebenso für die Gestaltung z.B. von Kirche(n) im Sinne von Luthers ‚ecclesia semper reformanda' gilt. Allerdings bleibt diese Dynamik eingespannt in das Paradox, dass die Lebenswege heute weitgehend frei wählbar sind und dass gleichzeitig die Gesellschaft nicht so durchlässig und offen ist wie sie vorgibt – ein bleibendes Dilemma der individualisierten Gesellschaft?

Manche sprechen in diesen Zusammenhängen von Kontingenz und von Ambiguität: ein „Begriff für alle Phänomene der Mehrdeutigkeit, der

Unentscheidbarkeit und Vagheit, mit denen Menschen fortwährend konfrontiert werden" (Bauer, 2018, 13). Man geht – auch in der Glaubenspraxis und theologisch – nicht mehr von einer ursprünglichen individuellen oder kollektiven Einheit, also weder vom Mythos eines natürlichen, vorsündlichen Ich-Kerns noch vom Mythos einer ethnisch uniformen Ursprungs-Volk/Nation oder von der Einen Kirche aus, die durch eine Ökumenische Anstrengung wieder hergestellt werden soll (wohl im Verschweigen vieler Offizieller, dass es allein schon diese eine einheitliche Urkirche nie gab, was Exegeten wie Ernst Käsemann stets vehement vor allem gegen den römischen Katholizismus betont haben). Diese Mythen von einem reinen, geistigen oder ur-materiellen, atomaren Einen, von einem einzigen Gott oder einer einzigen Göttin sind zu entmythologisieren durch das Bewahrheiten von Kontingenz, Vielfalt, Pluralität und Anerkennung der Anderen in leiblicher Differenz. Christlich hat man diese Entmythologisierung paradoxer Weise mit dem Mythos der Inkarnation (der Menschwerdung) Gottes erzählt, wonach sich Gott in der Gestalt des Erlösers Jesus Christus seiner göttlichen Allmacht vollständig entäußerte, theologisch aus dem Griechischen als Kenosis bezeichnet (Gerber, 1989, 1028f.). Der Apostel Paulus hat mit der Rezeption dieses vorchristlichen Mythos letztlich die Vorstellung eines allmächtigen, theistischen Gottes ebenso ausgeschlossen für die Errettung des sündigen Menschen wie die griechisch-hellenistische Vorstellung von dem logisch zwingenden Einen und Universellen. Mit dieser Brechung und Relativierung des Jenseits und der Logik auf die Errettung des konkret-leiblichen Menschen sind Allmacht und Theismus gebrochen. Seither können Menschen nur aus eigener Betroffenheit menschlich von Gott und von sich selbst reden (s. 5.3.a. zu Rudolf Bultmann). Seither geht es in der persönlichen Glaubenspraxis und in Kirche und Theologie um das Aufgeben der Vorstellung eines universellen, allmächtigen, theistischen Gottes und exklusiv und absolut gültiger Dogmen-Wahrheiten (auch in den sogen. exakten Wissenschaften), sicherer, also fundamentalistischer Identitäten, dialogfreier logischer exklusiver Gültigkeit, der Zeitlosigkeit. Wenn die Zeit in dieses zeitlose philosophisch-religiöse System durch die Selbsterfahrung leiblicher Menschen hereinbricht, dann ist die Zeit des Einzelnen angebrochen. Die kapitalistisch und digital, bisweilen auch religiös und ideologisch geschlossene Welt bricht auf und die Förderung des Subjektes beginnt: „weniger des Individuums (und damit des Individualismus mit seinem beschränkten *Selbst*) als vielmehr des *Subjekts* als eines ‚Ich', das seine Stimme erhebt und, davon ausgehend, in der Welt die Initiative ergreift und somit ein Projekt anstößt, das angetan ist, die Begrenztheit dieser Welt aufzubrechen" (Jullien, 2017, 58f.). Die Dynamik eines solchen Projektes hatte Luther in der geschenkt-verpflichtenden Freiheit des glaubenden Subjektes zur Weltgestaltung in Ansehung der Mitmenschen und der Schöpfungswelt gesehen. Deshalb formuliert Francois Jullien folgende Aufgabe: „Wir müssen endlich darüber nachdenken, was das Christentum an Menschlichem *befördert* hat. Das heißt nicht – das wäre viel zu einfach -, es auf seinen ‚anthropologischen' Gehalt zu reduzieren (wie es Feuerbach getan hat); vielmehr gilt es, das Christentum als eine Ressource zu betrachten, die zur *existenziellen* Förderung des Subjekts beiträgt. Zu erkunden, wie das Christentum es gewagt hat, das Gesetz (durch die ‚Liebe') zu überschreiten, und wie es (durch die ‚Verrücktheit' des Kreuzes) die Vernunft umgekehrt hat, so dass eine paradoxe Logik entstand, welche die Existenz in Spannung versetzt" (Jullien, 2017 68) und jegliche Identität verwehrt. Indem der von Gott mit Glauben belebte Einzelne immer im Status des Antwortenden lebt, kann er niemals von sich aus fromme, moralische, ästhetische Identität herstellen.

(5.5.) ‚In, mit und unter tapferem Sündigen' wird das Subjekt ‚extra se' in seiner Selbst-Differenz konstituiert

Zwei Vorbemerkungen sind zu dieser zunächst seltsam klingenden Überschrift zu machen. Die Formulierung ‚in, mit, unter' stammt aus den Diskussionen über das Abendmahl (Eucharistie): ob Brot und Wein realiter der Leib und das Blut Christi sind gemäß der römisch-katholischen Transsubstantiationsvorstellung, oder ob sie irdisch-materielle Symbole sind für die Gegenwart Christi beim Glaubenden im Sinne der reformierten Theologie, oder ob gewissermaßen im Hören der Einsetzungs- und Vergebungsworte und im ordnungsgemäßen (rite) Vollzug des Essens und Trinkens Christus ‚in, mit und unter' den beiden ‚Elementen' gegenwärtig ist im Sinne lutherischer Vorstellung. Zweitens: Mit dem ‚tapferen Sündigen' (pecca fortiter) soll in Anlehnung an Luther gesagt werden, dass der ‚an sich' sündige, in sich eingekurvte, selfiehafte Mensch in seiner leiblichen Existenz mit seinen schon immer gegebenen Beziehungen gleichzeitig gerechtfertigt, zu neuem Leben erweckt, anerkannt wird durch das verkündigt-gehörte Wort Gottes. Der Glaubende lebt analog zum paradoxen Verhältnis von Brot und Wein als Naturalien und als Heilsträger einerseits und der Vergebung der Sünden andererseits in zwei Welten: in einer Widerfahrnis-Welt der gnadenhaften Sündenvergebung Gottes und einer Gestaltungs-Welt der menschlichen Gerechtigkeit, und allein die Widerfahrnis-Welt heiligt ‚in, mit, unter' der Gestaltungswelt Menschen und Dinge. Mit dieser asymmetrischen paradoxalen Verhältnisbestimmung von gerechtfertigtem Menschsein und bei sich selbst bleibendem Menschsein ist der cartesianische Geist-Körper-Dualismus unter der Zuschreibung des ‚cogito, ergo sum' als Subjektwerdung des Menschen gleichsam antidoketisch ausgeschlossen (Schlittmaier, 2018, 207f.). Bei Luther kann man von zwei Welten und entsprechend von zwei

Subjekten sprechen (von Lüpke, 2018, 91ff.): vom sündigen Subjekt, das sich schon immer durch sich selbst bestimmt und das deswegen im Sinne Luthers gar kein Subjekt sein kann; und das externalistisch gerecht gesprochene Subjekt, dessen Subjektsein ihm entzogen ist und als Widerfahrnis durch den anderen Menschen ,in der Spur Gottes' geschieht. Durch diesen Verkündigungsruf des Anderen in die Verantwortung wird das angegangene Subjekt allererst konstituiert, ohne dass dieses Subjekt den Grund dieser Beziehung zum und vom Anderen in sein Ich/Selbst übernehmen kann, wie Levinas formuliert hätte (Levinas, 1999, 209ff.). Die Begegnungsbewegung geht vom Anderen aus und kann vom Subjekt nie eingefangen werden. Subjekte leben entwurzelt, indem ihr Subjekt-Sein exterior ihrer Subjektivität vorausgeht. Überträgt man dieses ,vom Anderen her denken' theologisch, dann lässt sich im Sinne des Mystikers Eckhart sagen: „ ,Ich'-Sagen gehört nach Meister Eckhart nicht in die Verfügungsgewalt der sprachlichen Kompetenz des Menschen. Der *eigentliche* Ich zu sagen vermag, ist Gottvater, der in der Zeugung seines Sohnes sowohl das Werk der Dreifaltigkeit wie der Schöpfung wirkt" (Haas, 2007, 355). Mit Levinas formuliert: „Der Gott, der vorbeigegangen ist (sc. in der Erzählung 2. Mose 33), ist nicht das Urbild, von dem das Antlitz das Abbild wäre. Nach dem Bilde Gottes sein heißt nicht, Ikone Gottes sein, sondern sich in seiner Spur befinden. Der geoffenbarte Gott unserer jüdisch-christlichen Spiritualität bewahrt die ganze Unendlichkeit seiner Abwesenheit, die in der personalen Ordnung selbst ist. Er zeigt sich nur in seiner Spur, wie in Kapitel 33 des Exodus. Zu ihm hingehen heißt nicht, dieser Spur, die kein Zeichen ist, folgen, sondern auf die Andern zugehen, die sich in der Spur halten" (Levinas, 1999, 235).

Eine befreiende Empfehlung Luthers an die Glaubenden für ihren Alltag, um nicht zu verzweifeln, lautete: ,Sündige tapfer' (pecca fortiter). Übersetzt meint dieses theologische bon mot, dass wir Menschen, auch wenn wir uns für gläubig halten, stets nur sündig handeln und denken können aus uns selbst heraus. Und deswegen gilt zugleich: ,Unterstelle tapfer in deinem Handeln und Denken, dass Gott für deinen Umgang mit deinem Nächsten, mit der Schöpfungswelt und mit dir selbst einsteht'. ,In, mit und unter' dem Vollzug dieses experimentellen, risikoreichen und die eigene Existenz aufs Spiel setzenden Als-ob-Umgangs mit anderen Menschen und der Welt ereignet sich Subjekt-Werdung als Widerfahrnis. Man kann auch darauf hinweisen, dass „die Unverfügbarkeit des Einzelnen jeder vereinnahmenden *Einverleibung*" entgegensteht. Zugleich aber ist „Einverleibung/*Verkörperung* unvermeidbar (sc. m.E. sogar not-wendig), weil sonst jeder Kommunikation der Boden entzogen würde. Weil der Andere einverleibt wird,wird der nicht wirklich erreicht. Wird er nicht einverleibt, gibt es keine Kommunikation. Eine konstitutive Selbstentfremdung gilt für alle und alles. In dieser *paradoxalen Differenz* ist noch in der Übertretung der Grenze diese zu achten" (Zilleßen, 2017).

Aber das (postmoderne) Ich ist voll mit sich selbst beschäftigt und dreht sich um seine Selbstkonstituierung exklusiv aus sich selbst heraus, und landet bei sich selbst, bisweilen unter therapeutischer Hilfe auf dem Weg zum zu restituierenden starken Kern-Ich (Schlittmaier, 2018, 20f.), was allerdings auf eine Vergegenständlichung des Subjektes hinausläuft. ‚Ich will mich besitzen', das ist die antreibende suizidäre Vorstellung von sich selbst, weil es um „Selbsterlösung durch Selbstpaarung oder Selbstinzest", nämlich um Identität geht (Gross, 2004, 25). Dieses Selbstbemächtigungs-Ich benötigt bei seiner Selbst-Implosion weder Gott/Göttin, noch ein sonstiges Du, noch Dinge und die Welt. In traditionellen Glaubenspraktiken haben vor allem das Luthertum und Freikirchen diese (bürgerliche) Unmittelbarkeit des Subjektes mit sich selbst gefördert (Graf, 2017, 31–41), indem sie zugleich mit der Betonung der Beziehung die Gefahren heraufbeschworen, dass die vorausgehende Verkündigung des Wortes Gottes zur bloßen Verursachung der inneren Selbstbefreiung verkürzt wird, dass die Nächstenliebe funktionalisiert und professionalisiert wird und damit entemotionalisiert und von der Glaubenserfahrung abgetrennt wird. Diese protestantische Kultur der Introspektion hat sich in säkularer Form ‚nach innen' als Selbstbeobachtung mit Optimierungsimperativ und ‚nach außen' als bekenntnishafte Autobiografie manifestiert (Taylor, 2016, 329). Und zugleich wird dieser nahezu solipsistisch mit sich selbst beschäftigte Glaubende in seiner tief-innerlichen Frömmigkeit an die Gemeinschaft der Glaubenden, an die Kirchengemeinde, an die Kommune, an die Welt verwiesen und soll sich vergesellschaften in Handlungen der weltlichen Gerechtigkeit und der christlich-gläubigen Nächstenliebe, die allesamt nichts Christliches mehr abgeben. Eva Illouz hat diese Schere des modernen Glaubenden als Muster therapeutischen Kommunizierens rekonstruiert: „Die emotionale Selbstkontrolle, wie sie die therapeutische Überzeugung vertritt, ist gleichermaßen das Erkennungsmerkmal eines *bindungslosen Selbst* (das mit Selbstbeherrschung und -kontrolle beschäftigt ist) und eines *geselligen Selbst* – das Gefühle ausklammert, um Beziehungen mit anderen einzugehen" (Illouz, 2009, 178f.). Dies ist zusammen mit dem Wunsch nach Identität die im Effekt selbe mögliche Spaltung des Menschen in sich selbst, die die unmögliche Möglichkeit der Differenz weiter verstellt.

(5.6.) Subjektwerdung dank „gnadenhaft verliehener göttlicher Autonomie" oder doch mittels postheroischer Selbstermächtigung?

„Das Individuum ist jetzt der Himmel, in den Welt und Dinge kommen, wenn sie ihm in ihrem ‚Daß' erscheinen. Zwar ist jedes Individuum, modern gedacht, bis in die letzte Faser seines Wesens ein Kind der Welt und nichts als der Welt, aber es ist zugleich die Stelle in der Welt, vor der die Welt sowohl verschwindet als auch aufgeht" (Sloterdijk, 2017, 293). Diese Schnittstelle ist im Christentum durch den Mythos von der Inkarnation Gottes in Jesus als dem Christus und der daraus folgenden Vorstellung von der gleichzeitigen Existenz der göttlichen und der menschlichen Natur im Erlöser besetzt, wobei die Umschreibung des Verhältnisses der beiden Naturen mit ‚unvermischt' und ‚ungetrennt' bis heute interpretationsoffen bleibt. Bei Sloterdijk könnte diese Ortsbestimmung, die er in seinem Nachdenken über Mystik vornimmt, im Sinne eines Beobachter- und Selbstermächtigungsprogramms (miss-)verstanden werden. Jeder wird zum Heilig-Himmlischen, indem er sich mit Welt und Dingen in deren ‚Daß', also wie diese ihm uninterpretiert erscheinen, weltlich befasst. Diese Sentenz von Sloterdijk könnte aber auch dahin gehend aufgefasst werden, dass das moderne Individuum als eine Art Scharnierperson konstituiert wird in seinem Zur-Welt-gebracht-Werden (analog zum Ereignis der Inkarnation Gottes) und seinem Verschwinden oder Herausfallen aus der Welt (ähnlich der christlichen mythologischen Botschaft von der Auferstehung und Himmelfahrt des Erlösers). Dieses Individuum übernimmt sich aber (bei Sloterdijk) einmal mehr, wenn es entweder in die Erinnerung seines schon immer mystischen Lebens progressiv und evolutionistisch eintauchen soll (Sloterdijk, 2017, 293f., 299), oder wenn es sich in seiner Selbstreflexivität selbst durchsichtig machen kann (von Lüpke, 2018, 102f.): z.B. dass moderne Theologie „die Externität des Gottesverhältnisses in die Binnenrelation des Selbstverständnisses einzieht und darin aufgehoben sieht". Johannes von Lüpke bezieht sich kritisierend auf Christian Danz' Bestimmung von Theologie als „begriffliche(n) und reflexive(n) Ausdruck der Selbstdurchsichtigkeit, die mit dem Vollzug des Glaubens verbunden ist" (Danz, 2005, 212). Festgemacht wird dieses Glauben an der Christologie, die aber ihrerseits „allein die Funktion einer Selbstbeschreibung des Glaubens und seines geschichtlichen Eingebundenseins" hat (Danz, 2012,9). Entsprechend ist der Glaube „das Geschehen des Sich-Verständlich-Werdens des Menschen in seinem bewussten Selbstbezug. ... Die Inhalte des Glaubens haben den Status von Selbstbeschreibungen des Glaubensaktes und seiner Gewissheit" (Danz, 2012, 203). Damit werde Subjektwerdung als „Sich-seiner-selbst-bewußt-Werden" bestimmt in Konvergenz mit dem „Innewerden Gottes", sodass die Vermittlung durch Gottes Wort „in die Unmittelbarkeit des Selbstverhältnisses hinein aufgehoben (wird), wenn denn das äußere Wort ... dann zum Ziel (kommt), wenn es beim Einzelnen den Glauben wirkt und sich darin überflüssig macht" (von Lüpke, 2018, 106f.). „Die Glaubenslehre hat also eine Verbalisierung der Reflexivwerdung menschlicher Subjektivität zu leisten... Danz denkt Gott als

Synonym für ein epistemisches Geschehen: das Sich-Verstehen des Menschen, das vor allem eine Einsicht in die bereits präreflexiv vorhandene Subjektivität, also das Selbstverhältnis des Menschen, darstellt. Theologie und Christologie sind lediglich Ausdruck menschlicher Selbsterkenntnis. Sie beschreiben keine extramentalen Realitäten mehr" (Seewald, 2018, 128). Die Interpretation der Gott-Mensch-Differenz durch Christian Danz kommt dem ‚Selfie' gefährlich nahe und schürt den Wunsch der Selbstverwirklicher nach Selbsttransparenz im Sinne von Selbst-Identität: ‚Ich bin Ich'. Diese ersehnte Tautologie brächte das Ende unseres Menschseins in der Differenz (zu Gott) zu Anderen und zu sich selbst.

‚Ich bin Ich' signalisiert den Tod, der Differenz und Pluralität auslöscht. Wenn der Vater in der biblischen Erzählung von der Heilung seines epileptischen Sohnes durch Jesus (Markus 9, 14–29) auf Jesu Zuspruch: ‚Alles ist möglich dem, der glaubt', seinerseits antwortet: ‚Ich glaube, hilf meinem Unglauben', dann bringt dieser kurze Dialog zum Ausdruck, dass Glauben als Differenzwiderfahrnis des Vaters zu sich selbst und zu Jesus und nicht als Selbstdurchleuchtungsverfahren geschieht. Oder mit dem Mystiker Eckhart formuliert: „Die gnadenhaft verliehene göttliche Autonomie wird … Garant einer auch vor Menschen bezeugbaren, deren Grund die überschwenglich und rätselhafte Einheit gewordene Abgründigkeit von menschlichem und göttlichem Grund ist: *Hie ist gotes grunt min grunt und min grunt ist gotes grund.* Vorrangig in jedem Fall aber ist die Begründung jeglicher Autonomie aus der Machtfülle Gottes und nicht des Menschen" (Haas 2007, 362f.). Diese Theozentrik ist nicht so gemeint, dass bei Eckhart „ein rigoroses Fragen nach der Selbstbestimmung des Menschen", etwa im Sinne Fichtescher Bewusstseinsphilosophie, leitend sei. Eher im Sinne der Paulus-Interpretation von Alain Badiou, wonach Paulus das Gegenmodell zum heutigen Zeitgeist der Selbstermächtigung theologisch formuliert habe: Die Radikalität paulinischer Theologie in ihrer Formulierung der Subjektwerdung liege darin, „dass Paulus ergründen will, welches Gesetz ein jeder Identität beraubtes Subjekt strukturieren kann, ein Subjekt, das von einem Ereignis abhängt, dessen einziger ‚Beweis' genau darin besteht, dass ein Subjekt sich zu ihm bekennt". Weder auf gemeinsamen Werten, Riten, Dogmen, Regeln, noch auf dem Respekt des Anderen beruht christliche Existenz in ihrer leiblichen Kommunikation, sondern allein „auf dem Bekenntnis zum Christusereignis" als dem Zuspruch der „gnadenhaft verliehenen göttlichen Autonomie".

Dieses Glaubenswiderfahrnis kann nicht auf das tautologische ‚Ich' individualisiert und privatisiert werden, weil es vorgängig seine grundlose Autonomie in Gestalt des Christusereignisses behält gleichsam als „Zweck an sich selbst" (Kant) und nicht in den Glaubenden hinein implodiert. In diesem engen Sinne kann dann auch von Metaphysik in der Theologie gesprochen werden, einer Theologie, die sich selbst ständig infrage stellt, indem sie ‚tapfer sündigt' (Luther) und von der Welt redet als ob sich Gott darin zeige. Der spätmoderne religiöse wie religionslose Mensch will diesen eigentlich gegen Fundamentalismus feienden ‚eschatologischen Vorbehalt' durch sich selbst ersetzen und ausfüllen und deswegen das „als ob" unserer Existenz und unseres stets symbolischen Umgangs mit der Welt umbiegen in das ‚Ich bin Ich' und somit vereindeutigend aus dem Weg räumen (Bauer 2018, 31ff.; Gerber 2015, 65ff.). Dabei trägt der Markt-Kapitalismus das Seinige zur Vereindeutigung bei und individualisiert durch seinen reinen Angebotscharakter derart, dass er mit dieser seiner „magischen Entambiguisierungsfähigkeit" dem Einzelnen seinen Charakter als Marktkapitalismus trotz aller Zumutungen als alternativlos vorgaukeln kann (Fromm, 2018, 24–35). Für die Religion bedeutet dies nach Thomas Bauer zweierlei: „Wenn das, was nicht eindeutig ist, nicht so wichtig ist, dann wird es eher gleichgültig. Kein Wunder also, dass religiöse Gleichgültigkeit heute in westlichen Gesellschaften die vielleicht verbreitetste Form von Religiosität darstellt. Ambiguität, die der Gewinnung letztendlicher Gewissheit (sc. im Sinne von Sicherheit, Identität) entgegensteht, wird zum Anstoß und Anlass, sich lieber zurückzuziehen. Dieser Rückzug endet entweder in Gleichgültigkeit …, kippt aber manchmal auch in Fundamentalismus um, wie man an Atheismusfundamentalisten wie Richard Dawkins und Sam Harris sehen kann" (Bauer 2018, 38f.). Beide Formen löschen das verantwortliche Individuum aus und lassen nur dasjenige Individuum übrig, das nach dem in seiner Zwanghaftigkeit weichgespülten Friss-Vogel-oder-stirb-Gebot seine Gleichgültigkeit oder seinen Fundamentalismus scheinindividuell lebt (Fromm, 2018, 33). „Die Wahrheit der real existierenden Moderne ist ihre Heuchelei, die das Individuum preist und es gleichzeitig ignoriert" (d'Arcais 2009, 44). In dieser Verstellung der Subjekt-Werdung zeigt sich auch die Krise der Religion in spätmodernen Gesellschaften, sofern Religion sich – gegen den Trend – für das Individuum in seiner Würde und seinen Beziehungen hypothetisch-verantwortungsvoll, prophetisch, befreiend einsetzt, das in seinen leiblichen Beziehungen und Begegnungen, in seinen Sinneswahrnehmungen und mit seinen Deutungen nur als Subjekt ‚in Distanz' konstituiert wird. Für Kirchen und Theologie heißt dies, dass die individuell Glaubenden die Häretiker und die Dynamiker des Christentums sind, so wie ihr Erstling Jesus von Nazareth. Peter Berger hat vom „Zwang zur Häresie" gesprochen (Berger, 1980). Der Häretiker ist in seiner paradoxen Existenz des ‚von außen' ihm „gnadenhaft verliehenen" Glaubens und seiner interpretierend-dialogisierenden Kommunikation die eigentliche protestantische (religiöse) Individual- und Sozialfigur. Er lebt mit dem Kunststück, ‚in, mit und unter' der Differenz in sich und zu Anderen gemeinsame Vorstellungen und gemeinsames Handeln mit aller Vor-Läufigkeit beizutragen. Die Personen-Differenz wird dabei asymmetrisch vorgängig unterstellt, indem sie z.b. in Predigten, Religionsunterricht, Kasualien, in der Sozialen Arbeit hypothetisch vorausgesetzt wird, sonst gewinnt dogmatischer, kultischer, biblizistischer Fundamentalismus die Oberhand und das Subjekt wird als Ich greifbar. Historisch gewendet: „Die Adresse an den anderen als anderes Selbst (liebe den anderen wie dich selbst) war das, was die Nazis abschaffen wollten. Das ‚Wie dich selbst' des deutschen Ariers war genau das, was sich nirgendwo projizieren ließ, eine geschlossene Substanz, immer bereit, ihre Schließung nach innen und nach außen durch Massenmord unter Beweis zu stellen" (Badiou, 2002, 202).

Doch jegliche Ich-Formierung bleibt zwiespältig, plural, fragil in unserer zwangsstrukturierten neoliberalen Gesellschaft. Eine Differenzierung in verschiedene Verhaltensweisen muss die innere Befindlichkeit der ‚Iche' befragen, dort liegt der Schlüssel für den Umgang mit der Welt und mit sich selbst (Großbölting, 2013). So finden wir den *heroischen* Menschen mit seinen relativ festen Werten einschließlich einer gefährlichen Gut-Böse-Welt und Durchhalteparolen in Politik, Religion, Wirtschaft, Bildung. Er hat bisweilen machohafte Züge (Richter 2006), vertritt ein von Kampf, Opfer und Ehre geprägtes Ethos und eine vertikal-hierarchisierende Weltsicht (Bröckling 2018, 21–25). Man kennt ihn auch aus christlichen Kreisen. Er ist aber nicht der ‚Held des Alltags', der einem behinderten Menschen freiwillig hilft oder sich in der Flüchtlingshilfe engagiert, um mit sich selbst ins Reine zu kommen, und der öffentlich (im Fernsehen) Anerkennung findet. Diesen ‚Alltagshelden' findet man auch im moralisierenden, sozialarbeiterischen Christentum. Die in den letzten Jahren in Erscheinung getretene ‚*postheroische* Persönlichkeit' – eine Bezeichnung des Sozialisationsforschers Martin Dornes (Dornes, 2012) – setzt sich davon ab durch höhere Flexibilität, um die diffusen narzisstischen Energien der ‚Ego-Gesellschaft' für sich selbst zu nutzen und mit Anderen auszuhandeln. Aus dem Durchhalten des heroischen Singles ist ein Durchhangeln geworden, aus der Zielorientierung ist die Gleichgültigkeit geworden, aus der Selbstermächtigung ist die „Dezentrierung des Selbst" geworden (Bröckling, 2018, 32). Diese ‚rückgratlose Schwimmerperson' gestaltet vor allem mittels EgoTech ihre Welt ohne Tabus im „inneren Dialog" und ohne Anpassungsleistungen. Sie erlebt einen deutlichen Zuwachs an Selbst- und Weltgestaltungsmöglichkeiten und zugleich an entsprechenden Selbststeuerungsüberanstrengungen (Dornes, 2016, 109). Religiös erinnert diese Figur an „die Selbstermächtigung des religiösen Subjekts" (Gebhardt, 2016): Diese Selbstermächtigung „sei bestimmt durch Autonomie, Souveränität und Eigenkompetenz und einen ausgeprägten antiinstitutionellen Affekt.

Man vertrete entweder einen ichzentrierten Religionskonsum oder alternativ ein traditionales, vormodernes Religionsmodell. … Das noch vorhandene religiöse Engagement wandle sich in Richtung hoch individualisierter und schwach institutionalisierter Formen" (Hemminger, 2014, 8). Die ‚postheroische' religiöse Persönlichkeit findet sich auch bei den Konfessionslos-Gläubigen mit ihren individuellen Entgrenzungen und ‚inneren' Überanstrengungen (Barth, 2013, 224–235). Immer noch eingespielt in unsere Gesellschaft wird seitens der Wirtschaft und Politik die Subjektivierungsform des *„unternehmerischen Selbst"*, des Managers seiner selbst im neoliberalen System von Kapital und Digitalem, der Ich-AG (Bröckling, 2007, 7–18). In christlichen Gefilden tritt diese Kongruenz von individueller Selbstverwirklichung im Spirituellen und erfolgreicher Gestaltung des Weltlichen in politischer und religiöser correctness, also im unscheinbaren Dienst des Einzelnen in seiner Überzeugung den beiden ‚Herren' gegenüber. Dabei wird die zwischen 1980 und etwa 2000 bevorzugte Patchwork-Religiosität insofern radikalisiert, als es keinen festen Teppich mehr gibt, sondern die fluiden religiösen Symbolisierungen ständig einen neuen Religiositätsteppich erzeugen und Religiosität gleichsam zu einem permanenten Glaubensschwimmkurs wird. Und es greift die andere Radikalisierung, dass man nicht mehr einen ‚eigenen Gott' hat (Beck, 2008), sondern selbst Gott spielt in der Selbsterlösung als ‚Selbstpaarung' (Gross, 2004). Das christliche „Projektportfolio" lautet generell: ‚Führe dich individuell selbst nach deinen ureigensten Wünschen und Gott wird dir schon helfen'. So kann die folgende Beobachtung auch auf die Religiosität zutreffen: „Die Individuen werden heute dazu angehalten zu leben, als ob sie ein Projekt aus sich selbst machten: Sie sollen an ihrer Emotionenwelt (sc. und ihrer Religiosität als religiösem Gefühl) arbeiten, an ihren häuslichen und ehelichen Abmachungen, ihren Beziehungen mit der Arbeit und ihren sexuellen Lusttechniken, sie sollen einen Lebens‚stil' entwickeln, der ihren Existenzwert ihnen selbst gegenüber maximiert" (Bröckling, 2007, 279).

Ist dieses Projekt der Selbstoptimierung im ‚Selfie' erfüllt? Das *Selfie-Ich* präsentiert sich als der „harmlose Ausdruck einer zwanghaften Selbstliebe, deren Bestätigung mühelos durch digitale Aktivitäten zu erzielen ist" (Harry Nutt) – und figuriert deswegen als vorerst endgültige Sozialfigur der westlich-globalisierten Gesellschaften? Oder wird der *posthumanistische Mensch-Maschine-Hybrid* in gentechnischer und digitaler Zurichtung der ‚neue Mensch' der ‚nächsten Gesellschaft' sein, der mit dem Ende des Anthropozäns eine erweiterte Syzygie von technologischer und naturaldynamischer Gestaltung bringen wird (etwa im Sinne von Haraway) (Harari, 2018, 429ff.)? Oder ist davon auszugehen, „dass die gegenwärtige Konjunktur starker Männer mit Lizenz zum Durchregieren auch den Typus des präpotenten Heldenmännchens wieder erstarken lässt, der sein Ego über Feinde ringsum stabilisiert, Ambivalenzen verabscheut und die Bewältigung von Komplexität lieber an Algorithmen delegiert"? (Bröckling, 2018, 32). Damit bliebe uns die Figur des *Machos* erhalten, die den Weg von der Ich- zur Wir-Ich-Gesellschaft versperrt (Richter, 2006, 71–87)?

Jede dieser Ich-Figurationen birgt Potentiale, Dynamiken und Grenzen in sich, die sich durchsetzen oder abgestoßen werden. Die eine einzige Sozialfigur hat es nie gegeben und wird es nicht geben, aber deswegen muss die Gesellschaft nicht in Monaden auseinanderfallen (Schroer, 2000, 449). Wird es neue Kultur-, Religiositäts- und Sozialformen und Konturen der nächsten Gesellschaft im Horizont von Individualisierung geben? Etwa in einer christlichen Religiosität, indem Individuen Vereinbarungen treffen statt in Anpassung und Disziplinierung zu leben, indem sie selbstständige Glaubens-, Lebens- und Handlungsstile in gegenseitiger Achtung praktizieren statt den ‚gläubigen Menschen' dogmatisch und moralisch vorzugeben, indem sie auf eigene Erfahrungen bauen und diese in Diskussionsforen einbringen, indem sie ihren Glauben nicht apriorisch moralisieren, sondern jeweilige ethische Verbindlichkeit mit dem Widerfahrnis ihres Gottes befreiend und bindend gegeben sehen. Der Gegenfigur des *neoliberalen Egos*, konsequent verkörpert z.B. in Donald Trump, fehlt es nicht (nur) an Manieren und Moral, sondern sie ist „der Sprachkörper des Geldes und vollendet den Besitzindividualismus als historische Farce. Dem Ego des Liberalismus ist bekanntlich alles erlaubt" (DIE ZEIT vom 30.08.2018, 38). Diese Figur besitzt ihren eigenen Gott, der ihr als eigentlich nicht notwendige und ohnehin von ihm selbst gestaltete Legitimierungsinstanz dient, bis hin zum Kriegs-Gott um der Maximierung der eigenen Macht und der Verhöhnung des Gegners willen. Was sich in Sprache, Kommunikation und Religiosität an Begegnung, Kooperation, Verständigung, Eingeständnis von Fragilität und Abhängigkeit von Anderen und anderem ereignishaft zu vollziehen vermag, opfert das Ego auf dem Altar seiner narzisstischen Eingebungen und seiner Algorithmen. Dazu passt Sibylle Lewitscharoffs Hinweis auf den ‚höllischen Individualismus' in ihrer Interpretation von Dantes „Göttlicher Komödie" in „Das Pfingstwunder": „In der Hölle sprechen die Verdammten meist nur für sich …, oder sie erwähnen ihre Todfeinde, womit ihre Selbstbezüglichkeit zementiert wird. Wer sich in seinen Haß verbeißt, verliert die Freiheit des Handelns" – und betreibt heillose egozentrische Selbstverwirklichungsversuche (Lewitscharoff, 2016, 297).

(VI) Die unmögliche Möglichkeit oder das Paradox der Subjekt-Werdung

Das heute zusehends verblassende Miteinander-Umgehen und die Vorstellung der Subjekt-Werdung als Widerfahrnis der Christus-Wirklichkeit in den markanten Interpretationen bei Paulus, bei Augustinus, in der Renaissance und der Reformation war ein anthropologisches Projekt im kosmisch-schöpfungs-theologisch und christologisch-soteriologisch orientierten Christentum. Dieses Projekt wurde mit dem Rückgang der Wirksamkeit des Christentums, mit der fortschreitenden Destruktion der griechischen Metaphysik und des christlichen Theismus und dem Einzug eines Naturalismus zu einem anthropozentrischen Projekt mit naturalistischem, technokratischem, kapitalistischem Einschlag (im Sinne des Anthropozäns). Jede und jeder bekommt in dem Augenblick „seinen eigenen Gott" (Beck, 2008, 123ff.), wenn der christliche Lehr- und Kult-Konsens und die persönliche Glaubensüberzeugung weit genug auseinandertreten, exemplarisch in der Aufklärungszeit bei Kant. Je weiter Gott dabei in das Innere der Menschen wandert weg von der logisch konstruierten metaphysischen Beheimatung in einem Ideen-Himmel und weg von dessen amtskirchlicher Verwaltung hier auf Erden, weg von der Beheimatung in der Kosmos-Ordnung, in der universellen menschlichen Vernunft und weg von einer gesellschaftlichen Integrationsfunktion, desto individueller und gefühlsbetonter wird – in postmoderner Konsequenz (Illouz, 2009, 28ff., 334ff.) – die Gottes-Beziehung, bis Gott im individuellen Widerfahrnis seiner Abwesenheit dem einzelnen Glaubenden Freiheit und Verbindlichkeit gleichsam einräumt (ähnlich dem von Isaak Luria gelehrten Zimzum in der jüdischen Glaubenswelt als dem Sich-Zurückziehen Gottes in sich selbst (Moltmann, 1985, 98ff.)). Dann kann Religion mit ihrer Individualisierung durch die einzelnen Glaubenssubjekte zurückkehren und die säkulare Moderne gleichsam unterlaufen und eine postsäkulare Flanke aufmachen (Habermas, 2005, 112f.; Beck, 2008, 34). Oder aber der ‚Selfie' nimmt sich diese Freiheit ohne gleichzeitige Abhängigkeit und ohne Verpflichtung und Verantwortung und individualisiert sich ‚zu Tode'. Hier kann mit Erich Fromm gefragt werden: „Sind *Unabhängigkeit* und Freiheit gleichbedeutend mit *Isolierung* und Angst? Oder gibt es einen Zustand der positiven Freiheit, in dem der einzelne Mensch als unabhängiges Selbst existiert und trotzdem nicht isoliert ist, sondern mit der Welt, mit den anderen Menschen und mit der Natur vereint ist?" (Fromm, 2018, 186). Dann liegen, so lässt sich Fromm interpretieren, Exteriorität und Singularität, Universalität und Individualität paradox ineinander.

Vor diesem Paradox (des christlichen Glaubens und m.E. des menschlichen Lebens) erscheint der postmodern-autonome Selfie als Ich-Fundamentalist und Verklärer einer Scheinautonomie; und der Fundamentalist in Glauben und politischer, ökonomischer Ideologie, der am Buchstaben hängt und keine eigene Religiosität und demokratische Freiheit zulassen kann, entpuppt sich als bar jeglicher Singularität und Einzigartigkeit. So tritt der postmoderne Selfie-Subjektivismus als individualisierter Fundamentalismus auf.

Jedem seinen Gott – aber so einfach lässt sich Gott in seiner Abwesenheit aus den bewusstseins- und naturbegründeten Vergegenwärtigungen, im Entzug seiner Göttlichkeit (Nancy, 2002), nicht verrechnen für die individuelle Subjekt-Werdung. Jedem seinen Gott, das ist nicht die gerechte Verteilung eines ehemals Heiligen Spielzeuges, sondern die postmoderne Zumutung eines Widerfahrnisses ohne Besitzmöglichkeit. Das postmoderne Extrem gipfelt in der Transformation, dass man nicht nur einen eigenen (digitalen) Gott hat, sondern man ist selbst dieser eigene Gott, an den man glaubt, auf den man vertraut, den man heiratet – wie oben vorgeführt –, den das gespaltene Ich in einer „Selbstpaarung" zur Ich-Identität bringen möchte. (Man wird an die christologische Zwei-Naturen-Lehre erinnert, wenn sich Gott und Mensch in dem Erlöser Jesus Christus zu einer Person verbinden, aber gerade ohne ineinander aufzugehen.) Der ‚eigene Gott' kann umgekehrt im Gegenzug zur postmodernen Ich-Identifizierung (und/oder der Religion des Kapitals und der Algorithmen) eine durch ein Widerfahrnis, also durch eine Art Überwältigung wie die Bekehrung des Saulus zum Paulus hervorgerufenen und deswegen nicht beliebige und internalisierbare Phantasie/Unterstellung/Projektion des Glaubenden sein, der in dieser Betroffenheit entgrenzt wird und dabei auf dieses Widerfahrnis verwiesen bleibt (wie Liebend-Verpflichtete). Individualisierung und extra me ergehende Verpflichtung, Individualisierung und schon immer gegebene Kommunikation ereignen sich gleichermaßen. Religion bemisst sich nicht danach, wie weit, wie gut und wie schnell sie der Selbstunterhaltung mittels Heils-Zukunftsbildern und der Identitätsfindung und bestenfalls der gesellschaftlichen Integration als Politisierung von Religion dient. Dann wäre der paradoxe Widerfahrnischarakter auszustreichen, das Leben würde dann vereindeutigt (Gerber, 2015, 139–145), von ‚Ambiguitäten' gereinigt (Bauer, 2018, 13ff.), ‚empirisch' gesichert (Wimmer, 2006, 13–15, erziehungswissenschaftlich). Auf diese Weise kann der ‚eigene Gott' zu fundamentalistischem Besitz werden, zumal wenn der Fromme und Kirchen, wenn Religionsgemeinschaften und evangelikale Gruppen ihren jeweiligen Gott politisierend als allgemeinverbindliche geistliche Regierungs- und Integrationsinstanz ausgeben und von allen anderen Zustimmung verlangen – reine Lehre contra Individuum. Das Individuum wehrt sich: „Gott kannst Du nie mit einem anderen reden hören, sondern nur, wenn Du angeredet bist" (Ludwig Wittgenstein). Mit dieser persönlichen Betroffenheit ist zugleich der Modus des Glaubens gegeben, dass Gott in dem Sinne abwesend ist, als er dem Betroffenen in der Begegnung mit dem Anderen als unbegreifliche Befreiungs- und Verpflichtungsdynamik widerfährt. In der sinnlichen Wahrnehmung des Anderen können sich der Andere und Welt-Anderes dem Hörer, Seher, Schmecker, Riecher und Haptiker aufschließen als sein ihm entzogen bleibendes, externes Ich, als seine leiblich vermittelte Subjektivität in Differenz (Luther, 1992, 62ff.). So kann sich in einer heute von vielen erhofften körperlichen Berührung in ihrer Ambivalenz von Sehnsucht und Abwehr ‚Resonanz' ereignen (Rosa, 2012, 10, 405) – wie in biblischen Wundergeschichten von Jesu haptischen Heilungen im damaligen mythologischen Erfahrungshorizont erzählt wird. Glauben bleibt – als stets neue Menschwerdung Gottes – durch leibliches Begegnen geschenkt und manifestiert sich in Beziehungen mit Wir-Gefühlen, Wärme, Getragenwerden und Verpflichtung. Individualisierung und das Konstituiertwerden als Subjekt durch Andere bedingen sich paradox. (In unserem miteinander geteilten Leben erschließen sich Regeln, Normen, Brüche, was über z.B. Kants abstrakte Gewissens-Vorstellung ebenso hinausgeht wie über Heideggers radikale Vereinzelung von uns Menschen in „Sein und Zeit", die unser alltägliches Zusammenleben von vornherein zu einem uneigentlichen Dahinleben in der Welt des Man degradiert. Dasselbe gilt z.B. für die Religionsdidaktik, die nahezu komplett von abstrahierten Kompetenzen und aus den Funktionalisierungen unseres Lebens und Zusammenlebens entspringenden Bedürfnissen ausgeht und den Ansatz bei einer wachen, aufgeschlossenen Sinnlichkeit und Körpererfahrung verfehlt. „Religion ist nicht Ansammlung autorisierter Lehrsätze und normierter Verhaltensregeln, sondern Kompetenz, vertrauensvoll mit dem labilen und fragmentarischen Leben umzugehen" (Zilleßen, Gerber, 1997, 11). Angesichts der sich einstellenden Irritationen bleibt dann das Unterscheiden in religiöse und ästhetische Erfahrung die ständige Aufgabe theologischer wie soziologischer, philosophischer usw. Interpretationsarbeit.)

Geht es um Individualisierung als Subjekt-Werdung, dann kommt es auf die Differenz an und weder auf totale (unmögliche) Autonomie noch auf fundamentalistische Abhängigkeit, auf genetische und/oder hirnneurologische Determination, Schicksalsglauben (Gerber, 2006, 7ff., 63ff.). Die Differenz ist aber nicht als „Zerfall, als Privation oder vorübergehender Bruch der Totalität" zu begreifen, weil solche Differenz „keine andere Trennung als diejenige des *Bedürfnisses*" ist. „Das Bedürfnis zeugt von der Leere und dem Mangel im Bedürftigen, von seiner Abhängigkeit vom Äußeren ... gerade darum, weil das bedürftige Seiende sein Sein nicht ganz besitzt und weil es infolgedessen nicht im eigentlichen Sinne *getrennt* ist. Eine der Richtungen, die die griechische Metaphysik (sc. und die ihr folgende metaphysisch-theistische Theologie) genommen hat, bestand darin, den Weg zurück zur Einheit zu suchen, zur Verschmelzung mit ihr" (Levinas, 1987, 145f.). Individuelle Freiheit, selbstständiges Denken, entsprechend Subjekt-Werdung, entspringen für den Einzelnen aus der Trennung, aus der Differenz und entsprechend „aus Rücksicht auf den Anderen" (Levinas, 1987, 149). Diese Rücksicht hat Dietrich Bonhoeffer an einer Trennungserfahrung thematisiert: „Es gibt nichts, was uns die Abwesenheit eines uns lieben Menschen ersetzen kann und man soll das auch garnicht versuchen; man muß es einfach aushalten und durchhalten; das klingt zunächst sehr hart, aber es ist doch zugleich ein großer Trost; denn indem die Lücke wirklich unausgefüllt bleibt, bleibt man durch sie miteinander verbunden. Es ist verkehrt, wenn man sagt, Gott füllt die Lücke aus; er füllt sie garnicht aus, sondern er hält sie vielmehr gerade unausgefüllt, und hilft uns dadurch, unsere echte Gemeinschaft – wenn auch unter Schmerzen – zu bewahren" (Bonhoeffer, 1951, 131). Begründet hat Bonhoeffer seine Vorstellung, dass Gott die Trennungs- oder Differenzlücke offen hält für die individuelle Subjekt-Werdung von uns Menschen in der Differenzbeziehung zu Gott und zu dem verpflichtend-befreienden Anderen, theologisch mit zwei Argumenten, nämlich zunächst abgrenzend: dass ein „allgemeiner Gottesglaube an Gottes Allmacht etc. … keine echte Gotteserfahrung (sei), sondern ein Stück prolongierter Welt" (Bonhoeffer, 1951, 259), einer Prolongation, die um der Vereinnahmung Gottes und des Anderen willen Differenz ausschließt. Und dann folgt die konstruktive Argumentation, ähnlich wie es Badiou zu Paulus' Bekenntnis zum Christusereignis als Widerfahrnis der Subjekt-Werdung formuliert hat (Badiou, 2005; Badiou 2002, 197ff.): „Begegnung mit Jesus Christus. Erfahrung, dass hier eine Umkehrung alles menschlichen Seins gegeben ist, darin, daß Jesus nur ‚für andere da ist'. Das ‚Für-andere-da-sein' Jesu ist die Transzendenzerfahrung! Aus der Freiheit von sich selbst, aus dem ‚Für-andere-da-sein' bis zum Tod entspringt erst die Allmacht, Allwissenheit, Allgegenwart. Glaube ist das Teilnehmen an diesem Sein Jesu, … ist ein neues Leben im ‚Dasein-für andere'. … Nicht die unendlichen, unerreichbaren Aufgaben, sondern der jeweils gegebene erreichbare Nächste ist das Transzendente. Gott in Menschengestalt!" Gott als „der Mensch für andere", „darum der Gekreuzigte. Der aus dem Transzendenten lebende Mensch" (Bonhoeffer, 1951, 259f.). „Gott selbst läßt sich von uns im Menschlichen dienen" (Bonhoeffer, 1951, 263). Es wurde eingewandt, Bonhoeffer betone damit die Eigenaktivität des Glaubenden zu stark. Aber Bonhoeffer hat die Vorstellung der individuellen Subjekt-Werdung als Erfahrung des Glaubens exterior zurückgebunden an das „Für-andere-da-sein" Jesu als des Christus. Individualisierung in diesem Sinne ist keine Vervollkommnung eines (religiösen) Ich-Kerns oder eines identisch werdenden Selbst durch einen allmächtigen Gott, sondern das Widerfahrnis der Verletzlichkeit und Verwundbarkeit und der damit bleibenden Lücke (Sölle, 1987) In diesem Widerfahrnis wird dem Glaubenden jede Stütze weggenommen und der Einzelne findet in der Universalität des Evangeliums paradoxer Weise seine singuläre Individualität und Subjektivität.

Literatur

Allert, Tilman: Latte Macchiato. Soziologie der kleinen Dinge. Frankfurt/M. 2015.

Allert, Tilman: Faszination der Regeln und Rituale. swr2 Manuskript vom 27.05.2018.

Allmendinger, Jutta: Wir brauchen ein *zweites* Bildungssystem, in: Aufbruch Lernen. Ein Magazin zur digitalen Bildung, 2017.

Angenendt, Arnold: Geschichte der Religiosität im Mittelalter. Darmstadt 1997.

Anselm, Reiner: Die Debatte um Deontologie und Teleologie in der evangelischen Ethik. Ein Sachstandsbericht, in: Holderegger, Adrian; Wolbert, Werner (Hg.): Deontologie – Teleologie. Normtheoretische Grundlagen in der Diskussion, Freiburg/Schweiz 2013, 95–111 (SThE 135).

Antenhofer, Christina (Hg.): Fetisch als heuristische Kategorie. Geschichte – Rezeption – Interpretation. Bielefeld 2011.

Assmann, Jan: Monotheismus der Treue. Korrekturen am Konzept der ‚mosaischen Unterscheidung' im Hinblick auf die Beiträge von Marcia Pally und Micha Brumlik, in: RolfSchieder (Hg.): Die Gewalt des einen Gottes. Berlin 2014, 249–266.

Assmann, Jan: Exodus. Die Revolution der Alten Welt. München 2015.

Badiou, Alain: Das Sein und das Ereignis. München 2005.

Badiou, Alain: Paulus. Die Begründung des Universalismus. München 2002.

Baecker, Dirk: 4.0 oder Die Lücke, die der Rechner lässt. Leipzig 2018.

Barth, Hans-Martin: Konfessionslos glücklich. Auf dem Weg zu einem religionstranszendenten Christentum. Gütersloh 2013.

Barth, Karl: Das Wort Gottes als Aufgabe der Theologie, in: Moltmann, Jürgen (Hrsg.): Anfänge der Dialektischen Theologie. Teil I. 2. Aufl. München 1966, 197–218.

Bartmann, Christoph: Leben im Büro. Die schöne neue Welt der Angestellten. München 2012.

Baudrillard, Jean: Das fraktale Subjekt, in: Ästhetik und Kommunikation18 (1987), 35–38.

Bauer, Joachim: Selbststeuerung – Die Wiederentdeckung des freien Willens. München 2015.

Bauer, Thomas: Die Vereindeutigung der Welt. Stuttgart 2018.

Bauman, Zygmunt: Moderne und Ambivalenz. Das Ende der Eindeutigkeit. (Engl. 1991 Modernity and Ambivalence) Hamburg 2005.

Bauman, Zygmunt. Retrotopia. Berlin 2017.

Bauman, Zygmunt, Lyon, David: Daten, Drohnen, Disziplin. Frankfurt/M. 2013.

Beck, Ulrich; Beck-Gernsheim, Elisabeth (Hg.): Riskante Freiheiten. Individualisierung in modernen Gesellschaften. Frankfurt/Main 1994.

Beck, Ulrich: Risikogesellschaft. Auf dem Weg in eine andere Moderne. Frankfurt/M. 1986.

Beck, Ulrich; Beck-Gernsheim, Elisabeth: Das ganz normale Chaos der Liebe. Frankfurt/M. 1990.

Beck, Ulrich: Politik in der Risikogesellschaft. Essays und Analysen. Frankfurt/M. 1991.

Beck, Ulrich: Die irdische Religion der Liebe, in: ders.: Die feindlose Demokratie. Ausgewählte Aufsätze. Stuttgart 1995, 42–64.

Beck, Ulrich (Hg.): Kinder der Freiheit. Frankfurt/M. 1997.

Beck, Ulrich: Gesamtkunstwerk Ich, in: Richard von Dülmen (Hg.): Erfindung des Menschen. Wien/Köln/Weimar 1998, 637–654.

Beck, Ulrich: Der eigene Gott. Von der Friedfertigkeit und dem Gewaltpotential der Religionen. Frankfurt/M., Leipzig 2008.

Beck, Ulrich: Die Metamorphose der Welt. Berlin 2017.

Bell, Daniel: Die Zukunft der westlichen Welt. Kultur und Technologie im Widerstreit. Frankfurt/M. 1976.

Berger, Peter L.: Der Zwang zur Häresie. Frankfurt/M. 1980.

Berger, Peter L.: Erlösender Glaube? Fragen an das Christentum. Berlin/New York 2006.

Bernard, Andreas: Komplizen des Erkennungsdienstes. Frankfurt/M. 2017.

Bernhardt, Reinhold: Ende des Dialogs? Die Begegnung der Religionen und ihre theologische Reflexion. Zürich 2005.

Bieri, Peter: Wie wäre es, gebildet zu sein, in: Hastedt Heiner (Hg.): Was ist Bildung? Eine Textanthologie. Stuttgart 2012, 225ff.

Bittner, Günther: „Kein Mensch kann für mich fühlen, ich bin". Über Paradoxien, Komplexitäten und Multiplizitäten des Ich-Gefühls, in: Scheidewege Jahrgang 31 (2001/2002), 181–203.

Blumenberg, Hans: Die Legitimität der Neuzeit. Frankfurt/M. 1966.

Böckenförde, Ernst-Wolfgang: Geschichte der Rechts- und Staatsphilosophie: Antike und Mittelalter. Tübingen 2002.

Boehm, Gottfried: Bildnis und Individuum. Über den Ursprung der Porträtmalerei in der italienischen Renaissance. München 1986.

Böckenförde, Ernst-Wolfgang: Notwendigkeit und Grenzen staatlicher Religionspolitik, in: U. Gerber: Auf die Differenz kommt es an. Leipzig 2006. S. 207–216.

Böhme, Hartmut: Fetischismus und Kultur. Eine andere Theorie der Modern. Reinbek 2006.

Bonhoeffer, Dietrich: Sanctorum Communio. Eine dogmatische Untersuchung zur Soziologie der Kirche. 3. Aufl. München 1960.

Bonhoeffer, Dietrich: Widerstand und Ergebung. Briefe und Aufzeichnungen aus der Haft. München 1951.

Bosl, Karl: Europa im Aufbruch. Herrschaft – Gesellschaft – Kultur vom 10. bis zum 14. Jahrhundert. München 1980.

Brandt, Reinhard: Immanuel Kant – Was bleibt?Hamburg 2010.

Bröckling, Ulrich: Das unternehmerische Selbst. Soziologie einer Subjektivierungsform. Frankfurt/M. 2007.

Bröckling, Ulrich: Gute Hirten führen sanft. Über Menschenregierungskünste. Berlin 2017.

Bröckling, Ulrich: Ich, postheroisch, in: Ich. Zeitschrift für Ideengeschichte Heft XII/3 Herbst 2018, 21–32.

Bromand, Joachim; Kreis, Guido (Hrsg.): Gottesbeweise von Anselm bis Gödel. Berlin 2011.

Brumlik, Micha: Schrift, Wort und Ikone. Wege aus dem Bilderverbot. Frankfurt/M. 1994.

Brumlik, Micha: Respektabel, aber falsch. Peter Sloterdijks Verschärfung von Jan Assmanns ‚Mosaischer Unterscheidung‘, in Rolf Schieder (Hrsg.): Die Gewalt des einen Gottes. Berlin 2014, 196–217.

Bürger, Peter: Ursprung des postmodernen Denkens. Weilerswist 2000.

Bürger, Peter: Das Verschwinden des Subjekts. Eine Geschichte der Subjektivität von Montaigne bis Barthes. Frankfurt/M. 1998.

Bude, Heinz: Gesellschaft der Angst. Hamburg 2014.

Bultmann, Rudolf: Welchen Sinn hat es, von Gott zu reden?, in: ders.: Glauben und Verstehen. Gesammelte Aufsätze. Erster Band. 3. Aufl. Tübingen 1958, 26–37.

Burchardt, Matthias: Wir machen alles alleine. Die Krise selbstgesteuerten Lernens, SWR2 Aula vom 13. März 2016.

Butler, Judith: Psyche der Macht. Das Subjekt der Unterwerfung. Frankfurt/M. 2001.

Copei, Friedrich: Der fruchtbare Moment im Bildungsprozess. (1930) 5. Aufl. Heidelberg 1960.

Christophersen, Alf, Schröter, Marianne, Senkel, Christian (Hrsg.): Reformation heute Band III: Protestantische Individualitätskulturen. Leipzig 2017.

Cordemann, Claas; Holfert, Gundolf (Hrsg.): Moral ohne Bekenntnis? Zur Debatte um Kirche als zivilreligiöse Moralagentur. Leipzig 2017.

Dahl, Nils A.: Die Theologie des Neuen Testaments, in: ThR12 (1954) 21–49.

Danz, Christian: Gott und die menschliche Freiheit. Studien zum Gottesbegriff in der Neuzeit. Neukirchen-Vluyn 2005.

Danz, Christian: Grundprobleme der Christologie. UTB 3911. Tübingen 2012.

Danz, Simone: Anerkennung von Verletzlichkeit und Angewiesen-Sein, in: Widersprüche Heft 133, 34.Jg. 2014, Nr. 3, 61–73.

Demuth, Volker: Der nächste Mensch. Berlin 2018.

Derrida, Jacques; Gadamer, Hans-Georg: Der ununterbrochene Dialog. Hrsg. M.Gressmann. Frankfurt/M. 2004.

Descombes, Vincent: Das Rätsel der Identität. Berlin 2013.

Diner, Dan: Aufklärungen. Wege in die Moderne. Stuttgart 2017.

Dornes, Martin: Die Modernisierung der Seele. Kind – Familie – Gesellschaft. Frankfurt/M. 2012.

Dornes, Martin: Macht der Kapitalismus depressiv? Über seelische Gesundheit und Krankheit in modernen Gesellschaften. Frankfurt/M. 2016.

Dreyfus, Hubert; Taylor, Charles: Die Wiedergewinnung des Realismus. Berlin 2016.

Düwell, Markus: Rationalisten sind auch Menschen. Über hartnäckige Vorurteile am Beispiel eines Beitrags von Johannes Fischer, in: ZEE 55 (2011) 205–213.

Dungs, Susanne: Anerkennen des Anderen im Zeitalter der Mediatisierung. Hamburg 2006.

Eagleton, Terry: Der Tod Gottes und die Krise der Kultur. München 2015.

Ebeling, Gerhard: Luther. Einführung in sein Denken. Tübingen 1964.

Ehrenberg, Alain: Das erschöpfte Selbst. Depression und Gesellschaft in der Gegenwart. Frankfurt/M. 2008.

Ehrenberg, Alain: Das Unbehagen in der Gesellschaft. Berlin 2011.

EKD: Identität und Verständigung. Standort und Perspektiven des Religionsunterrichts in der Pluralität. Eine Denkschrift. Gütersloh 1994.

EKD (Evangelische Kirche in Deutschland): Rechtfertigung und Freiheit. 500 Jahre Reformation 2017. Gütersloh 2014.

Fischer, Johannes: Sittlichkeit und Rationalität. Zur Kritik der desengagierten Vernunft. Stuttgart 2010.

Fischer, Johannes: Zu Peter Wiecks Kritik an den „Verinnerlichungstendenzen" evangelischer Ethik, in: ZEE 53 (2009) 204–208.

Fischer, Johannes: Verstehen statt Begründen. Warum es in der Ethik um mehr als nur um Handlungen geht. Stuttgart 2012.

Flasch, Kurt: Wert der Innerlichkeit, in: Hans Joas; KlausWiegandt (Hrsg.): Die kulturellen Werte Europas. Frankfurt/M. 2005, 219–236.

Flores d'Arcais, Paolo; Ratzinger, Joseph: Gibt es Gott? Wahrheit, Glaube, Atheismus. Berlin 2006.

Flores d'Arcais, Paolo: Die Linke und das Individuum. Ein politisches Pamphlet. 2. Aufl. Berlin 2009.

Foucault, Michel: Analytik der Macht. Frankfurt/M. 2005.

Frank, Manfred: Subjekt, Person, Individuum. Frankfurt/M. 1988.

Frank, Manfred: Die Unhintergehbarkeit von Individualität. Reflexionen über Subjekt, Person und Individuum aus Anlaß ihrer ‚postmodernen' Toterklärung. Frankfurt/M. 1986.

Fromm, Erich: Die Furcht vor der Freiheit. New York 1941. München 1990.

Gahlings, Ute: Rene Descartes: Meditationen, in: G. Gamm; E. Schürmann (Hg.): Von Platon bis Derrida. Darmstadt 2005, 63–80.

Gamm, Gerhard: Der unbestimmte Mensch. Die gebrochene Mitte des Selbst als irreduzible Lücke im Sein, in: Lettre International 57/2002, 90–93.

Gamm, Gerhard: Jacques Derrida: Die Schrift und die Differenz, in: G. Gamm; E. Schürmann (Hg.): Von Platon bis Derrida. Darmstadt 2005, 348–364, 388f.

Gebhardt, Elisabeth: Riskante Freiheit(en)? Das Individuum in Karl Barths Ethik. Eine Relektüre anhand Ulrich Becks Individualisierungstheorem. Zürich 2016.

Geering, Matthias (Hg.): Artinside. Museumsmagazin der Region Basel. Basel 2018.

Gelhard, Andreas: Kritik der Kompetenz. Zürich 2011.

Gerber, Uwe: Christologie und Gotteslehre. Überlegungen zur Theologie von R. Bultmann und D. Sölle. ThSt Heft 99. Zürich 1969.

Gerber, Uwe: Disputatio als Sprache des Glaubens. Zürich 1970.

Gerber, Uwe: Kenosis, in: EKL. Zweiter Band. 3.Aufl. Göttingen 1989, 1027–1029.

Gerber, Uwe: Rudolf Bultmann, in: Hahn, Udo; Tworuschka, Udo (Hrsg.): Hoffnung hat einen Grund. Persönlichkeiten des Jahrhunderts. Zürich/Düsseldorf, 1999, 49–55.

Gerber, Uwe: Auch den Medienzwang finden wir entlastend, in: S. Dungs; U. Gerber (Hg.): Menschen im virtuellen Zeitalter. Wissensschöpfer und Informationsnull. Frankfurt/M. 2003, 25–37.

Gerber, Uwe (Hrsg.): Auf die Differenz kommt es an – Interreligiöser Dialog mit Muslimen. Leipzig 2006.

Gerber, Uwe: Wie überlebt das Christentum? Religiöse Erfahrungen und Deutungen im 21. Jahrhundert: Erlösung – Versöhnung – Erleichterung – Vereindeutigung – Alterität. Zürich 2008.

Gerber, Uwe: Der ‚Bildungsplan' der Bildungs-Standardisierung und sein Anderes, in: Klein, Regina; Dungs, Susanne (Hrsg.): Standardisierung der Bildung. Zwischen Subjekt und Kultur. Wiesbaden 2010, 133–145.

Gerber, Uwe: Und Gott entthront Könige. Eine Paraphrase der beiden Königsbücher, in: Religionspädagogischer Kommentar zur Bibel, hrsg. B. Dressler u. Harald Schroeter-Wittke. Leipzig 2012, 118–130.

Gerber, Uwe: Gottlos von Gott reden. Gedanken für ein menschliches Christentum. Frankfurt/M. 2013.

Gerber, Uwe: Fundamentalismus in Europa. Streit um die Deutungshoheit in Religion, Politik, Ökonomie und Medien. Frankfurt/M. 2015.

Gerber, Uwe: Das Doppelgesicht der Scham, in: Hermeneutische Blätter 1/2. Zürich 2015, 52–63.

Gerhardt, Volker: Selbstverwirklichung, Selbstaktualisierung, in: Historisches Wörterbuch der Philosophie. Bd. 9. Basel 1995, Sp. 556.

Gerhardt, Volker: Individualität. Das Element der Welt. München 2000.

Girard, Rene: Das Ende der Gewalt. Analyse des Menschheitsverhängnisses. Freiburg/Basel/Wien 1983.

Gräb, Wilhelm; Charbonnier, Lars (Hgg.): Individualität. Genese und Konzeption einer Leitkategorie humaner Selbstdeutung. Berlin 2012.

Gräb-Schmidt, Elisabeth: Freiheit und Selbsterkenntnis. Zur Bedeutung der Buße in der Anthropologie Luthers, in: ThLZ 143 (2018) Sp. 571–588.

Graf, Friedrich Wilhelm: Protestantismus II: Kulturbedeutung, in: TRE Band XXVII. Berlin/New York 1997, 551–580.

Graf, Friedrich Wilhelm: Missbrauchte Götter. Zum Menschenbilderstreit in der Moderne. München 2009.

Graf, Friedrich Wilhelm: Götter global. Wie die Welt zum Supermarkt der Religionen wird. München 2014.

Graf, Friedrich Wilhelm: Der Protestantismus. Geschichte und Gegenwart. München (2006) 3. Aufl. 2017.

Grassegger, Hannes: Das Kapital bin ich. Meine Daten gehören mir. Zürich/ Berlin 2018.

Grimm, Petra; Zöllner, Oliver (Hg.): Schöne neue Kommunikationswelt oder Ende der Privatheit? Die Veröffentlichung des Privaten in Social Media und populären Medien. Stuttgart 2012.

Gross, Peter: Die Multioptionsgesellschaft. Frankfurt/M. 1994.

Gross, Peter: Ich-Jagd. Im Unabhängigkeitsjahrhundert. Frankfurt/M. 1999.

Gross, Peter: Ichpaarung. Selbstinzest, in: U. Müller; M. Springeth (Hrsg.): Paare und Paarungen. Stuttgart 2004, 23–29.

Gross, Peter: Jenseits der Erlösung. Die Wiederkehr der Religion und die Zukunft des Christentums. Bielefeld 2007.

Großbölting, Thomas: Der verlorene Himmel. Glaube in Deutschland seit 1945. Bonn 2013.

Guggenberger, Bernd: Das digitale Nirwana. Vom Verlust der Wirklichkeit in der schönen neuen Online-Welt. Reinbek 1999.

Haas, Alois M.: Mystik als Aussage. Erfahrungs-, Denk- und Redeformen christlicher Mystik. Frankfurt/M./Leipzig 2007.

Habermas, Jürgen: Israel oder Athen: Wem gehört die anamnetische Vernunft?, in: Geyer, Carl-Friedrich (Hrsg.): Religionsphilosophie der Neuzeit. Darmstadt 1999, 246–254.

Habermas, Jürgen: Glauben und Wissen. Frankfurt/M. 2001.

Habermas, Jürgen: Nachmetaphysisches Denken. Philosophische Aufsätze. Frankfurt/M. 1988.

Habermas, Jürgen; Jacques Derrida: Philosophie in Zeiten des Terrors. Darmstadt 2004.

Habermas, Jürgen: Zwischen Naturalismus und Religion. Philosophische Aufsätze. Frankfurt/M. 2005.

Härle, Wilfried: Sein und Gnade. Die Ontologie in Karl Barths Kirchlicher Dogmatik. Berlin/New York 1975.

Hahn, Hans-Joachim: Narrative des Neuen Menschen. Vom Versprechen einer besseren Welt. Berlin 2018.

Halft, Stefan; Krah, Hans (Hg.): Privatheit. Strategien und Transformationen. Passau 2013.

Hall, James: Das gemalte Ich. Die Geschichte des Selbstporträts. Darmstadt 2016.

Han, Byung-Chul: Müdigkeitsgesellschaft. Berlin 2010.

Han, Byung-Chul: Psychopolitik. Neoliberalismus und die neuen Machttechniken. Frankfurt/M. 2014.

Handke, Peter: Die Unschuldigen, ich und die Unbekannte am Rand der Landstraße. Ein Schauspiel in vier Jahreszeiten. Berlin 2015.

Handke, Peter: Vor der Baumschattenwand nachts. Zeichen und Anflüge von der Peripherie 2007–2015. Salzburg/Wien 2016.

Harari, Yuval Noah: Homo Deus. Eine Geschichte von Morgen. München (2017). C.H.Beck Paperback, 2018.

Haraway, Donna J.: Unruhig bleiben. Die Verwandtschaft der Arten im Chthuluzän. Frankfurt/M. 2018.

Heitmeyer, Wilhelm: Entsicherungen, Desintegrationsprozesse und Gewalt, in: Ulrich Beck; Elisabeth Beck-Gernsheim (Hg.): Riskante Freiheiten. Individualisierung in modernen Gesellschaften. Frankfurt/M. 1994, 376–401.

Hemminger, Hansjörg: Wer sind wir und wie viele? Anmerkungen zur Zukunft des Protestantismus aus Sicht der Weltanschauungsarbeit. EZW-Texte 231/2014.

Herbrechter, Stefan: Posthumanismus. Eine kritische Einführung. Darmstadt 2009.

Heyward, Carter: Und sie rührte sein Kleid an. Eine feministische Theologie der Beziehung. Stuttgart 1986.

Höfer, Christoph; Hübner, Marliese; Madelung, Petra: Lehren und Lernen für die Zukunft. Unterrichtsentwicklung in selbstständigen Schulen. 2006. (NRW Ministerium für Bildung)

Hondrich, Karl Otto: Der Neue Mensch. Frankfurt/M. 2001.

Hondrich, Karl Otto; Koch-Arzberger, Claudia: Solidarität in der modernen Gesellschaft. Frankfurt/M. 1992.

Honneth, Axel: Anerkennung als Ideologie, in: Neue Zeitschrift für Sozialforschung, 1.Jg. 1 (2004) 51–70.

Huber, Wolfgang: Der Christliche Glaube. Eine evangelische Orientierung. Gütersloh 2008.

Huber, Wolfgang: Die jüdisch-christliche Tradition, in: Hans Joas, Klaus Wiegandt (Hrsg.): Die kulturellen Werte Europas. Frankfurt/M. 2005, 69–92.

Illouz, Eva: Gefühle in Zeiten des Kapitalismus. Frankfurt/M. 2006.

Illouz, Eva: Die Errettung der modernen Seele. Therapien, Gefühle und die Kultur der Selbsthilfe. Frankfurt/M. 2009.

Janke, Wolfgang: Individuum/philosophisch, in: TRE Band XVI. Berlin/New York 1987, 117–124.

Jörns, Klaus-Peter: Notwendige Abschiede. Auf dem Weg zu einem glaubwürdigen Christentum. Gütersloh 2004.

Jüngel, Eberhard: Gott als Geheimnis der Welt. 3.Aufl. Tübingen 1978.

Jüngel, Eberhard: Erfahrungen mit der Erfahrung. Stuttgart 2008.

Jullien, Francoise: Es gibt keine kulturelle Identität. Berlin 2017.

Käsemann, Ernst: Gottesgerechtigkeit bei Paulus, in: ZThK 58 (1961) 367–378.

Kaiser, Mario; Virchow, Corinna: Cyborgs – Wesen zwischen Mensch und Maschine. Einleitung, in: Avenue # 1. Das Magazin für Wissenskultur. Heft 1: Wir Cyborgs, Basel 2016, 9–11.

Kaminski, Andre: Shalom allerseits. Tagebuch einer Deutschlandreise. Frankfurt/M. 1989.

Kammerer, Christine: Lifestage, Snapshat & Whatsapp – wo bleibt die zwischenmenschliche Nähe?, in: lernando 2017.

Kantzenbach, Friedrich Wilhelm: Programme der Theologie. Denker, Schulen, Wirkungen. Von Schleiermacher bis Moltmann. München 1978.

Khayyer, Jina: Der Kult um sich selbst, in: Madame Heft Februar 2016, 46–49.

Klein, Hans Peter: Vom Streifenhörnchen zum Nadelstreifen. Springer 2017.

Körtner, Ulrich H.J.: Rezension zu J. Fischer: Sittlichkeit und Rationalität. Zur Kritik der desengagierten Vernunft Stuttgart 2010, in: ZEE 56 (2012) 58–60.

Konersmann, Ralf: Die Unruhe der Welt. Frankfurt/M. 2015.

Korsch, Dietrich: Christologie und Autonomie. Zu einem Interpretationsversuch der Theologie Karl Barths, in: EvTh 41 (1981) 142ff.

Kreuzer, Johann: Der Begriff der Person in der Philosophie des Mittelalters, in: D. Sturma (Hrsg.): Person. Paderborn 2001, 59–77.

Kurzweil, Ray: Homo s@piens. Leben im 21. Jahrhundert – Was bleibt vom Menschen. München 2000.

Kuschel, Karl-Josef (Hrsg.): Lust an der Erkenntnis: Die Theologie des 20. Jahrhunderts. Ein Lesebuch. München 1986.

Kußmann, Matthias: Die Schöpfung „optimieren"? Der Streit um den Transhumanismus. SWR 2 Glauben, vom 10. Juli 2016.

Lacan, Jacques: Das Seminar XI. Die vier Grundbegriffe der Psychoanalyse. Olten 1978.

Leitschuh, Heike: Ich zuerst. Eine Gesellschaft auf dem Ego-Trip. Frankfurt/M. 2018.

Lanier, Jaron: Zehn Gründe, warum du deine Social Media Accounts sofort löschen musst. Hamburg 2018.

Lembke, Gerald; Leipner, Ingo: Die Lüge der digitalen Bildung. Warum unsere Kinder das Lernen verlernen. 2. Aufl. München 2016.

Lempp, Reinhart: Die autistische Gesellschaft. Geht die Verantwortlichkeit für andere verloren? München 1996.

Leonhardt, Rochus: Christliche Identität in postsäkularer Zeit. Die Rückkehr der Religion im Spiegel neuerer Einführungen in den christlichen Glauben, in: Theologische Literaturzeitung 133 (2008), 123–142.

Leonhardt, Rochus: Grundinformation Dogmatik. Göttingen 2001.

Levinas, Emmanuel: Totalität und Unendlichkeit. Versuch über die Exteriortität. Freiburg/München 1987.

Levinas, Emmanuel: Humanismus des anderen Menschen. Hamburg 1989.

Levinas, Emmanuel: Die Spur des Anderen. Untersuchungen zur Phänomenologie und Sozialphilosophie. 4. Aufl. München 1999.

Levinas, Emmanuel: Wenn Gott ins Denken einfällt. Diskurse über die Betroffenheit von Transzendenz. 4. Aufl. Freiburg/München 2004.

Levitsky, Steven; Ziblatt, Daniel: Wie Demokratien sterben. München 2018.

Lewitscharoff: Das Pfingstwunder. Berlin 2016.

Liebsch, Burkhard: Das ausgesetzte Subjekt – Widerfahrnis *versus* praktische Souveränität, in: Bernhard, Marx (Hrsg.): Widerfahrnis und Erkenntnis. Leipzig 2010, 57–80.

Liebsch, Burkhard: Verletztes Leben. Studien zur Affirmation von Schmerz und Gewalt im gegenwärtigen Denken zwischen Hegel, Nietzsche, Bataille, Blanchot, Levinas, Ricoeur und Butler. Zug/Schweiz 2014.

Liessmann, Konrad Paul: Zukunft kommt! Über säkulare Heilserwartungen und ihre Enttäuschung. Wien/Graz/Klagenfurt 2007.

Liessmann, Konrad Paul: Geisterstunde. Die Praxis der Unbildung. Eine Streitschrift. Wien 2014.

Löwith, Karl: Weltgeschichte und Heilsgeschehen. Stuttgart/Weimar 2004.

von Lüpke, Johannes: Gottesgedanke Mensch. Anthropologie in theologischer Perspektive. Leipzig 2018.

Luther, Henning: Individuum/praktisch-theologisch, in: TRE Band XVI. Berlin/New York 1987, 124–127.

Luther, Henning: Religion und Alltag. Stuttgart 1992.

Maaz, Hans-Joachim: Die narzisstische Gesellschaft. Ein Psychogramm. München 2012.

Margolin, Julius: Reise in das Land der Lager. Frankfurt/M. 1998.

Marlé,René: Bultmann und die Interpretation des Neuen Testaments. Paderborn. 1959.

Mau, Steffen: Das metrische Wir. Über die Quantifizierung des Sozialen. Berlin 2017.

Mayer-Schönberger, Victor; Cukier, Kenneth: Big Data. Die Revolution, die unser Leben verändern wird. München 2013.

Meyer-Drawe, Käte: Illusionen von Autonomie. Diesseits von Ohnmacht und Allmacht des Ich. München 1990.

Metz, Johann B.: Jenseits bürgerlicher Religion. München/Mainz 1980.

Mirandola, G. Pico della: Oratio de hominis dignitate. Rede über die Würde des Menschen. Reclam Universal-BibliothekNr. 9658. Stuttgart 1997.

Moltmann, Jürgen: Gott in der Schöpfung. Ökologische Schöpfungslehre. München 1985.

Morris, Colin: The Discovery of the Individual. New York/London 1973.

Moxter, Michael: Anthropologie in systematisch-theologischer Perspektive, in: Jürgen van Oorschot (Hg.): Mensch, a.a.O., Tübingen 2017, 133ff.

Nancy, Jean-Luc: Entzug der Göttlichkeit. Zur Dekonstruktion und Selbstüberschreitung des Christentums, in: Lettre InternationalNr. 59, 2002, 76–80.

Nancy, Jean-Luc: Banalität Heideggers. Berlin 2017.

Nast, Michael: Generation Beziehungsunfähig. Hamburg 2016.

Nationale Akademie der Wissenschaften Leopoldina u.a.: Chancen und Grenzen des *Genome Editing*. Halle/Saale 2015.

Neiman, Susan: Das Böse denken. Frankfurt/M. 2006.

Nida-Rümelin, Julian; Weidenfeld, Nathalie: Digitaler Humanismus. Eine Ethik für das Zeitalter der Künstlichen Intelligenz. München 2018.

Nielsen, Bent Flemming: Die Rationalität der Offenbarungstheologie. Die Struktur des Theologieverständnisses von Karl Barth. Aarhus 1988.

Nietzsche, Friedrich: Morgenröte, in: Werke. Zweiter Band, hrsg. K. Schlechta. München/Wien 1980, 1009–1279.

Ohly, Lukas: Was Jesus mit uns verbindet. Eine Christologie. Leipzig 2013.

Ohly, Lukas: "Geistliche Prüfung". Vorschlag zur Ethik Johannes Fischers, in: ZEE 59 (2015), 42–48.

Ohly, Lukas; Wellhöfer, Catharina: Ethik im Cyberspace. Frankfurt/M. 2017.

Ohly, Lukas: Neue Grundlegungen der Theologischen Ethik bis zur Gegenwart. 13 Modelle von Barth bis Herms. Berlin 2018.

Oorschot van, Jürgen: Gewissen und Innerlichkeit: anthropologische Selbstfindung im Protestantismus des 17. und 18. Jahrhunderts, in: ders. (Hg.): Mensch. Themen der Theologie. Band 11. Tübingen 2018.

Opaschowski, Horst W.: WIR! Warum Ichlinge keine Zukunft mehr haben. Hamburg 2010.

Ott, Karl-Heinz: Wintzenried. Roman. Hamburg 2011.

Paul, Jean: Siebenkäs (1796). Stuttgart 1983 (Universal-Bibliothek Nr. 274).

Pascal, Blaise: Gedanken über die Religion und einige andere Themen. Hrsg. J.-R. Armogathe, übers. von U. Kunzmann. Reclam Universal-Bibliothek Nr. 1622. Stuttgart 1997.

Pfleiderer, Georg: Protestantische Individualitätsreligion?, in: Wilhelm Gräb u.a. (Hgg.): Individualität. Genese und Konzeption einer Leitkategorie humaner Selbstdeutung. Berlin 2012, 372–404.

Platon: Timaios, in: Platon: Sämtliche Werke, Bd. 5. Hrsg. von Walter F. Otto, Ernesto Grassi, Gert Plamböck. Reinbek 1959, S. 141–213.

Probst, Maximilian: Verbindlichkeit. Plädoyer für eine unzeitgemäße Tugend. Berlin 2016.

Rauterberg, Hanno: Wie frei ist die Kunst? Der neue Kulturkampf und die Krise des Liberalismus. Berlin 2018.

Rawls, John: Eine Theorie der Gerechtigkeit. Frankfurt/M. 1975.

Reckwitz, Andreas: Die Gesellschaft der Singularitäten. Berlin 2017.

Rendtorff, Trutz (Hrsg.): Die Realisierung der Freiheit. Beiträge zur Kritik der Theologie Karl Barths. Gütersloh 1975.

Richter, Horst-Eberhard: Der Gotteskomplex. Die Geburt und die Krise des Glaubens an die Allmacht des Menschen. Gießen 2005 (1979).

Richter, Horst-Eberhard: Die Krise der Männlichkeit in der unerwachsenen Gesellschaft. Gießen 2006.

Ritter, Joachim: Subjektivität. Frankfurt/M. 1989.

Roeck, Bernd: Der Morgen der Welt. Geschichte der Renaissance. München 2017.

Rössler, Beate: Autonomie. Ein Versuch über das gelungene Leben. Berlin 2017.

Rötzer, Florian: Posthumanistische Begehrlichkeiten. Selbstbestimmung oder Selbstzerstörung, in: Richard von Dülmen (Hg.): Erfindung des Menschen. Wien/Köln/Weimar 1998, 609–632.

Roper, Lyndal: Luther. Der Mensch Martin Luther. Die Biographie. Frankfurt/M. 2016.

Rosa, Hartmut: Beschleunigung. Die Veränderung der Zeitstrukturen in der Moderne. Frankfurt/M. 2005.

Rosa, Hartmut: Weltbeziehungen im Zeitalter der Beschleunigung. Umrisse einer neuen Gesellschaftskritik. Berlin 2012.

Rose, Miriam; Wermke, Michael (Hrsg.): Konfessionslosigkeit heute. Zwischen Religiosität und Säkularität. Leipzig 2013.

Schieder, Rolf (Hrsg.): Die Gewalt des einen Gottes. Berlin 2014.

Schilling, Heinz: Die neue Zeit. Vom Christenheitseuropa zum Europa der Staaten, 1250 bis 1750. Berlin 1999.

Schilling, Heinz: Martin Luther. Rebell in einer Zeit des Umbruchs. Eine Biographie. München 2013.

Schirrmacher, Frank: Der Geist der Maschine. Digitale Intelligenz und die Ökonomie des Geistes. Frankfurt/M. 2016.

Schlittmaier, Anton: Philosophie in der Sozialen Arbeit. Ein Lehrbuch. Stuttgart 2018.

Schmidbauer, Wolfgang: Hilflose Helfer. Über die seelische Problematik der helfenden Berufe. Neuausgabe Reinbek 2015.

Schmidbauer, Wolfgang: Raubbau an der Seele. Psychogramm einer überforderten Gesellschaft. München 2017.

Schmidt, Günter R.: Rousseau, in: TRE Band XXIX. Berlin/New York 1998, 441–446.

Schmidt, Thomas E.: Wir drohen an unseren Differenzen irrezuwerden, in: DIE ZEIT 49 vom 30. November 2017, 54.

Schramm, Gottfried: Fünf Wegscheiden der Weltgeschichte. Göttingen 2004.

Schrey, Heinz-Horst: Egoismus, in: TRE Bd. IX. Berlin/New York 1982, 304–308.

Schroer, Markus: Das Individuum der Gesellschaft. Frankfurt/M. 2000.

Schütt, Hans-Peter: Die Adoption des „Vaters der modernen Philosophie". Frankfurt/M. 1998.

Schulz, Nils B.: Vom Verschwinden des Lehrers, in: FR Nr. 101 vom 30.04./01.05.2016, 21.

Schulz, Walter: Der Gott der neuzeitlichen Metaphysik. 3. Aufl. Pfullingen 1957.

Schulz, Walter: Philosophie in der veränderten Welt. 2. Aufl. Pfullingen 1972.

Seewald, Michael: Einführung in die Systematische Theologie. Darmstadt 2018.

Sennett, Richard: Verfall und Ende des öffentlichen Lebens. Die Tyrannei der Intimität. Frankfurt/M 1983.

Sloterdijk, Peter: Du mußt dein Leben ändern. Über Anthropotechnik. Frankfurt/Main 2009.

Sloterdijk, Peter: Nach Gott. Berlin 2017.

Soeffner, Hans-Georg: Auf dem Rücken eines Tigers. Manuskript Konstanz 1996.

Sölle, Dorothee: Politische Theologie. Eine Auseinandersetzung mit Rudolf Bultmann. Stuttgart/Berlin 1971.

Sölle, Dorothee: Das Fenster der Verwundbarkeit. Theologisch-politische Texte. Stuttgart 1987.

Sölle, Dorothee: Atheistisch an Gott glauben. dtv 30400. München 1994.

Solomon, Sheldon; Greenberg, Jeff; Pyszczynski: Der Wurm in unserem Herzen. München 2016.

Spitzer, Manfred: Digitale Demenz. Wie wir uns und unsere Kinder um den Verstand bringen. München 2012.

Spreen,Dierk; Flessner, Bernd; Hurka, Hubert M.; Rüster, Johannes: Kritik des Transhumanismus. Über eine Ideologie der Optimierungsgesellschaft. Bielefeld 2018.

Stirner, Max: Der Einzige und sein Eigentum. (Leipzig 1845) Stuttgart 1976.

Strenger, Carlo: Abenteuer Freiheit. Ein Wegweiser für unsichere Zeiten. Berlin 2017.

Sturma, Dieter (Hrsg.): Person. Philosophiegeschichte – Theoretische Philosophie – Praktische Philosophie. Paderborn 2001.

Sturma, Dieter: Philosophie der Person. Die Selbstverhältnisse von Subjektivität und Moralität. Paderborn 1997.

Taddicken, Monika: Selbstoffenbarung im Social Web, in: Publizistik 56 (3), 2011, 281–303.

Taylor, Charles: Quellen des Selbst. Die Entstehung der neuzeitlichen Identität. 9. Aufl. Frankfurt/M. 2016.

Theißen, Gerd; Merz, Annette: Der historische Jesus. Ein Lehrbuch. Göttingen 1996.

Thies, Christian: Einführung in die philosophische Anthropologie. Darmstadt 2004.

Tiqqun (Autorenteam): Kybernetik und Revolte. Berlin 2007.

Tödt, Heinz Eduard: Rudolf Bultmanns Ethik der Existenztheologie. Gütersloh 1978 (GTB/Siebenstern 440).

Türcke, Christoph: Kassensturz. Zur Lage der Theologie. Frankfurt/Main 1992.

Türcke, Christoph: Lehrerdämmerung: Was die neue Lernkultur in den Schulen anrichtet. München 2016.

Welzer, Harald: Die smarte Diktatur. Der Angriff auf unsere Freiheit. Frankfurt/M. 2015.

Whitmarsh, Tim: Battling the Gods – Atheism in the Ancient World. London 2016.

Wimmer, Michael: Dekonstruktion und Erziehung. Studien zum Paradoxieproblem in der Pädagogik. Bielefeld 2006.

Zander, Helmut: ‚Europäische' Religionsgeschichte. Religiöse Zugehörigkeit durch Entscheidung. Konsequenzen im interkulturellen Vergleich. Berlin/Boston 2016.

Zeh, Juli: Unterleuten. Münschen 2016.

Zilleßen, Dieter; Gerber, Uwe: Und der König stieg herab von seinem Thron. Das Unterrichtskonzept religion elementar. Frankfurt/M. 1997.

Zilleßen, Dietrich: Die Wahrheit der Differenz: Versuch über die Schwierigkeit sich auseinander zu setzen, in: Chr. Wiese; St. Alkier; M. Schneider (Hrsg.): Diversität – Differenz – Dialogizität. Berlin/Boston 2017, 80–98.

Zuboff, Shoshana: Das Zeitalter des Überwachungskapitalismus. Frankfurt/M. 2018.

Theologisch-Philosophische Beiträge zu Gegenwartsfragen

Herausgegeben von Susanne Dungs, Uwe Gerber,
Lukas Ohly, Gerhard Schreiber und Andreas Wagner

Band 1   Walter Bechinger / Uwe Gerber / Peter Höhmann (Hrsg.): Stadtkultur leben. 1997.

Band 2   Elisabeth Hartlieb: Natur als Schöpfung. Studien zum Verhältnis von Naturbegriff und Schöpfungsverständis bei Günter Altner, Sigurd M. Daecke, Hermann Dembowski und Christian Link. 1996.

Band 3   Uwe Gerber (Hrsg.): Religiosität in der Postmoderne. 1998.

Band 4   Georg Hofmeister: Ethikrelevantes Natur- und Schöpfungsverständnis. Umweltpolitische Herausforderungen. Naturwissenschaftlich-philosophische Grundlagen. Schöpfungstheologische Perspektiven. Fallbeispiel: Grüne Gentechnik. Mit einem Geleitwort von Günter Altner. 2000.

Band 5   Stephan Degen-Ballmer: Gott – Mensch – Welt. Eine Untersuchung über mögliche holistische Denkmodelle in der Prozesstheologie und der ostkirchlich-orthodoxen Theologie als Beitrag für ein ethikrelevantes Natur- und Schöpfungsverständnis. Mit einem Geleitwort von Günter Altner. 2001.

Band 6   Katrin Platzer: *symbolica venatio* und *scientia aenigmatica*. Eine Strukturanalyse der Symbolsprache bei Nikolaus von Kues. 2001.

Band 7   Uwe Gerber / Peter Höhmann / Reiner Jungnitsch: Religion und Religionsunterricht. Eine Untersuchung zur Religiosität Jugendlicher an berufsbildenden Schulen. 2002.

Band 8   Walter Bechinger / Susanne Dungs / Uwe Gerber (Hrsg.): Umstrittenes Gewissen. 2002.

Band 9   Susanne Dungs / Uwe Gerber (Hrsg.): Der Mensch im virtuellen Zeitalter. Wissensschöpfer oder Informationsnull. 2004.

Band 10   Uwe Gerber / Hubert Meisinger (Hrsg.): Das Gen als Maß aller Menschen? Menschenbilder im Zeitalter der Gene. 2004.

Band 11   Hubert Meisinger / Jan C. Schmidt (Hrsg.): Physik, Kosmologie und Spiritualität. Dimensionen des Dialogs zwischen Naturwissenschaft und Religion. 2006.

Band 12   Lukas Ohly: Problems of Bioethics. 2012

Band 13   Lukas Ohly: Gestörter Friede mit den Religionen. Vorlesungen über Toleranz. 2013.

Band 14   Uwe Gerber: Gottlos von Gott reden. Gedanken für ein menschliches Christentum. 2013.

Band 15   Uwe Gerber: Fundamentalismen in Europa. Streit um die Deutungshoheit in Religion, Politik, Ökonomie und Medien. 2015.

Band 16   Lukas Ohly (Hrsg.): Virtuelle Bioethik. Ein reales Problem? 2015.

Band 17   Lukas Ohly / Catharina Wellhöfer: Ethik im Cyberspace. 2017.

Band 18   Lukas Ohly: Theologie als Wissenschaft. Eine Fundamentaltheologie aus phänomenologischer Leitperspektive. 2017.

Band 19   Lukas Ohly: Neue Grundlegungen der Theologischen Ethik bis zur Gegenwart. 2018.

Band 20   Gerhard Schreiber: Happy Passion. Studies in Kierkegaard's Theory of Faith. 2018.

Band 21   Uwe Gerber: Individualisierung im digitalen Zeitalter. Zur Paradoxie der Subjektwerdung. 2019.

www.peterlang.de